끝장회계 시리즈 ❹

2021대비

정보관리사

4주완성

ERP

노길관·박수경 공저

회계·인사

2급

피앤피북

머리글

반갑습니다.

코로나19로 많은 학생들의 취업활동이 힘든 상황에 있습니다. 대학 강의는 현장강의가 아닌 사이버 강의로 대체되었고 이로 인하여 많은 분들이 혼란스러워 하는 모습을 보았습니다. 하지만 이러한 상황 속에서도 본인이 할 수 있는 공부에 최선을 다하는 학생들도 많이 보았습니다.

최근 들어 다양한 학생들이 전공에 관계없이 회계 관련 공부를 하고 있습니다. 어느 회사를 가든 회계라는 기업의 언어를 알아야 하고, 이를 모르면 말이 통하지 않기 때문입니다. 우리가 외국어를 공부하듯이 기업의 언어인 회계를 배우면, 회사에서 일어나는 여러 업무를 수행할 때 많은 도움이 될 수 있을 것입니다.

4차 산업혁명 시대에 AI, 빅데이터, 업무자동화는 중요한 이슈입니다. ERP도 이러한 흐름 속에 함께 하는 프로그램이라고 보면 됩니다. 모든 기업들은 ERP를 통하여 시스템을 구축하고 있고, 여러분이 취업하게 될 회사에서도 ERP를 운용하고 있을 것입니다. 특히 한국생산성본부에서 주관하고 있는 ERP정보관리사에 사용되고 있는 더존의 I-CUBE는 국내 중소기업 점유율이 1위인 프로그램입니다. 취업 공고에서도 "더존 프로그램 가능자 우대"라는 문구를 심심치 않게 발견할 것입니다.

본 교재는 전산회계 1, 2급, 전산세무 2급을 집필한 저자의 4번째 교재로서 모든 노하우를 집약시킨 교재라고 보면 됩니다. 철저한 분석을 통하여 시험에 합격할 수 있는 내용으로만 교재를 구성하였고, 유튜브 강의를 통해 시험에 합격할 수 있는 전략과 공부방법을 제시합니다. 유튜브 채널 "끝장회계"로 오셔서 관련 강의를 꼭 접해보길 바랍니다. 이것은 추천사항이 아닌 필수사항입니다.

마지막으로 항상 학생들에게 해주는 말이 있습니다.

"절대 포기하지 마세요!"

처음엔 막막하지만, 포기하지 않고 꾸준히 쌓아가다 보면 어느 순간 내용을 기억하고 있는 모습을 발견하게 될 것입니다. 항상 기억하십시오.

"자격시험에서 합격하기 위해서는 시험에 나오는 것만 공부하고, 자주 나오지 않는 부분은 과감히 스킵한다."

본 교재의 출간을 흔쾌히 허락해준 피앤피북 대표님과 본서가 새롭게 태어날 수 있도록 도와준 편집부 여러분께 감사의 말을 드리며, 항상 응원해주는 은사님들, 지인 분들 그리고 가족에게도 감사의 말을 전합니다.

마지막으로 하나님께 영광 돌리며 독자 여러분들의 합격을 기도하며 축복합니다.

2020년 여름 장전동에서

저자들

이 책의 특징과 활용법

1. 유튜브 채널 "끝장회계"

현재 많은 구독자들과 학생들이 본 저자의 채널 "끝장회계"에 업로드 되고 있는 강의들을 통하여 공부하고 있습니다. 특히 본 교재는 강의를 꼭 들으셔야 100% 활용 가능합니다.

2. 그림을 통해 배우는 회계이론

회계를 공부할 때 문장을 외운다든가, 식을 외우는 것과 같은 방법으로 많이 학습을 합니다. 하지만 이러한 학습방법은 학습자가 회계와 멀어지게 되는 이유입니다. 선생님의 강의를 통해서 회계에 재미를 느껴보세요!

3. 시험에 나오는 것만 공부하자

회계는 내용이 아주 방대합니다. 하지만, 시험에 나오는 범위는 그리 많지 않습니다. 시험에 나오지 않는 것을 공부하며 시간 낭비하는 것보다, 본서에서 제시하는 내용에 충실히 따라오다 보면 어느 순간 합격의 길목에 다가온 것을 느낄 수 있을 것입니다.

4. 답안은 네이버 블로그 "끝장회계"에서

(http://withyourlife.com)

교재의 두께 및 가격을 줄이기 위해 **해답**은 **네이버 블로그 "끝장회계"**에 공개합니다. pdf 파일을 다운받은 후 스마트폰에 저장하면 언제 어디서든지 활용이 가능합니다. 추가적인 자료들도 업로드하고 있으니 많은 관심 부탁드립니다.

5. 본 교재를 3번 이상 정독하기

공부는 반복과 암기라고 보면 됩니다. 강의영상 중간 중간에 공부 방법에 대해서 안내해 드리겠지만, 이것만 기억하십시오. 이 교재를 3회독 이상하면 무조건 합격한다!

※ 기출문제 DB는 아래 홈페이지에 업로드 됩니다.
   피앤피북 홈페이지 : www.pnpbook.com 게시판 / 공지&자료

합격수기

ID : dongdong son

쌤강의 듣고 비전공자임에도 불구하고 2달만에 전세2 전회1 가채점 97 95점 나왔어요!!!! ㅎㅎㅎ 감사합니당 감사하다는 말과 함께 자랑하고 싶었어용

ID : Violet Violet

선생님 안녕하세요. 오늘 세무2급 가채점 해보니 만점 나와서 감사인사와 다른 분들 참고하시라고 간단한 후기 남기러 왔습니다. 저는 회계1급은 학원에서 세무사님 수업 들었고 노선생님 회계1급 강의로 복습하고 세무2급 1회 보고 기출문제 최근2년분 2~3회 풀었습니다. 보통 세무사님이나 교수님 수업은 학문적인(이해위주) 수업이 많고 일반 강사분들 수업은 시험합격 위주로 너무 간단하게 하시는 분들이 많은데요 노선생님 수업은 그 중간에서 중요한 부분은 이해시켜주고 시험 포인트를 잘 잡아주셔서 좋았습니다. 부가세 소득세 부분 이론이 없어서 다른 강의 봐서 아쉽긴 하지만 저 부분은 5문제 밖에 없어서 간단하게 중요한 것 위주로 보셔도 될 것 같구요. 유튜브에서 최고의 강의인 것 같아요. 다른 분들도 믿고 보시면 될 것 같습니다. 그동안 감사했습니다!!

ID : 지영송

3년 쯤에 회계 1급 취득하고 회계 업무와 무관한 업무를 담당하다 회계를 좀 더 잘 알아야겠다 싶어서 전산세무2급을 준비했습니다.

과중한 업무로 공부할 시간이 없었는데 하루에 겨우 1-2개 강의 꾸준히 듣고 반복 했습니다. 공부 시간이 워낙 불규칙해서 정말 자신감 없이 당일 오전에만 최근에 올려주신 동영상 3개를 몰아봤는데 거기에서 본 문제가 시험에 나와 깜놀했습니다. 아침에 그 동영상을 안 봤다면 큰일 날 뻔했습니다. 가채점해보니 합격한 것 같습니다(만점 받으신 분이 계셔서 이런 글을 올리는 게 부끄럽기도 하고 ^^;; 정답 입력 오류에 대한 걱정으로 합격까지 가채점을 비밀로 하려다가) 이번 시험의 일등공신 노 쌤께 감사한 마음으로 글을 남깁니다.

노쌤 덕분에 좋은 경험 했습니답 ^^ 취업을 준비하시는 분들께도 필요한 자격증이지만 회계와 무관한 업무를 하시는 분들도 회계적 사고가 필요하기 때문에 저는 꼭 강추 드리고 싶습니다 ~~!!

ID : 리미

안녕하세요

4월시험이 취소되었던 여파인지 어제 시험은 무난했던 것 같습니다.

학원에서 전산회계1급 전산세무2급 수업을 듣긴 했는데 이론수업이 부족하다 느끼던 찰나에 우연찮게 유튜브 강의 접했습니다^^

가채점으로는 전산회계1급도 이론1개 틀리고 전산세무2급도 만점받았어요~ 프로그램저장만 잘했으면 될것같아요 ㅎㅎ

이직때문에 자격증 취득 목표하고 있었는데 첫 목표를 이룰 것 같습니다.

취업의 문턱이 높게 느껴지긴 합니다만,,,

정말 강의가 도움 많이 되었습니다! 특히 원가회계요! 감사합니다.

※ 더 많은 합격수기는 네이버 블로그, 카페, 유튜브 채널 "끝장회계"에서 확인 가능합니다.

목 차

| 이론 및 기본문제 |

Chapter 1 경영혁신과 ERP ·· 11

Chapter 2 회계2급 ··· 31
    제1절 회계의 기본원리 ·· 41
    제2절 당좌자산 ·· 55
    제3절 재고자산 ·· 63
    제4절 유형자산 ·· 68
    제5절 무형자산 ·· 72
    제6절 유가증권 ·· 73
    재7절 부채 ·· 76
    제8절 자본 ·· 79
    제9절 수익과 비용 ··· 82

Chapter 3 인사2급 ··· 90
    제1절 인적자원관리 ·· 90
    제2절 인적자원계획 ·· 94
    제3절 채용관리 ·· 97
    제4절 교육훈련과 경력개발 ··· 103
    제5절 직무관리 ·· 112
    제6절 인사고과 ·· 119
    제7절 임금관리 ·· 123
    제8절 복지후생과 사회보험 ··· 136
    제9절 노사관계 ·· 140
    제10절 소득세와 연말정산 ·· 147

| 기출문제 |

Chapter 1 회계2급(기출) ··· 157
Chapter 2 인사2급(기출) ··· 240

| 부 록 |

    회계 계정과목표 ··· 317

ERP정보관리사 시험의 구성

회계 2급 & 인사 2급		
	회계 2급	인사 2급
이론 (40분, 100점)	20문제×5점 (경영혁신과 ERP 4문제, 회계 16문제)	20문제×5점 (경영혁신과 ERP 4문제, 인사 16문제)
실무 (40분, 100점)	20문제×5점 (시뮬레이션)	20문제×5점 (시뮬레이션)

※ 1. 평균 **60점(총 24개/40개)**이 커트라인(이론, 실무 각 40점 미만 시 과락)
  2. 총 16개만큼은 틀릴 수 있음
  3. 무엇을 틀릴지 전략적으로 접근할 필요 있음
  4. **철저한 기출문제 위주의 학습만**으로 합격가능

시험시간		
	입실시간	시험시간
1교시	08:50분까지	09:00~10:25
2교시	10:50분까지	11:00~12:25

자기계발서에 있는 그 어떤 글들 보다 더욱 값진 구절

"청년이여, 네 젊음을 즐거워하여라.
네 젊은 시절을 마음으로 기뻐하여라.
네 마음이 가는 대로, 네 눈에 보이는 대로 따라가거라.
다만, 이 모든 것들에 하나님의 심판이 있다는 것을 알아라.
그러므로 네 마음에서 근심을 떨어내고 네 몸에서 악을 떨쳐 버려라.
어린 시절과 젊은 시절은 허무한 것이다."

— 전도서 11:9,10(우리말 성경) —

이론
및
기본
문제

ERP 정보관리사
회계, 인사 2급

CHATPER

1

경영혁신과 ERP

제1절 경영혁신과 ERP의 등장

1. 경영혁신 운동
- 다운사이징(Downsizing)
- 아웃소싱(Out-sourcing)
- JIT(Just In Time)
- BPR(Business Process Re-engineering)
- ERP

2. ERP의 발전과정(MRP ➡ MRPⅡ ➡ ERP ➡ 확장형 ERP)

MRP	MRPⅡ	ERP	확장형 ERP
재고관리기법	MRP+다양한 모듈 추가 (생산능력, 마케팅, 재무)	통합경영정보시스템, 전사적 자원관리, BPR	e-비즈니스, SEM(전략적 기업경영)

다음 [보기] 내용은 ERP발전 과정에 대한 설명이다. 이때 (   ) 안에 들어갈 가장 적합한 용어가 차례대로 바르게 나열된 것은 무엇인가?

[보기]
ㄱ. (MRP)은/는 종속적인 수요를 가지는 품목의 재고관리 시스템으로, 구성 품목의 수요를 산출하고 필요한 시기를 추적하며, 품목의 생산 혹은 구매에 사용되는 리드타임을 고려하여 작업주문 혹은 구매주문을 내기 위한 컴퓨터재고 통제 시스템으로 개발된 것이다.
ㄴ. (MRPⅡ)은/는 생산에 필요한 모든 자원을 효율적으로 관리하기 위하여 이전 단계의 개념이 확대된 개념으로서 이전 개념에 대한 시스템이 보다 확장되어 생산능력이나 마케팅, 재무 등의 영역과 다양한 모듈과 특징들이 추가된 새로운 개념이다.

다음 중 정보시스템의 역할이라고 볼 수 없는 것은 무엇인가?
① 기업의 다양한 업무지원
② 고객만족 및 서비스 증진 효과
③ 조직원의 관리, 감독 기능 강화
④ 효율적 의사결정을 위한 지원기능

---

01 ERP 도입의 최종 목적으로 타당한 것은 무엇인가?

① 조직문화 혁신
② 경영혁신의 수단
③ 고객만족과 이윤 극대화
④ 기업내부의 정보인프라 구축

02 다음 중 ERP의 도입 목적에 해당한다고 볼 수 없는 것은 무엇인가?

① 재고관리 능력의 향상
② 시스템 표준화를 통한 데이터 일관성 유지
③ 각 부서 및 부문별 분리된 업무 시스템 구현
④ 클라이언트/서버 컴퓨팅 구현으로 시스템 성능 최적화

03 다음 중 ERP의 도입 목적에 해당한다고 볼 수 없는 것은 무엇인가?

① 재고관리 능력의 향상
② 시스템 표준화를 통한 데이터 일관성 유지
③ 폐쇄형 정보시스템 구성으로 자율성, 유연성 극대화
④ 클라이언트/서버 컴퓨팅 구현으로 시스템 성능 최적화

04 다음은 ERP의 발전과정을 나타낸 것이다. 다음 [보기]의 ( ) 안에 들어갈 단계를 가장 알맞게 나타낸 것은 무엇인가?

[보기]　　　　MRP ➡ (　　　) ➡ ERP ➡ (　　　)

① SCM,확장형 ERP
② MRP II, 확장형 ERP
③ CRM, 확장형 ERP
④ MIS, 확장형 ERP

05 다음은 조직의 효율성을 제고하기 위해 업무흐름 뿐만 아니라 전체 조직을 재구축하려는 혁신 전략기법들이다. 이 중 주로 정보기술을 통해 기업경영의 핵심과정을 전면 개편함으로 경영성과를 향상시키려는 경영기법으로 매우 신속하고 극단적인 그리고 전면적인 혁신을 강조하는 이 기법은 무엇인가?

① 지식경영　　　　　　　　　　② 벤치마킹
③ 리스트럭처링　　　　　　　　④ 리엔지니어링

06 급변하는 기업환경 속에서 기업생존 및 경쟁우위 확보 전략으로 다양한 경영혁신운동이 전개 되어야 한다. 다음 중 경영혁신 도구로 가장 관련성이 낮은 것은 무엇인가?

① 아웃소싱(Outsourcing)
② BOM(Bill Of Material)
③ ERP(Enterprise Resource Planning)
④ BPR(Business Process Reengineering)

07 ERP의 의미에 대한 설명 중 기업의 경영활동과 연계하여 볼 때 다음 중 가장 적절하지 않은 설명은?

① 산업별 Best Practice를 내재화 하여 업무 프로세스 혁신을 지원할 수 있다.
② 기업 경영활동에 대한 시스템을 통합적으로 구축함으로써 생산성을 극대화시킨다.
③ 기업 내의 모든 인적, 물적 자원을 효율적으로 관리하여 기업의 경쟁력을 강화시켜주는 역할을 한다.
④ 기업 내외적으로 정의된 업무들과 그에 관련된 사람, 정보 및 자원의 흐름을 통합적으로 관리, 지원해 주는 업무처리 자동화 시스템이다.

08 다음 중 정보시스템의 역할이라고 볼 수 없는 것은 무엇인가?

① 기업의 다양한 업무지원
② 고객만족 및 서비스 증진 효과
③ 조직원의 관리, 감독, 통제 기능 강화
④ 효율적 의사결정을 위한 지원기능

제2절 ERP시스템의 특징(실시간, 통합) ↔ 개별

1. 기능적 특징 vs 기술적 특징

기능적 특징	기술적 특징
• 다국적, 다통화, 다언어 지원 • 중복업무 배제, 실시간 정보처리 체계 • 실시간 경영정보 제공(조기경보체계) • 투명한 경영 • 프로세스 선진화, 업무수준 상향평준화	• 4세대 언어 • 관계형 데이터베이스 관리시스템 • 객체지향기술

기본문제

01 다음 내용 중 ERP의 특징으로 가장 적합한 것은 무엇인가?

① 투명경영수단으로 활용
② 조직구성원의 업무수준의 평준화
③ 담당 부서 업무의 전문성 및 정보의 비공개
④ 중복업무의 허용 및 실시간 정보처리 체계 구축

02 다음 중 ERP의 기능적 특징으로 볼 수 없는 것은 무엇인가?

① 투명경영의 수단으로 활용된다.
② 국내용 패키지 ERP는 단일통화만 지원된다.
③ 경영정보를 제공하며 경영조기경보체계가 구축되어 있다.
④ 중복업무를 배제할 수 있으며 실시간으로 정보를 처리할 수 있는 체계이다.

03 다음 중 ERP의 기능적 특징으로 볼 수 없는 것은 무엇인가?

① 투명 경영의 수단으로 활용
② 단일국적, 단일통화, 단일언어 지원
③ 경영정보제공 및 경영조기경보 체계구축
④ 중복 업무의 배제 및 실시간 정보처리체계

04 다음 중 ERP의 기능적 특징으로 바르지 않은 것은 무엇인가?

① 중복적, 반복적으로 처리하던 업무를 줄일 수 있다.
② 실시간으로 데이터 입, 출력이 이루어지므로 신속한 정보사용이 가능하다.
③ ERP를 통해 정부의 효과적인 세원 파악 및 증대, 기업의 투명회계구현이라는 성과를 가져올 수 있다.
④ 조직의 변경이나 프로세스의 변경에 대한 대응은 가능하나 기존 하드웨어와의 연계에 있어서는 보수적이다.

05 ERP의 특징 중 기술적 특징에 해당하지 않는 것은 무엇인가?

① 4세대 언어(4GL)활용
② 다국적, 다통화, 다언어 지원
③ 관계형 데이터베이스(RDBMS) 채택
④ 객체지향기술(Object Oriented Technology) 사용

06 다음 중 ERP의 기술적 특징으로 볼 수 없는 것은 무엇인가?

① 4세대 프로그래밍 언어를 사용하여 개발되었다.
② 대부분의 ERP는 객체지향기술을 사용하여 설계한다.
③ 기업 내부의 데이터가 집합되므로 보안을 위해 인터넷 환경 하에서의 사용은 자제한다.
④ 일반적으로 관계형 데이터베이스 관리시스템(RDBMS)이라는 소프트웨어를 사용하여 모든 데이터를 관리한다.

07 다음 중 ERP에 대한 내용으로 가장 적절하지 않은 것은 무엇인가?

① 글로벌 환경에 쉽게 대응할 수 있다.
② 기업의 다양한 업무를 지원해주는 통합정보시스템이다.
③ 신속한 의사결정이 가능하도록 실시간으로 정보를 제공한다.
④ 인사, 영업, 구매, 생산, 회계 등 기능별로 최적화할 수 있도록 여러 개의 데이터베이스로 구성되어 있다.

08 ERP의 특징으로 가장 바르지 않은 것은 무엇인가?

① 상호분리된 시스템 구축
② 실시간 정보처리 체계 구축
③ 다국적, 다통화, 다언어 지원
④ 파라미터 지정에 의한 프로세스의 정의

09 다음 중 ERP에 대한 설명으로 가장 적절하지 않은 것은 무엇인가?

① 경영혁신환경을 뒷받침하는 새로운 경영업무 시스템 중 하나이다.
② 기업의 전반적인 업무과정이 컴퓨터로 연결되어 실시간 관리를 가능하게 한다.
③ 첨단 IT를 기반으로 선진 비즈니스 프로세스가 구현되어 있으며, 전사적 자원관리라고도 불린다.
④ 기업 내 각 영역의 업무프로세스를 지원하고 각각 단위별로 업무처리 강화를 추구하는 시스템 이다.

제3절 ERP시스템 도입 시 고려사항 및 예상효과

ERP시스템 도입 시 고려사항	ERP시스템 도입 시 예상효과 (시간↓, 기간↓, 비용↓)
• 자사환경에 맞는 패키지를 선정 　(↔ 많은 기업이 채택, 다른 기업이 채택) • 경영진의 확고한 의지 • 경험 있고 유능한 컨설턴트 • 커스터마이징을 최소화(↔ 최대화) • 전사적인(전 임직원) 참여를 유도 • 최고 엘리트 사원으로 구성 • 현업 중심의 프로젝트 진행 • 지속적인 교육 및 워크숍	• 통합업무시스템 구축(↔ 개별) • 재고비용 감소 • 고객서비스 개선 • 결산작업의 단축(↔ 증가) • 투명한 경영 • 표준화, 단순화, 코드화 • Cycle Time 단축(↔ 증가) • 실시간 정보전달 • 리드타임 감소

기본문제

01 다음 중에서 ERP를 도입할 때 선택기준으로 가장 적절하지 않은 것은 무엇인가?

① 경영진의 확고한 의지가 있어야 한다.
② 경험 있는 유능한 컨설턴트를 활용하여야 한다.
③ 전사적으로 전 임직원의 참여를 유도하여야 한다.
④ 다른 기업에서 가장 많이 사용하는 패키지이어야 한다.

02 다음 중 ERP의 선택기준으로 볼 수 없는 것은 무엇인가?

① 커스터마이징의 최대화
② 자사에 맞는 패키지 선정
③ 현업 중심의 프로젝트 진행
④ TFT는 최고의 엘리트 사원으로 구성

03 ERP 도입의 예상효과로 볼 수 없는 것은 무엇인가?

① 투명한 경영   ② 고객서비스 개선
③ 결산작업의 증가   ④ 재고물류비용 감소

04 다음 중 ERP 도입의 예상 효과로 가장 적절하지 않은 것은 무엇인가?

① 투명한 경영   ② 결산작업의 단축
③ 사이클 타임(Cycle Time) 감소   ④ 개별 업무 시스템 효율적 운영

05 다음 중 ERP 도입의 예상효과로 보기가 어려운 것은 무엇인가?

① 리드타임 증가   ② 결산작업의 단축
③ 고객서비스 개선   ④ 통합 업무 시스템 구축

06 다음 중 ERP 도입의 예상효과로 적절하지 않은 것은 무엇인가?

① 고객 서비스 개선   ② 표준화, 단순화, 코드화
③ 통합 업무 시스템 구축   ④ 사이클 타임(Cycle Time) 증가

07 다음 중 ERP 도입 효과로 가장 적합하지 않은 것은 무엇인가?

① 불필요한 재고를 없애고 물류비용을 절감할 수 있다.
② 업무의 정확도 증대와 업무프로세스 단축에 효과가 있다.
③ 업무시간을 단축할 수 있고 필요인력과 필요자원을 절약할 수 있다.
④ 의사결정의 신속성으로 인한 정보 공유의 공간적, 시간적 한계가 있다.

08 다음 중 ERP에 대한 설명으로 가장 바르지 않은 것은 무엇인가?

① ERP가 구축되어 성공하기 위해서는 경영자의 관심과 기업 구성원 전원의 참여가 필요하다.
② ERP는 투명경영의 수단으로 활용이 되며 실시간으로 경영현황이 처리되는 경영정보제공 및 경영조기경비체계를 구축한다.
③ ERP란 기업 내에서 분산된 모든 자원을 부서 단위가 아닌 기업전체의 흐름에서 최적관리가 가능하도록 하는 통합시스템이다.
④ 기업은 ERP를 도입함으로써 기업 내 경영활동에 해당되는 생산, 판매, 재무, 회계, 인사관리 등의 활동을 각 시스템별로 개발 운영하며 의사결정한다.

09 다음은 ERP 도입 의의를 설명한 것이다. 가장 적절하지 않은 설명은 다음 중 무엇인가?

① 기업의 프로세스를 재검토하여 비즈니스 프로세스를 변혁시킨다.
② 공급사슬의 단축, 리드타임의 감소, 재고비용의 절감 등을 이룩한다.
③ 기업의 입장에서 ERP 도입을 통해 업무 프로세스를 개선함으로써 업무의 비효율을 줄일 수 있다.
④ 전반적인 업무 프로세스를 각각 개별 체계로 구분하여 관리하기 위해 ERP를 도입한다.

제4절 ERP도입의 성공/실패요소 및 ERP도입의 십계명

1. ERP도입의 성공 요소

성공 요소	성공 십계명(성공 요인)
• 경영자의 관심, 전원 • 경험과 지식을 겸비한 인력(↔ 자체개발인력) • 우수한 ERP패키지 선택 • 지속적인 교육, 훈련 • IT중심으로 진행하지 않는다. • 업무단위별(부서별)로 진행하지 않는다. • 커스터마이징은 가급적 최소화(↔ 최대화)	• 최고경영진을 배제하지 말라. • 현재의 업무방식을 그대로 고수하지 말라. • 사전 준비를 철저히 하라. • 단기간의 효과위주로 구현하지 말라. • 기존업무에 대한 고정관념으로 ERP를 보지 말라. • BPR을 통한 진행을 하라. • 업무상의 효과보다 소프트웨어의 기능성 위주로 적용 대상을 판단하지 말아야 한다.

ERP 도입의 성공여부는 BPR(Business Process Reengineering)을(를) 통한 업무개선이 중요하며, BPR은(는) 원가, 품질, 서비스, 속도와 같은 주요 성과측정치의 극적인 개선을 위해 업무 프로세스를 급진적으로 재설계하는 것으로 정의할 수 있다.

다음 중 'Best Practice' 도입을 목적으로 ERP 패키지를 도입하여 시스템을 구축하고자 할 경우 가장 바람직하지 않은 방법은 무엇인가?
① BPR과 ERP 시스템 구축을 병행하는 방법
② ERP 패키지에 맞추어 BPR을 추진하는 방법
③ 기존 업무처리에 따라 ERP 패키지를 수정하는 방법
④ BPR을 실시한 후에 이에 맞도록 ERP 시스템을 구축하는 방법

기본문제

01 ERP도입의 성공요인이라고 볼 수 없는 것은 무엇인가?

① 사전준비를 철저히 한다.
② 현재의 업무방식을 그대로 고수한다.
③ 단기간의 효과위주로 구현하지 않는다.
④ 최고 경영진을 프로젝트에서 배제하지 않는다.

02 다음 중 ERP를 성공적으로 구축하기 위한 요건으로 가장 거리가 먼 것은 무엇인가?

① 업무 단위별로 추진하지 않는다.
② 현재의 업무 방식을 벗어나지 않는다.
③ 커스트마이징은 가급적 최소화 시킨다.
④ IT 업체 중심으로 프로젝트를 진행하지 않는다.

03 다음 중 ERP성공을 위한 도움말로 옳지 않은 것은 무엇인가?

① 업무단위별 추진이 지름길이다.
② IT중심의 프로젝트를 추진하지 말라.
③ 최고경영진을 프로젝트에서 배제하지 말라.
④ 기존업무에 대한 고정관념에서 ERP를 보지 말라.

CHAPTER 1 경영혁신과 ERP • **19**

04 다음 중 ERP 도입의 성공전략으로 바르지 않은 것은 무엇인가?

① 현재의 업무방식을 그대로 고수하지 말아야 한다.
② 최고경영진이 참여하는 프로젝트로 진행해야 한다.
③ ERP 구현 후 진행되는 BPR에 대비하면서 도입하여야 한다.
④ 업무상의 효과보다 소프트웨어의 기능성 위주로 적용 대상을 판단하지 말아야 한다.

05 ERP 시스템을 성공적으로 구축하기 위한 여러 가지 성공 요인들이 있다. 다음 중 ERP 구축의
성공적인 요인이라 볼 수 없는 것은 무엇인가?

① IT 중심의 프로젝트로 추진하지 않도록 한다.
② 최고경영층이 프로젝트에 적극적 관심을 갖도록 유도한다.
③ 회사 전체적인 입장에서 통합적 개념으로 접근하도록 한다.
④ 기업이 수행하고 있는 현재 업무방식을 그대로 잘 시스템으로 반영하도록 한다.

06 다음 중 'Best Practice' 도입을 목적으로 ERP 패키지를 도입하여 시스템을 구축하고자 할
경우 가장 바람직하지 않은 방법은 무엇인가?

① BPR과 ERP 시스템 구축을 병행하는 방법
② ERP 패키지에 맞추어 BPR을 추진하는 방법
③ 기존 업무처리에 따라 ERP 패키지를 수정하는 방법
④ BPR을 실시한 후에 이에 맞도록 ERP 시스템을 구축하는 방법

07 다음 중 BPR의 필요성이라고 볼 수 없는 것은 무엇인가?

① 경영 환경 변화에의 대응방안 모색
② 정보기술을 통한 새로운 기회의 모색
③ 기존 업무 방식 고수를 위한 방안 모색
④ 조직의 복잡성 증대와 효율성 저하에 대한 대처방안 모색

08 다음 중에서 ERP를 도입할 때 선택기준으로 가장 적절하지 않은 것은 무엇인가?

① 경영진의 확고한 의지가 있어야 한다.
② 경험 있는 유능한 컨설턴트를 활용하여야 한다.
③ 전사적으로 전 임직원의 참여를 유도하여야 한다.
④ 다른 기업에서 가장 많이 사용하는 패키지이어야 한다.

09 다음 [보기]의 괄호 안에 공통적으로 들어갈 가장 알맞은 용어는 다음 중 무엇인가?

> **[보기]**
> ERP 도입의 성공여부는 (   )을(를) 통한 업무개선이 중요하며, (   )은(는) 원가, 품질, 서비스, 속도와 같은 주요 성과측정치의 극적인 개선을 위해 업무 프로세스를 급진적으로 재설계하는 것으로 정의할 수 있다.

① EIS(Executive Information System)
② MRP(Material Requirement Planning)
③ BPR(Business Process Reengineering)
④ MIS(Management Information System)

10 상용화 패키지에 의한 ERP시스템 구축 시, 성공과 실패를 좌우하는 요인으로 보기 어려운 것은 무엇인가?

① 시스템 공급자와 기업 양쪽에서 참여하는 인력의 자질
② 기업환경을 최대한 고려하여 개발할 수 있는 자체개발인력 보유 여부
③ 제품이 보유한 기능을 기업의 업무환경에 얼마만큼 잘 적용하는지에 대한 요인
④ 사용자 입장에서 ERP시스템을 충분히 이해하고 사용할 수 있는 반복적인 교육훈련

11 다음 중 ERP 선택 및 사용 시 유의점으로 가장 옳지 않은 것은 무엇인가?

① 도입하려는 기업의 상황에 맞는 패키지를 선택해야 한다.
② 데이터의 신뢰도를 높이기 위해 관리를 철저히 해야 한다.
③ 지속적인 교육 및 워크숍 등의 원활한 사용을 위한 노력이 필요하다.
④ 현 시점의 기업 비즈니스 프로세스를 유지할 수 있는 패키지를 선택해야 한다.

12 경영환경 변화에 대한 대응방안 및 정보기술을 통한 새로운 기회 창출을 위해 기업경영의 핵심과 과정을 전면 개편함으로써 경영성과를 향상시키기 위한 경영기법은 무엇인가?

① MRP(Material Requirement Program)
② MBO(Management by objectives)
③ JIT(Just In Time)
④ BPR(Business Process Re-Engineering)

13 다음은 무엇에 대한 설명인가?

> 비용, 품질, 서비스, 속도와 같은 핵심적 부분에서 극적인 성과를 이루기 위해 기업의 업무프로세스를 기본적으로 다시 생각하고 근본적으로 재설계하는 것

① BPR   ② JIT
③ TQM   ④ 커스터마이징

제5절 ERP시스템 구축절차 및 방법

1. ERP시스템 구축절차(분석 ➡ 설계 ➡ 구축 ➡ 구현)

분석	• TFT결성 • AS-IS 파악(현재의 업무) • 현재 시스템 문제파악(현재업무 파악, 현업요구사항 분석) • 목표와 범위설정 • 경영전략 및 비전도출(주요 성공요인 도출)	
설계	• GAP분석(패키지 기능과 TO-BE Process(미래업무)와의 차이분석) • 패키지 설치 • Customizing	
구축	• 모듈조합화 • 추가개발 또는 수정기능 확정	• 테스트 • 출력물 제시
구현	• 시스템 운영 • 시험 가동	• 데이터 전환 • 시스템 평가(교육, 유지보수)

제6절 ERP시스템의 이해

- ERP는 어느 방식으로 도입되든지 BPR을 통한 업무개선이 필요하다.
- BPR((Business Process Re-engineering)이란, 업무프로세스 재설계로 정의된다.
- **ERP도입의 최종목표 : 고객만족, 이윤극대화**

기본문제

01 ERP구축 절차를 바르게 나타낸 것은 무엇인가?

① 분석 → 설계 → 구현 → 구축　　② 설계 → 분석 → 구축 → 구현
③ 설계 → 구현 → 분석 → 구축　　④ 분석 → 설계 → 구축 → 구현

02 다음 중 ERP의 4단계 구축 과정 중 분석 단계에 해당하지 않는 것은 무엇인가?

① 모듈의 조합화　　　　　　　　② 목표와 범위 설정
③ 경영전략 및 비전 도출　　　　　④ 현재 시스템의 문제 파악

03 ERP 구축 방법 중 분석단계에 해당되지 않는 것은?

① 현재업무 파악　　　　　　　　② 현업요구사항 분석
③ 주요 성공요인 도출　　　　　　④ GAP 분석

04 ERP 구축절차 중 TFT결성, 현재 시스템 문제파악, 경영전략 및 비전 도출 등을 하는 단계는 다음 중 무엇인가?

① 구축단계　　　　　　　　　　② 구현단계
③ 분석단계　　　　　　　　　　④ 설계단계

05 다음 중 ERP 구축절차의 구축단계에 해당되지 않는 것은 무엇인가?

① 모듈조합화　　　　　　　　　② 출력물제시
③ 패키지 설치　　　　　　　　　④ 추가개발 또는 수정기능 확정

06 ERP 구축절차 중 모듈조합화, 테스트 및 추가개발 또는 수정기능 확정을 하는 단계는 다음 중 무엇인가?

① 구축단계　　　　　　　　　　② 구현단계
③ 분석단계　　　　　　　　　　④ 설계단계

07 ERP 구축절차 중 패키지 기능과 TO-BE Process와의 차이분석을 하는 것은 다음 중 어느 단계에 해당하는가?

① 구현단계
② 분석단계
③ 설계단계
④ 구축단계

08 다음 중 ERP 도입 시 구축절차에 따른 방법에 대한 설명으로 가장 적합한 것은 무엇인가?

① 분석단계에서는 패키지 기능과 TO-BE Process와의 차이를 분석한다.
② 설계단계에서는 AS-IS를 파악한다.
③ 구축단계에서는 패키지를 설치하고 커스터마이징을 진행한다.
④ 구현단계에서는 시험가동 및 시스템평가를 진행한다.

제7절 확장형 ERP

1. 확장형 ERP에 포함되어야 할 내용
- 고유기능 추가
- 경영혁신 지원
- 선진 정보화 지원기술 추가
- 산업유형 지원확대
- **전문화 확대 적용(↔ 일반화 지원)**

2. 확장형 ERP의 구성요소

e-비즈니스 지원시스템	SEM시스템(전략적 기업경영)
• 지식경영시스템(KMS) • 의사결정지원시스템(DSS) • 고객관계관리(CRM) • 전자상거래(EC) ※ 오답 : BSC(성과측정관리)	• 성과측정관리(BSC) • 부가가치경영(VBM) • 활동기준경영(ABM) ※ 오답 : 인적자원관리시스템, KMS시스템, MRPⅡ

01 다음 중 확장형 ERP 시스템에 포함되어야 할 내용이 아닌 것은 무엇인가?

① 경영혁신 지원   ② 고유기능의 추가
③ 일반화 확대 지원   ④ 선진 정보화 지원기술 추가

02 다음 중 e-Business 지원 시스템을 구성하는 단위 시스템에 해당되지 않는 것은 무엇인가?

① 성과측정관리(BSC)   ② EC(전자상거래) 시스템
③ 의사결정지원시스템(DSS)   ④ 고객관계관리(CRM) 시스템

03 다음 중 기업운영을 위한 전략적 부분을 지원하고, 경영에 필요한 정보를 제공하는 전략적 기업경영(SEM)을 구성하는 단위시스템들로 바르게 짝지은 것은 다음 중 무엇인가?

A. 성과측정(BSC) 시스템	B. 인적자원관리 시스템
C. 지식경영(KMS) 시스템	D. 활동기준경영(ABM) 시스템

① B, C   ② A, B
③ A, C   ④ A, D

04 전략적 기업경영(SEM) 시스템은 기업운영을 위한 전략적인 부분을 지원하고, 경영에 필요한 정보를 제공해주는 것으로 단위시스템들로 구성될 수 있다. 이 중 가장 적합하지 않은 것은 무엇인가?

① 성과측정관리(BSC, Balanced Score Card)
② 부가가치경영(VBM, Valued-Based Management)
③ 활동기준경영(ABM, Activity-Based Management)
④ 제조자원계획(MRP II, Manufacturing Resource Planning)

05 다음 중 클라우드 ERP의 특징 혹은 효과에 대하여 설명한 것이라 볼 수 없는 것은 무엇인가?

① 안정적이고 효율적인 데이터관리
② IT자원관리의 효율화와 관리비용의 절감
③ 원격근무 환경 구현을 통한 스마트워크 환경 정착
④ 폐쇄적인 정보접근성을 통한 데이터 분석기능

06 다음 중 클라우드 ERP와 관련된 설명으로 가장 적절하지 않은 것은 무엇인가?

① 클라우드를 통해 ERP도입에 관한 진입장벽을 높일 수 있다.
② IaaS 및 PaaS 활용한 ERP를 하이브리드 클라우드 ERP라고 한다.
③ 서비스형 소프트웨어 형태의 클라우드로 ERP을 제공하는 것을 SaaS ERP라고 한다.
④ 클라우드 ERP는 고객의 요구에 따라 필요한 기능을 선택·적용한 맞춤형 구성이 가능하다.

07 다음 중 클라우드 서비스 기반 ERP와 관련된 설명으로 가장 적절하지 않은 것은 무엇인가?

① ERP 구축에 필요한 IT인프라 자원을 클라우드 서비스로 빌려 쓰는 형태를 IaaS라고 한다.
② ERP 소프트웨어 개발을 위한 플랫폼을 클라우드 서비스로 제공받는 것을 PaaS라고 한다.
③ PaaS에는 데이터베이스 클라우드 서비스와 스토리지 클라우드 서비스가 있다.
④ 기업의 핵심 애플리케이션인 ERP, CRM 솔루션 등의 소프트웨어를 클라우드 서비스를 통해 제공받는 것을 SaaS라고 한다.

08 클라우드 서비스 사업자가 클라우드 컴퓨팅 서버에 ERP소프트웨어를 제공하고, 사용자가 원격으로 접속해 ERP소프트웨어를 활용하는 서비스를 무엇이라 하는가?

① IaaS(Infrastructure as a Service)
② PaaS(Platform as a Service)
③ SaaS(Software as a Service)
④ DaaS(Desktop as a Service)

09 다음 중 차세대 ERP의 인공지능(AI), 빅데이터(BigData), 사물인터넷(IoT) 기술의 적용에 관한 설명으로 가장 적절하지 않은 것은 무엇인가?

① 현재 ERP는 기업 내 각 영역의 업무프로세스를 지원하고, 단위별 업무처리의 강화를 추구하는 시스템으로 발전하고 있다.
② 제조업에서는 빅데이터 분석기술을 기반으로 생산자동화를 구현하고 ERP와 연계하여 생산계획의 선제적 예측과 실시간 의사결정이 가능하다.
③ 차세대 ERP는 인공지능 및 빅데이터 분석기술과의 융합으로 상위계층의 의사결정을 지원할 수 있는 지능형시스템으로 발전하고 있다.
④ ERP에서 생성되고 축적된 빅데이터를 활용하여 기업의 새로운 업무개척이 가능해지고, 비즈니스 간 융합을 지원하는 시스템으로 확대가 가능하다.

10 다음 중 ERP 아웃소싱(Outsourcing)의 장점으로 가장 적절하지 않은 것은 무엇인가?

① ERP 아웃소싱을 통해 기업이 가지고 있지 못한 지식을 획득할 수 있다.
② ERP 개발과 구축, 운영, 유지보수에 필요한 인적 자원을 절약할 수 있다.
③ IT아웃소싱 업체에 종속성(의존성)이 생길 수 있다.
④ ERP 자체개발에서 발생할 수 있는 기술력 부족의 위험요소를 제거할 수 있다.

11 다음 중 차세대 ERP의 비즈니스 애널리틱스(Business Analytics)에 관한 설명으로 가장 적절하지 않은 것은 무엇인가?

① 비즈니스 애널리틱스는 구조화된 데이터(structured data)만을 활용한다.
② ERP시스템 내의 방대한 데이터 분석을 위한 비즈니스 애널리틱스가 ERP의 핵심요소가 되었다.
③ 비즈니스 애널리틱스는 질의 및 보고와 같은 기본적 분석기술과 예측 모델링과 같은 수학적으로 정교한 수준의 분석을 지원한다.
④ 비즈니스 애널리틱스는 리포트, 쿼리, 대시보드, 스코어카드뿐만 아니라 예측모델링과 같은 진보된 형태의 분석기능도 제공한다.

12 다음 [보기]의 괄호 안에 들어갈 용어로 가장 적절한 것은 무엇인가?

> **[보기]**
> ERP시스템 내의 데이터 분석 솔루션인 (   )은(는) 구조화된 데이터(structured data)와 비구조화된 데이터(unstructured data)를 동시에 이용하여 과거 데이터에 대한 분석뿐만 아니라 이를 통한 새로운 통찰력 제안과 미래 사업을 위한 시나리오를 제공한다.

① 리포트(Report)
② SQL(Structured Query Language)
③ 비즈니스 애널리틱스(Business Analytics)
④ 대시보드(Dashboard)와 스코어카드(Scorecard)

13 다음 중 ERP의 장점 및 효과에 대한 설명으로 가장 적절하지 않은 것은 무엇인가?

① ERP는 다양한 산업에 대한 최적의 업무관행인 베스트 프랙틱스(Best Practices)를 담고 있다.
② ERP 시스템 구축 후 업무재설계(BPR)를 수행하여 ERP 도입의 구축성과를 극대화할 수 있다.
③ ERP는 모든 기업의 업무 프로세스를 개별 부서원들이 분산처리하면서도 동시에 중앙에서 개별 기능들을 통합적으로 관리할 수 있다.

④ 차세대 ERP는 인공지능 및 빅데이터 분석 기술과의 융합으로 선제적 예측과 실시간 의사결정 지원이 가능하다.

14 다음 중 ERP 시스템 구축의 장점으로 볼 수 없는 것은?

① ERP 시스템은 비즈니스 프로세스의 표준화를 지원한다.
② ERP 시스템의 유지보수비용은 ERP 시스템 구축 초기보다 증가할 것이다.
③ ERP 시스템은 이용자들이 업무처리를 하면서 발생할 수 있는 오류를 예방한다.
④ ERP 구현으로 재고비용 및 생산비용의 절감효과를 통한 효율성을 확보할 수 있다.

15 ERP 시스템의 프로세스, 화면, 필드, 그리고 보고서 등 거의 모든 부분을 기업의 요구사항에 맞춰 구현하는 방법을 무엇이라 하는가?

① 정규화(Normalization)
② 트랜잭션(Transaction)
③ 컨피규레이션(Configuration)
④ 커스터마이제이션(Customization)

16 다음 중 ERP 구축 전에 수행되는 단계적으로 시간의 흐름에 따라 비즈니스 프로세스를 개선해 가는 점증적 방법론은 무엇인가?

① BPI(Business Process Improvement)
② BPR(Business Process Re-Engineering)
③ ERD(Entity Relationship Diagram)
④ MRP(Material Requirement Program)

17 다음 중 ERP와 CRM간의 관계에 대한 설명으로 가장 적절하지 않은 것은 무엇인가?

① ERP와 CRM 간의 통합으로 비즈니스 프로세스의 투명성과 효율성을 확보할 수 있다.
② ERP시스템은 비즈니스 프로세스를 지원하는 백오피스 시스템(Back-Office System)이다.
③ CRM시스템은 기업의 고객대응활동을 지원하는 프런트오피스 시스템(Front-Office System)이다.
④ CRM시스템은 조직 내의 인적자원들이 축적하고 있는 개별적인 지식을 체계화하고 공유하기 위한 정보시스템으로 ERP시스템의 비즈니스 프로세스를 지원한다.

18 다음 중 확장된 ERP시스템의 SCM 모듈을 실행함으로써 얻는 장점으로 가장 적절하지 않은 것은 무엇인가?

① 공급사슬에서의 가시성 확보로 공급 및 수요변화에 대한 신속한 대응이 가능하다.
② 정보투명성을 통해 재고수준 감소 및 재고회전율(inventory turnover) 증가를 달성할 수 있다.
③ 공급사슬에서의 계획(plan), 조달(source), 제조(make) 및 배송(deliver) 활동 등 통합 프로세스를 지원한다.
④ 마케팅(marketing), 판매(sales) 및 고객서비스(customer service)를 자동화함으로써 현재 및 미래 고객들과 상호작용할 수 있다.

19 다음 [보기]의 괄호 안에 들어갈 용어로 맞는 것은 무엇인가?

> **[보기]**
> 확장된 ERP시스템 내의 (   )모듈은 공급자부터 소비자까지 이어지는 물류, 자재, 제품, 서비스, 정보의 흐름 전반에 걸쳐 계획하고 관리함으로써 수요와 공급의 일치를 최적으로 운영하고 관리하는 활동이다.

① ERP(Enterprise Resource Planning)
② SCM(Supply Chain Management)
③ CRM(Customer Relationship Management)
④ KMS(Knowledge Management System)

20 다음 중 ERP구축을 위한 ERP패키지 선정기준으로 가장 적절하지 않은 것은 무엇인가?

① 시스템 보안성   ② 사용자 복잡성
③ 요구사항 부합 정도   ④ 커스터마이징(customizing) 가능여부

21 다음 중 ERP 도입전략으로 ERP자체개발 방법에 비해 ERP패키지를 선택하는 방법의 장점으로 가장 적절하지 않은 것은 무엇인가?

① 검증된 방법론 적용으로 구현 기간의 최소화가 가능하다.
② 검증된 기술과 기능으로 위험 부담을 최소화할 수 있다.
③ 시스템의 수정과 유지보수가 지속적으로 이루어질 수 있다.
④ 향상된 기능과 최신정보기술이 적용된 버전(version)으로 업그레이드(upgrade)가 가능하다.

22 다음 중 ERP시스템에 대한 투자비용에 관한 개념으로 시스템의 전체 라이프사이클(life-cycle)을 통해 발생하는 전체 비용을 계량화하는 것을 무엇이라 하는가?

① 유지보수 비용(Maintenance Cost)
② 시스템 구축비용(Construction Cost)
③ 소프트웨어 라이선스비용(Software License Cost)
④ 총소유비용(Total Cost of Ownership)

23 다음 중 효과적인 ERP교육을 위한 고려사항으로 가장 적절하지 않은 것은 무엇인가?

① 다양한 교육도구를 이용하라.
② 교육에 충분한 시간을 배정하라.
③ 비즈니스 프로세스가 아닌 트랜잭션에 초점을 맞춰라.
④ 조직차원의 변화관리활동을 잘 이해하도록 교육을 강화하라.

24 다음 중 ERP 구축 시 컨설턴트를 고용함으로써 얻는 장점으로 가장 적절하지 않은 것은 무엇인가?

① 프로젝트 주도권이 컨설턴트에게 넘어갈 수 있다.
② 숙달된 소프트웨어 구축방법론으로 실패를 최소화할 수 있다.
③ ERP기능과 관련된 필수적인 지식을 기업에 전달할 수 있다.
④ 컨설턴트는 편견이 없고 목적 지향적이기 때문에 최적의 패키지를 선정하는데 도움이 된다.

25 다음 중 ERP와 기존의 정보시스템(MIS) 특성 간의 차이점에 대한 설명으로 가장 적절하지 않은 것은 무엇인가?

① 기존 정보시스템의 업무범위는 단위업무이고, ERP는 통합업무를 담당한다.
② 기존 정보시스템의 전산화 형태는 중앙집중식이고, ERP는 분산처리구조이다.
③ 기존 정보시스템은 수평적으로 업무를 처리하고, ERP는 수직적으로 업무를 처리한다.
④ 기존 정보시스템의 데이터베이스 형태는 파일시스템이고, ERP는 관계형 데이터베이스 시스템(RDBMS)이다.

CHATPER 2

회계2급

1. 회계의 뜻

<u>이해관계자</u>들의 의사결정에 <u>**유용한 정보**</u>를 제공하는 것

2. 부기(book keeping ; 장부 기록)

(1) 단식부기 : 일정한 원리 없이 단순하게 기록
(2) 복식부기 : 일정한 원리에 의하여(차변, 대변) 기록

3. 회계 기본용어 정리

(1) 회계단위(accounting unit) : 장소적 범위(본점과 지점)
(2) 회계연도(회계기간)

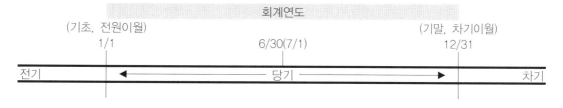

4. 재무제표

(1) 재무상태표 : 일정시점 + 재무상태(재산상태)
(2) 손익계산서 : 일정기간 + 경영성과
(3) 자본변동표 : 일정기간 + 자본변동

(4) 현금흐름표 : 일정기간 + 현금흐름

(5) 주석 : 별지

5. T-계정

T - 계정

차변	대변

\# 대차평균의 원리 : 차변의 합과 대변의 합은 항상 일치한다.

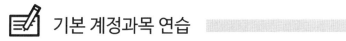

기본 계정과목 연습

[1] 재무상태표 계정

계정과목	분류	내용
1. 현금	자산	한국은행에서 발행한 지폐, 통화 그리고 통화대용증권
2. 당좌예금	자산	당좌수표를 발행할 목적으로 은행에 돈을 예입한 것
3. 보통예금	자산	수시로 입출금 가능한 예금
4. 현금성자산	자산	3개월 이내의 정기예금, 정기적금
5. 현금 및 현금성자산	자산	현금＋당좌예금＋보통예금＋현금성자산
6. 외상매출금	자산	상품을 매출하고(팔고) 대금을 외상으로 한 경우
7. 받을어음	자산	상품을 매출하고 대금을 어음으로 한 경우
8. 매출채권	자산	외상매출금＋받을어음
9. 단기예금	자산	만기가 1년 이내인 정기예금, 정기적금
10. 단기매매증권	자산	단기시세차익을 목적으로 구입한 주식, 채권
11. 단기대여금	자산	1년 이내 회수조건으로 타인에게 금전을 대여해 줌(빌려줌)
12. 단기투자자산	자산	단기예금＋단기매매증권＋단기대여금
13. 미수금	자산	상품이 아닌 것을 팔고 대금을 나중에 받기로 한 경우
14. 선급금	자산	계약금을 지급(미리 지급)
15. 상품	자산	판매를 목적으로 외부로부터 매입한 물품
16. 소모품	자산	연필, 볼펜, 인쇄용지와 같은 사무용품
17. 장기대여금	자산	1년 이후 회수조건으로 타인에게 금전을 대여해 줌
18. 토지	자산	영업(생산)활동에 사용하는 땅을 구입
19. 건물	자산	영업(생산)활동에 사용하는 건물을 구입
20. 기계장치	자산	생산활동에 사용하는 기계 또는 부속설비
21. 차량운반구	자산	영업(생산)활동에 사용하는 차량, 트럭 등을 구입
22. 비품	자산	영업용으로 사용하는 책상, 컴퓨터, 모니터 등
23. 단기차입금	부채	1년 이내 상환조건으로 타인으로부터 금전을 차입 함(빌림)
24. 외상매입금	부채	상품을 매입하고(사고) 대금을 외상으로 한 경우
25. 지급어음	부채	상품을 매입하고 대금을 어음으로 한 경우
26. 매입채무	부채	외상매입금＋지급어음
27. 미지급금	부채	상품이 아닌 것을 사고 대금을 나중에 주기로 한 경우
28. 선수금	부채	계약금을 받음(미리 수수)
29. 예수금	부채	일시적(예비로) 받아 보관하고 있는 금액
30. 사채	부채	장기적인 자금조달을 위해 발행한 회사채
31. 장기차입금	부채	1년 이후 상환조건으로 타인으로부터 금전을 차입 함(빌림)
32. 자본금	자본	회사가 출자한 현금이나 상품 등(발행주식수×액면가)

[1-1] 재무상태표 계정 연습

계정과목	분류	내용
1.		한국은행에서 발행한 지폐, 통화 그리고 통화대용증권
2.		당좌수표를 발행할 목적으로 은행에 돈을 예입한 것
3.		수시로 입출금 가능한 예금
4.		3개월 이내의 정기예금, 정기적금
5.		현금+당좌예금+보통예금+현금성자산
6.		상품을 매출하고(팔고) 대금을 외상으로 한 경우
7.		상품을 매출하고 대금을 어음으로 한 경우
8.		외상매출금+받을어음
9.		만기가 1년 이내인 정기예금, 정기적금
10.		단기시세차익을 목적으로 구입한 주식, 채권
11.		1년 이내 회수조건으로 타인에게 금전을 대여해 줌(빌려줌)
12.		단기예금+단기매매증권+단기대여금
13.		상품이 아닌 것을 팔고 대금을 나중에 받기로 한 경우
14.		계약금을 지급(미리 지급)
15.		판매를 목적으로 외부로부터 매입한 물품
16.		연필, 볼펜, 인쇄용지와 같은 사무용품
17.		1년 이후 회수조건으로 타인에게 금전을 대여해 줌
18.		영업(생산)활동에 사용하는 땅을 구입
19.		영업(생산)활동에 사용하는 건물을 구입
20.		생산활동에 사용하는 기계 또는 부속설비
21.		영업(생산)활동에 사용하는 차량, 트럭 등을 구입
22.		영업용으로 사용하는 책상, 컴퓨터, 모니터 등
23.		1년 이내 상환조건으로 타인으로부터 금전을 차입 함(빌림)
24.		상품을 매입하고(사고) 대금을 외상으로 한 경우
25.		상품을 매입하고 대금을 어음으로 한 경우
26.		외상매입금+지급어음
27.		상품이 아닌 것을 사고 대금을 나중에 주기로 한 경우
28.		계약금을 받음(미리 수수)
29.		일시적(예비로) 받아 보관하고 있는 금액
30.		장기적인 자금조달을 위해 발행한 회사채
31.		1년 이후 상환조건으로 타인으로부터 금전을 차입 함(빌림)
32.		회사가 출자한 현금이나 상품 등(발행주식수×액면가)

[2] 손익계산서 계정

계정과목	분류	내용
33. 상품매출	수익	상품을 매출하였을 때
34. 이자수익	수익	이자를 받으면
35. 임대료	수익	건물, 토지 등을 빌려주고 월세 등을 받으면
36. 수수료수익	수익	수수료를 받으면
37. 단기매매증권처분이익	수익	단기매매증권을 원가 이상으로 처분하면
38. 유형자산처분이익	수익	건물, 비품, 토지 등을 원가 이상으로 처분하면
39. 잡이익	수익	영업활동과 관계없이 생기는 적은 이익
40. 매출원가	비용	매출한 상품, 제품의 원가
41. 이자비용	비용	이자를 지급하면
42. 임차료	비용	건물, 토지 등을 빌리고 월세 등을 지급하면
43. 수수료비용	비용	수수료를 지급하면
44. 급여	비용	종업원에게 월급을 지급하면
45. 복리후생비	비용	종업원의 의료, 선물, 경조비, 회식비(식대)를 지급하면
46. 차량유지비	비용	영업용 차량에 대한 유류대, 주차비 등을 지급하면
47. 여비교통비	비용	종업원에게 택시요금, 시내출장비 등을 지급하면
48. 통신비	비용	전화요금, 인터넷 사용료, 우편요금 등
49. 수도광열비	비용	수도요금, 전기요금, 가스요금 등
50. 소모품비	비용	사무용 장부, 볼펜, 복사용지 등을 구매(사용분)
51. 접대비	비용	거래처에 식대, 선물, 경조비 등을 지급
52. 세금과공과	비용	재산세, 자동차세, 적십자 회비 등
53. 보험료	비용	화재보험료 및 자동차 보험료 등을 지급
54. 광고선전비	비용	불특정 다수에게 상품 판매를 위하여 지급하는 광고선전비용
55. 운반비	비용	상품 매출시 발송비, 짐꾸리기 비용, 퀵서비스 비용 등
56. 수선비	비용	건물, 비품, 기계장치 등의 수리비를 지급
57. 도서인쇄비	비용	신문구독료, 도서구입, 잡지구입 등
58. 단기매매증권처분손실	비용	단기매매증권을 원가 이하로 처분하면
59. 유형자산처분손실	비용	건물, 비품, 토지 등을 원가 이하로 처분하면
60. 잡손실	비용	영업활동과 관계없이 생기는 적은 손실

[2-1] 손익계산서 계정 연습

계정과목	분류	내용
33.		상품을 매출하였을 때
34.		이자를 받으면
35.		건물, 토지 등을 빌려주고 월세 등을 받으면
36.		수수료를 받으면
37.		단기매매증권을 원가 이상으로 처분하면
38.		건물, 비품, 토지 등을 원가 이상으로 처분하면
39.		영업활동과 관계없이 생기는 적은 이익
40.		매출한 상품, 제품의 원가
41.		이자를 지급하면
42.		건물, 토지 등을 빌리고 월세 등을 지급하면
43.		수수료를 지급하면
44.		종업원에게 월급을 지급하면
45.		종업원의 의료, 선물, 경조비, 회식비(식대)를 지급하면
46.		영업용 차량에 대한 유류대, 주차비 등을 지급하면
47.		종업원에게 택시요금, 시내출장비 등을 지급하면
48.		전화요금, 인터넷 사용료, 우편요금 등
49.		수도요금, 전기요금, 가스요금 등
50.		사무용 장부, 볼펜, 복사용지 등을 구매(사용분)
51.		거래처에 식대, 선물, 경조비 등을 지급
52.		재산세, 자동차세, 적십자 회비 등
53.		화재보험료 및 자동차 보험료 등을 지급
54.		불특정 다수에게 상품 판매를 위하여 지급하는 광고선전비용
55.		상품 매출시 발송비, 짐꾸리기 비용, 퀵서비스 비용 등
56.		건물, 비품, 기계장치 등의 수리비를 지급
57.		신문구독료, 도서구입, 잡지구입 등
58.		단기매매증권을 원가 이하로 처분하면
59.		건물, 비품, 토지 등을 원가 이하로 처분하면
60.		영업활동과 관계없이 생기는 적은 손실

예제 **01**

칠칠전자의 20x1년 1월 1일 및 12월 31일의 재무상태는 다음과 같다. 각 시점의 재무상태표 및 손익계산서를 작성하시오.

[1/1 재무상태]
현금 400,000원　당좌예금 500,000원　단기대여금 300,000원　외상매출금 200,000원
받을어음 600,000원　상품 500,000원　차량운반구 1,000,000원　외상매입금 500,000원
지급어음 800,000원　단기차입금 600,000원　장기차입금 400,000원

[12/31 재무상태]
현금 500,000원　당좌예금 400,000원　단기대여금 200,000원　외상매출금 400,000원
받을어음 500,000원　상품 300,000원　건물 1,000,000원　비품 100,000원　차량운반구 700,000원
외상매입금 800,000원　지급어음 900,000원　단기차입금 200,000원　장기차입금 700,000원

[1/1 ~ 12/31 경영성과]
상품매출 1,000,000원　수수료수익 100,000원　이자수익 200,000원　임대료 300,000원
매출원가 700,000원　임차료 300,000　급여 100,000원　세금과공과 50,000원　접대비 150,000원

재무상태표

칠칠전자　　　　　　　　　　　　　　　20x1년 1월 1일　　　　　　　　　　　　단위 : 원

차 변	금 액	대 변	금 액
합 계		합 계	

재무상태표

칠칠전자   20x1년 12월 31일   단위 : 원

차 변	금 액	대 변	금 액
합 계		합 계	

손익계산서

칠칠전자   20x1년 1월 1일부터 12월 31일   단위 : 원

차 변	금 액	대 변	금 액
합 계		합 계	

6. 손익법 vs 재산법

(1) 손익법 : 수익 − 비용 = (당기순)이익

(2) 재산법 : 기말자본 − 기초자본 = (당기순)이익

예제 02

다음 중 빈 칸에 들어갈 금액으로 옳은 것은?

구분	기초자산	기초부채	기초자본	기말자산	기말부채	기말자본	총수익	총비용	당기순손익
1	1,200	300	( )	1,500	400	( )	900	( )	( )
2	800	( )	500	1,200	( )	300	( )	900	( )
3	( )	200	700	( )	300	800	( )	900	( )
4	( )	400	300	1,000	( )	( )	( )	500	300
5	500	( )	( )	700	( )	300	700	( )	−50

---

7. 기초분개 및 전기

〈거래〉

(1) 현금 3,000원을 출자하고 5,000원을 차입하여 영업을 시작하다.

(2) 상품 500원을 현금 매입하다.

(3) 상품 400원을 외상 매입하다.

(4) 외상매입금 100원을 현금으로 지급하다.

(5) 상품 1,000원을 매출하고 대금 중 600원을 현금으로 나머지는 외상으로 하다.

(6) 외상매출금 300원을 현금으로 회수하다.

(7) 영업용 복사기 1대를 1,000원에 구입하고 대금은 월말에 지급하기로 하다.

(8) 단기차입금에 대한 이자 300원을 현금으로 지급하다.

(9) 단기대여금에 대한 이자 200원을 보통예금으로 입금받다.

(10) 직원회식비 800원을 신용카드 결제하다.

〈전기〉

현금
────────┬────────

상품
────────┬────────

외상매출금
────────┬────────

비품
────────┬────────

단기차입금
────────┬────────

외상매입금
────────┬────────

미지급금
────────┬────────

이자비용
────────┬────────

이자수익
────────┬────────

자본금
────────┬────────

복리후생비
────────┬────────

────────┬────────

────────┬────────

────────┬────────

────────┬────────

제1절 회계의 기본원리

1. 회계의 기본개념

(1) 회계의 목적

회계란? 이해관계자 + 유용한 정보제공

① 경영자의 수탁책임에 대한 정보의 제공

② 미래 현금흐름 예측에 대한 유용한 정보의 제공

③ 재무상태와 경영성과 및 현금흐름 등에 관한 정보 제공

(2) 재무제표의 종류

구분	내용
① 재무상태표	일정시점 + 재무상태(재산상태)
② 손익계산서	일정기간 + 경영성과
③ 자본변동표	일정기간 + 자본변동
④ 현금흐름표	일정기간 + 현금흐름 ※ 현금흐름표는 영업활동, 투자활동, 재무활동으로 인한 현금흐름으로 구분하여 표시한다. – 영업활동 : 상품의 구매, 상품 · 제품의 현금매출, 제조활동 – 투자활동 : 공장신축 및 처분, 설비자산 취득 및 처분, 투자자산 매입 및 처분 – 재무활동 : 자금의 차입, 차입금 상환, 사채발행, 자기주식의 취득 및 처분
⑤ 주석(별지)	

(3) 3전표제

구분	해설
입금전표	현금의 입금거래 즉, 분개 시 차변에 현금계정만 나타날 때 발행하는 전표
출금전표	현금의 출금거래 즉, 분개 시 대변에 현금계정만 나타날 때 발행하는 전표
대체전표	일부 현금거래와 전부 비 현금거래 즉, ❶ 차변 또는 대변에 현금계정과 다른 계정이 동시에 나타나거나 ❷ 차변 또는 대변에 현금계정은 나타나지 않고 다른 계정만 나타날 때 발행하는 전표

01 다음 중 회계의 목적에 대한 설명으로 옳지 않은 것은?

① 경영자의 수탁책임에 대한 정보의 제공
② 회계감사 방법 및 절차에 대한 정보의 제공
③ 미래 현금흐름 예측에 대한 유용한 정보의 제공
④ 재무상태와 경영성과 및 현금흐름 등에 관한 정보 제공

02 다음 중 재무제표에 해당하지 않는 것은?

① 재무상태표   ② 손익계산서
③ 주석   ④ 주기

03 다음 재무제표 중 일정기간을 중심으로 기업의 정보를 불특정 다수의 이해관계자들에게 전달하는 보고서가 아닌 것은?

① 현금흐름표   ② 재무상태표
③ 손익계산서   ④ 자본변동표

04 다음의 [보기]는 무엇에 대한 설명인가?

[보기]
일정시점에 기업이 소유하고 있는 자산과 채권자에게 지급할 부채, 주주에게 지급해야 할 자본의 상태를 보고하는 보고서이다.

① 자본변동표   ② 현금흐름표
③ 재무상태표   ④ 손익계산서

05 다음 재무제표 중 일정기간동안 기업의 경영성과를 불특정 다수의 이해관계자들에게 전달하는 보고서는 무엇인가?

① 재무상태표   ② 손익계산서
③ 자본변동표   ④ 현금흐름표

06 다음 중 재무회계에 관한 설명으로서 가장 적절하지 않은 것은?

① 기업의 외부 정보이용자에게 유용한 정보를 제공하는 것을 주된 목적으로 한다.
② 일정시점의 경영성과를 나타내는 보고서는 손익계산서이다.
③ 일반적으로 인정된 회계기준을 보고기준으로 한다.
④ 재무제표에는 재무상태표, 손익계산서, 자본변동표, 현금흐름표, 주석이 있다.

07 다음은 무엇에 대한 설명인가?

> • 일정기간동안 발생한 자본의 변동을 보고하는 재무제표
> • 자본금, 자본잉여금, 자본조정, 기타 포괄손익누계액, 이익잉여금으로 구성

① 자본변동표 ② 현금흐름표
③ 손익계산서 ④ 재무상태표

08 다음 중 포괄손익계산서의 유용성으로 볼 수 없는 것은?

① 미래현금흐름의 예측 ② 과세소득의 기초자료 활용
③ 기업경영활동의 성과 측정 ④ 소유자 지분에 대한 정보 제공

09 다음 중 투자활동으로 인한 현금흐름에 해당하는 것은?

① 자기주식 처분 ② 차입금의 상환
③ 공장건물의 처분 ④ 제품의 현금매출

10 다음 중 현금흐름표에 관한 설명으로 옳지 않은 것은?

① 현금흐름표는 다른 재무제표와 달리 발생주의에 의해 작성되지 않는다.
② 현금흐름표는 특정기간의 현금흐름을 보여주는 보고서이다.
③ 영업상 어려움으로 인한 자금의 차입은 영업활동에 의한 현금흐름에 해당한다.
④ 상품의 구매에 의한 현금흐름은 영업활동에 의한 현금흐름에 해당한다.

11 다음 중 재무활동 내용만을 나타내는 재무제표는?

① 주석 ② 손익계산서
③ 현금흐름표 ④ 자본변동표

12 다음 재무상태표와 손익계산서에 대한 설명 중 옳지 않은 것은?

① 손익계산서는 일정기간동안 기업의 경영성과를 나타내는 보고서이다.
② 손익계산서는 동태적 보고서로서 차변에는 비용항목, 대변에는 수익항목이 표기된다.
③ 재무상태표는 정태적 보고서로서 차변에는 자산항목이 표시되고 자금의 조달을 설명하며 대변은 부채와 자본항목이 표시되고 자금의 운용을 설명한다.
④ 재무상태표는 일정시점 기업의 재무상태표를 나타내는 보고서이다.

13 전표는 분개장의 대용으로 거래를 최초로 기록하고 관련부서에 전달할 수 있도록 일정한 양식을 갖춘 용지를 말한다. 기말의 결산정리분개 중 감가상각비의 계상에 적용되는 전표는 어느 것인가?

① 대체전표   ② 입금전표
③ 출금전표   ④ 입출금전표

---

2. 재무상태표, 손익계산서

(1) 재무상태표

재무상태표 = 일정시점 + 재무상태(재산상태)

자산	부채 자본
↑ 자금의 운용	↑ 자금의 조달

① 자산

과거		현재		미래
거래나 사건의 결과	+	기업실체에 의해 _지배_	+	경제적효익을 창출할 것으로 _기대_

② 부채

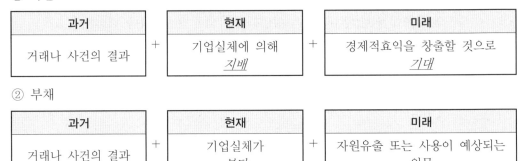

과거		현재		미래
거래나 사건의 결과	+	기업실체가 _부담_	+	자원유출 또는 사용이 예상되는 의무

③ 자본 : **순자산**으로서 기업실체의 자산에 대한 소유주의 잔여청구권

   ※ **자본등식 : 자산 − 부채 = 자본(순자산)**

   ※ 재무상태표등식 : 자산 = 부채 + 자본

   ※ 시산표등식 : **기말자산 + 비용 = 기말부채 + 기초자본 + 수익**

(2) 재무상태표의 작성기준

   ① 구분표시

   ② 총액주의(↔ 순액주의)

   ③ 1년 기준(1년 이내 : "유동", 1년 이후 : "비유동")

   ④ **유동성 배열법** : 자산과 부채는 **유동성이 높은**(환금성(= 현금화)이 빠른) 순서로 배열

   ⑤ 잉여금구분의 원칙(※ 자본참조)

재무상태표

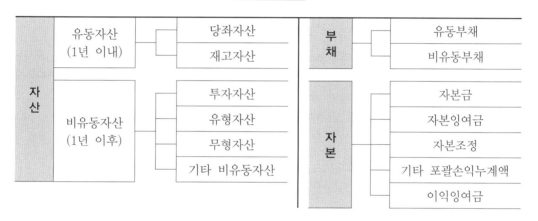

(3) 손익계산서

   손익계산서 = 일정기간 + 경영성과(수익, 비용)

   ① **수익** : 기업실체의 경영활동의 결과로서 발생하였거나 발생할 *현금유입액*

   ② **비용** : 기업실체의 경영활동의 결과로서 발생하였거나 발생할 *현금유출액*

   ※ 수익 − 비용 = **(순)이익**

(4) 손익계산서의 작성기준

　① 발생주의(↔ 현금주의 : 현금흐름표)

　② 실현주의

　③ 수익비용대응의 원칙(예, 매출액과 매출원가)

　④ 총액주의(↔ 순액주의)

　⑤ 구분계산의 원칙

기본문제

01 다음 재무상태표와 손익계산서에 대한 설명 중 옳지 않은 것은?

　① 손익계산서는 일정기간동안 기업의 경영성과를 나타내는 보고서이다.
　② 손익계산서는 동태적 보고서로서 차변에는 비용항목, 대변에는 수익항목이 표기된다.
　③ 재무상태표는 정태적 보고서로서 차변에는 자산항목이 표시되고 자금의 조달을 설명하며
　　대변은 부채와 자본항목이 표시되고 자금의 운용을 설명한다.
　④ 재무상태표는 일정시점 기업의 재무상태표를 나타내는 보고서이다.

02 다음 중 설명이 틀린 것은 어느 것인가?

　① 자산의 증가와 부채의 증가는 서로 결합될 수 있다.
　② 일정기간의 경영성과를 나타내는 것이 손익계산서이다.
　③ 보관 중이던 상품이 화재로 소실된 경우도 회계상의 거래에 속한다.
　④ 비유동자산은 회계연도 말부터 1년 이내에 현금화되거나 실현될 것으로 예상되는 자산이다.
　　유동자산은 회계연도 말부터 1년 이내에 현금화되거나 실현될 것으로 예상되는 자산이다.

03 다음 보기는 무엇에 대한 설명인가?

장부 기록을 자산이나 부채, 자본, 수익, 비용의 변동을 가져오는 거래가 발생 시점과 관계없이 실제 현금이 들어오고 나갈 때를 기준으로 기록하는 것이다.

　① 저가주의　　　　　　　　　　　② 보수주의
　③ 발생주의　　　　　　　　　　　④ 현금주의

(5) 계정과목

(6) 결합관계(거래의 8요소)

결합관계

차변	대변
자산 ↑ 부채 ↓ 자본 ↓	자산 ↓ 부채 ↑ 자본 ↑
비용 ↑	수익 ↑

(7) 차감적 평가계정

① 자산의 차감적 평가계정 : 대손충당금, 재고자산평가충당금, 감가상각누계액

② 부채의 차감적 평가계정 : 사채할인발행차금, 퇴직연금운용자산

③ 자본의 차감적 평가계정 : 인출금

cf) 오답 : 퇴직급여충당부채, 사채할증발행차금

기본문제

01 다음 보기의 내용을 회계 처리할 경우 가장 적절한 계정과목은?

[보기] 거래처에 상품을 주문하고 상품 대금의 일부를 계약금으로 미리 지급하는 경우 그 금액

① 예수금   ② 선수금
③ 선수수익   ④ 선급금

02 다음은 "기업 고유의 사업목적 이외의 자산을 판매하고 회수되지 않은 금액" 계정과목으로 적절한 것은?

① 외상매출금   ② 가지급금
③ 미수금   ④ 선급금

03 [보기]의 거래를 회계처리할 경우 적절한 계정과목은?

> **[보기]** 3월 7일 업무용 컴퓨터를 구입하고, 대금은 월말에 지급하기로 했다.

① 상품   ② 외상매입금
③ 미지급금   ④ 선급금

04 다음 중 계정과목 설명이 적절하지 않은 것은?

① 선수금 : 거래처로부터 주문받은 제품이나 상품 등을 일반적 상거래에서 발생한 대가로 미리 받은 계약금
② 미지급금 : 일반적인 상거래 이외 거래에서 발생한 채권
③ 채무면제이익 : 기업이 부담할 채무에 대해 채권자의 채권포기로 인해 기업이 얻는 이익
④ 가지급금 : 현금 등의 지출함에 있어서 금액과 계정과목이 확정되지 않은 경우 임시적으로 처리하는 가계정

05 다음 중 계정과목 설명이 적절하지 않은 것은?

① 미수금 : 일반적인 상거래 이외 거래에서 발생한 채권
② 선수금 : 상품이나 원재료를 매입하기 위하여 미리 지급하는 계약금
③ 예수금 : 소득세, 원천세, 부가가치세 등 일시적 예수액을 회계처리할 때 이용되는 계정
④ 가지급금 : 현금을 지급하였으나 회계 처리할 계정과목이나 금액이 확정되지 않은 경우에 일시적으로 사용되는 계정

06 다음 중 일반적인 재무제표의 계정과목 분류가 옳지 않은 것은?

① 재공품 : 무형자산   ② 건설중인자산 : 유형자산
③ 퇴직급여충당부채 : 비유동부채   ④ 단기매매증권평가손익 : 영업외손익

07 다음 중 유동부채에 관한 설명으로 옳지 않은 것은?

① 원재료를 매입하고 대금을 나중에 지급하기로 하면 외상매입금으로 처리한다.
② 복리후생비를 1년 내에 지급하기로 하면 미지급금에 처리한다.
③ 상품을 판매하기 전에 미리 계약금으로 받는 금액은 선수수익으로 처리한다.
④ 급여에 대해 소득세를 원천징수하여 잠시 보관하고 있는 경우 예수금으로 처리한다.

08 다음 중 자산이 증가하는 거래를 분개할 때 나타날 수 있는 항목은?

① 수익계정의 발생   ② 부채계정의 감소
③ 자본계정의 감소   ④ 비용계정의 발생

09 [보기]의 거래를 회계처리한 경우 차변 내용으로 적절한 것은?

> ㈜진주 A사원이 업무와 관련하여 교통비 12,000원을 현금으로 지출하고 현금영수증을 수령하여 제출하였다.

① 자산의 감소 - 현금   ② 비용의 발생 - 여비교통비
③ 부채의 감소 - 미지급금   ④ 수익의 발생 - 외상매출금

10 다음의 거래를 분개하는 경우 발생할 수 없는 계정과목은?

> **10월 20일**
> 외상매출금 5,000,000원 중 1,000,000원은 당점이 발행한 당좌수표를 받았으며, 잔액은 동점이 발행한 어음으로 받았다.
> **10월 21일**
> 외상매입금 1,000,000원을 수표를 발행하여 지급하였다.
> **10월 22일**
> 상품 5,000,000원을 매출하고 외상으로 하였다.

① 당좌예금   ② 대손상각비
③ 외상매입금   ④ 받을어음

3. 회계의 순환과정(거래, 분개, 총계정원장, 결산)

(1) 회계의 순환과정

거래의 발생(인식)	분개 ⇨	분개장	전기 ⇨	총계정원장

결산절차
⇨ 예비절차 ⇨ 본 절차 ⇨ 보고서작성

(2) 회계 상의 거래

    ① 경영활동에 의하여 자산·부채의 증감변화를 일으키는 현상

    ② 경영활동에 의하여 수익·비용의 발생을 일으키는 현상

    ③ 수익·비용의 발생으로 자본의 증감변화를 일으키는 현상

    ※ *거래가 아닌 예 : 채용, 주문, 계약*

    ※ *거래인 예 : 화재, 도난, 분실*

(3) 거래의 종류(손익발생 여부)

    ① 교환거래(재무상태표 계정)

    ② 손익거래(손익계산서 계정)

    ③ 혼합거래(재무＋손익 계정)

(4) 거래의 종류(현금거래 여부)

    ① 입금거래, 출금거래

    ② 대체거래

(5) 주요(장)부, 보조원장

    ① 주요(장)부 : 분개장, 총계정원장

    ② 보조원장 : 상품재고장, 매출처원장, 매입처원장, 가지급원장, 전도금원장

    ③ 보조기입장 : 현금출납장, 당좌예금출납장, 받을어음기입장, 지급어음기입장, 매입장, 매출장 등

(6) 결산절차

    ① **예비절차** : 시산표작성, 결산정리, 정산표작성

    ② **본 절차** : 총계정원장의 마감, 분개장과 각종 보조장부의 마감, 이월시산표 작성

    ③ **보고서작성** : 재무제표 작성

    ※ 시산표등식 : **기말자산＋비용＝기말부채＋기초자본＋수익**

    ※ 회계의 순환과정

    거래식별 → 분개 → 전기 → 수정전시산표 작성 → 기말 수정분개 → 수정후시산표 작성 → 수익비용계정의 마감 → 집합손익계정의 마감 → 자산부채자본계정의 마감 → 재무제표 작성

01 다음 중 회계상 거래인 것은?

① 종업원 채용
② 자동차 구입계약
③ 배상책임 법률자문
④ 홍수로 인한 상품의 유실

02 다음 중 회계상의 거래에 해당하지 않는 것은?

① 법률서비스를 제공하고 수수료를 받았다.
② 토지를 구입하기로 계약하면서 계약금을 납부하였다.
③ 전화기를 구입하였다.
④ 정기적금을 가입하기로 약정하였다.

03 다음 중 손익발생여부에 따라 분류된 회계상 거래가 아닌 것은?

① 교환거래
② 손익거래
③ 대체거래
④ 혼합거래

04 다음 중 설명이 틀린 것은 어느 것인가?

① 자산의 증가와 부채의 증가는 서로 결합될 수 있다.
② 일정기간의 경영성과를 나타내는 것이 손익계산서이다.
③ 보관 중이던 상품이 화재로 소실된 경우도 회계상의 거래에 속한다.
④ 비유동자산은 회계연도 말부터 1년 이내에 현금화되거나 실현될 것으로 예상되는 자산이다.

05 다음 중 결산 순서가 옳게 표시된 것은?

1. 거래의 발생   2. 시산표 작성   3. 총계정원장 기록   4. 재무제표 작성

① 1 → 3 → 2 → 4
② 1 → 2 → 3 → 4
③ 1 → 2 → 4 → 3
④ 1 → 3 → 4 → 2

06 다음 중 분개에 관한 설명으로 옳지 않은 것은?

① 분개를 할 때 차변에 기록하는 금액과 대변에 기록하는 금액이 항상 일치하는 것은 아니다.
② 차입금의 증가는 대변에 기록하고 감소는 차변에 기록한다.
③ 분개를 기록한 장부를 분개장이라고 한다.
④ 현금의 증가는 차변에 기록하고 감소는 대변에 기록한다.

4. 필수 계산문제

(1) 필수 계산문제

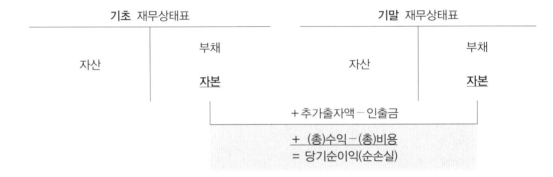

기본문제

01 다음 자료에서 총비용은 얼마인가?

• 기초자금	8,000,000원	• 기말자본	16,000,000원
• 추가출자금	5,000,000원	• 총수익	6,000,000원

① 2,000,000원
② 2,500,000원
③ 3,000,000원
④ 4,000,000원

02 그림의 (주)양촌테크의 재무상태 변동내용에 따라 기초의 부채금액을 계산하면 얼마인가?

구분	기초	기말
자산	145,000원	180,000원
부채	?	100,000원
기중 변동내역		주식발행 20,000원
		현금배당 5,000원

① 70,000
② 80,000
③ 90,000
④ 100,000

5. 추가이론

(1) 재무제표 작성책임과 공정한 표시에 관한 내용
  - 재무제표의 작성과 표시에 대한 책임은 **경영진**에게 있다.(↔ 회계담당자)
  - 전기 재무제표의 모든 계량정보를 당기와 비교하는 형식으로 표시한다.(**비교가능성**)
  - 재무제표는 이해하기 쉽도록 간단하고 명료하게 표시하여야 한다.(이해가능성)
  - 재무제표는 경제적 사실과 거래의 실질을 반영하여 기업의 재무상태, 경영성과, 현금흐름 및 자본변동을 공정하게 표시하여야 한다.
  - 일반기업회계기준에 따라 적정하게 작성된 재무제표는 공정하게 표시된 재무제표로 본다.
  - 재무제표가 일반기업회계기준에 따라 작성된 경우에는 그러한 사실을 주석으로 기재하여야 한다.

(2) 회계의 질적 특성

  ※ "목.예.피.적" / "신.표.검.중"으로 암기할 것
  ※ 주요 질적 특성 : 목적 적합성, 신뢰성

```
1. 목적적합성
   ① 예측가치 : 회계정보가 기업의 미래에 대한 예측가치를 높일 수 있는가?
   ② 피드백가치 : 회계정보가 당초 기대치(예측치)를 확인 또는 수정되게 하는가?
   ③ 적시성 : 회계정보가 적시에 제공되었는가?
2. 신뢰성
   ① 표현의 충실성 : 회계정보가 충분히 표시되어 있는가?
   ② 검증가능성 : 회계정보가 객관적으로 검증가능한가?(동일한 거래에 대하여 동일한 결과가 예측)
   ③ 중립성 : 회계정보가 편의 없이 중립적인가?
```

(3) 회계의 기본가정(공준)

   ① **"기.계.기"**로 암기할 것

     – **기**업실체의 가정 : 기업을 하나의 (법적)실체로 인식

     – **계**속기업의 가정 : 기업실체는 그 목적과 의무를 이행하기에 충분할 정도로 장기간 존속한다.

     – **기**간별보고의 가정 : 회계순환과정에 있어 기말결산정리를 하게 되는 근거가 되는 가정

(4) 비교가능성(기간별, 기업간 비교)

(5) 역사적원가주의

   취득원가주의라고도 하며, 취득원가 금액을 재무상태표에 표시하는 것을 의미한다.

   ① 역사적원가주의는 일반적으로 신뢰성은 제고되나 목적적합성은 저하될 수 있다.

   ② 기업이 계속하여 존재할 것이라는 가정 하에 정당화되고 있다.

   ③ 취득 후에 그 가치가 변동하더라도 역사적원가는 그대로 유지된다.

   ④ 객관적이고 검증 가능한 회계정보를 생산하는데 도움이 된다.

   cf) 오답 : 회계정보의 목적적합성과 신뢰성을 모두 높일 수 있다.

01 다음 중 일반기업회계기준상 회계정보의 질적 특성 중 신뢰성에 해당하는 내용이 아닌 것은?

① 이전의 예측치에 대해서 확인 및 수정이 가능하다.
② 경제적 자산과 이에 대한 변동에 대해 충실하게 표현한다.
③ 동일한 사건에 대해 동일한 측정방법을 적용할 경우 동일 또는 유사한 결론에 도달한다.
④ 어느 한편에 치우치지 않은 중립성을 가진다.

02 다음 중 일반적으로 인정된 회계원칙(GAAP)에 대한 설명으로 옳지 않은 것은?

① 상계주의
② 발생주의
③ 취득원가주의
④ 수익실현의 원칙

제2절 당좌자산

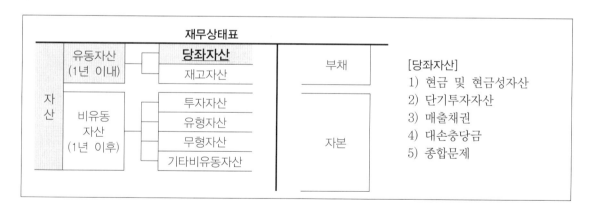

1. 현금 및 현금성자산

(1) 현금 및 현금성자산(3개월)

현금＋예금＋현금성자산

현금	통화	주화, 지폐
	통화대용증권	자기앞수표, 타인발행당좌수표, 배당금지급통지표, 사채이자지급통지표, 우편환증서, 송금수표
예금		당좌예금, 보통예금
현금성자산		취득당시＋만기 3개월 이내

※오답 : 우표, 수입인지, 선일자수표(매출채권), 질권설정된~, 당좌거래보증금

기본문제

01 다음 중 현금 및 현금성자산으로 구분할 수 없는 것은?

① 당좌예금
② 수입인지
③ 보통예금
④ 자기앞수표

02 다음 중 현금 및 현금성자산으로 분류할 수 없는 것은?

① 지폐
② 배당금지급통지표
③ 수입인지
④ 당좌예금

03 다음 중 현금 및 현금성자산으로 구분할 수 없는 것은?

① 당좌예금
② 수입인지
③ 보통예금
④ 우편환 증서

04 다음 중 재무상태표에서 통화대용증권으로 분류될 수 없는 항목은?

① 우편환증서
② 송금수표
③ 타인발행수표
④ 미지급금

05 다음 중 재무상태표에서 통화대용증권으로 분류될 수 없는 항목은?

① 우편환증서
② 송금수표
③ 타인발행수표
④ 보통예금

06 다음 [보기] 내용을 보고 현금 및 현금성 자산 금액으로 옳은 것은?

[보기]				
1. 당좌예금	300,000원	2. 타인발생수표	150,000원	
3. 자기앞수표	390,000원	4. 보통예금	250,000원	
5. 수입인지	50,000원			

① 840,000원

② 940,000원

③ 1,090,000원

④ 1,140,000원

(2) 현금과부족

① **정의** : 장부 상 현금과 실제로 가지고 있는 현금의 차이가 발생＋원인불명

② **회계처리**

(case1) 실제 ＞ 장부

① 1/1~12/30 발견 실제 100 ＞ 장부 80	③ 원인불명(결산)
현금 20 / 현금과부족 20	현금과부족 20 / 잡이익 20
② 원인확인	④ 12/31(결산) 발견 실제 100 ＞ 장부 80
현금과부족 20 / 이자수익(원인) 20	현금 20 / 잡이익 20

(case2) 실제 ＜ 장부

① 1/1~12/30 발견 실제 100 ＜ 장부 120	③ 원인불명(결산)
현금과부족 20 / 현금 20	잡손실 20 / 현금과부족 20
② 원인확인	④ 12/31(결산) 발견 실제 100 ＞ 장부 80
이자비용(원인) 20 / 현금과부족 20	잡손실 20 / 현금 20

01 다음 [보기]와 관련하여 적절하게 회계처리를 한 것은?

> **[보기]** 회계기간 중 장부상 현금은 ₩330,000, 현금시재액은 ₩400,000으로 확인되었다.

	차 변		대 변	
①	현금	₩70,000	현금과부족	₩70,000
②	현금과부족	₩70,000	현금	₩70,000
③	현금	₩70,000	잡이익	₩70,000
④	잡손실	₩70,000	현금	₩70,000

02 다음 [보기]와 관련하여 적절하게 회계처리를 한 것은?

> **[보기]** 회계기간 중 장부상 현금은 ₩450,000, 현금시재액은 ₩400,000으로 확인되었다.

	차 변		대 변	
①	현금	₩50,000	현금과부족	₩50,000
②	현금과부족	₩50,000	현금	₩50,000
③	현금	₩50,000	잡이익	₩50,000
④	잡손실	₩50,000	현금	₩50,000

2. 단기투자자산

(1) 단기투자자산(1년, 유동)

① **단기금융상품** : 취득 후(보고기간말로부터)＋1년 이내＋만기도래(처분)

　　　　　　　　　ex) 정기예금, 정기적금 등

② **단기대여금** : 1년 이내＋회수

　　(↔ 단기차입금)

③ **유가증권** : 단기매매증권, 매도가능증권(1년 이내＋처분 or 만기), 만기보유증권(1년 이내
　　　　　　　＋만기)

3. 매출채권

(1) 매출채권

외상매출금 + 받을어음

① **외상매출금** : 재고자산(상품, 제품, 원재료 등) + 외상으로 판매

② **받을어음** : 재고자산(상품, 제품, 원재료 등) + 어음을 받고 판매

cf) 재고자산 이외를 외상으로 판매(어음을 받고 판매)

→ 미수금

③ **받을어음 회계처리**

	상품 1,000 / 받을어음 1,000	
	[배서]	
[취득]	[할인(매각거래)]	[처분(추심)]
받을어음 1,000 / 현금 1,000	매출채권처분손실 100 / 받을어음 1,000 현금 900	수수료비용 10 / 받을어음 1,000 현금 990

(2) 선급금

4. 대손충당금

(1) 대손충당금 : **기말 + 매출채권 등** + 회수불능으로 **예상**

> **매출채권** : 외상매출금, 받을어음 → 대손상각비(판관비)
> **기타채권** : 미수금, 대여금, 선급금 → 기타의 대손상각비(영업외비용)

[보 충 법]	대손충당금 잔액

[보 충 법]

〈1차년도 말〉 ※기초 외상매출금 100,000(가정)
① 회수불능 예상(1,000)

　　　　　　대손상각비 1,000 / 대손충당금 1,000

〈2차년도 중〉
② 회수불능 발생(500)

　　　　　　대손충당금 500 / 외상매출금 500

〈2차년도 말〉
③ 회수불능 예상(1200)

　　　　　　대손상각비 700 / 대손충당금 700

〈3차년도 중〉
④ 회수불능 발생(1500)

　　　　　　대손충당금 1,200 / 외상매출금 1,500
　　　　　　대손상각비 300

〈3차년도 말〉
⑤ 회수불능 예상(2000)

　　　　　　대손상각비 2,000 / 대손충당금 2,000

〈4차년도 중〉
⑥ 회수불능 발생(500)

　　　　　　대손충당금 500 / 외상매출금 500

〈4차년도 말〉
⑦ 회수불능 예상(1000)
　　　　　　대손충당금 500 / 대손충당금환입 500
　　　　　　　　　　　　　　(판관비)

01 다음의 거래를 분개하는 경우 발생할 수 없는 계정과목은?

> 10월 20일
> 외상매출금 5,000,000원 중 1,000,000원은 당점이 발행한 당좌수표를 받았으며, 잔액은 동점이 발행한 어음으로 받았다.
> 10월 21일
> 외상매입금 1,000,000원을 수표를 발행하여 지급하였다.
> 10월 22일
> 상품 5,000,000원을 매출하고 외상으로 하였다.

① 당좌예금　　　　　　　　　　　② 대손상각비
③ 외상매입금　　　　　　　　　　④ 받을어음

02 다음 [보기]의 자료를 이용하여 계산한 20X9년말 재무상태표에 표시될 대손충당금액은 얼마인가?

> [보기]
> 1. 20×9년 중 거래처 중 (주)생산성의 매출채권 20,000원이 회수 불가능한 것으로 확정되었다.
> 2. 20×9년 말 회사는 보유하고 있던 3,000,000원의 매출채권 중에서 3%가 회수불가능 할 것으로 판단하였다.

① 0원　　　　　　　　　　　　　② 20,000원
③ 40,000원　　　　　　　　　　④ 90,000원

03 다음 거래에 대한 회계처리 중 올바른 것은?

> 10월 1일
> 거래처 A의 파산으로 받을어음 3,000,000원이 회수불능이 되었다. (단, 10월 1일 현재 대손충당금 잔액은 2,000,000원임)

	차 변		대 변	
①	대손충당금	2,000,000원	받을어음	3,000,000원
	대손상각비	1,000,000원		
②	대손충당금	3,000,000원	받을어음	3,000,000원
③	받을어음	3,000,000원	대손충당금	3,000,000원
④	대손충당금	2,000,000원	받을어음	2,000,000원

04 [보기]는 어떤 기업의 대손 관련 거래이다. 12월 31일 결산일 해당 기업이 수행해야 할 회계처리의 대변항목으로 올바른 것은?(단, 기초 대손충당금은 100,000원이다.)

> **[보기]**
> 7월 1일 거래처의 도산으로 외상매출금 60,000원이 회수불능이 되었다.
> 12월 31일 외상매출금 기말 잔액 5,000,000원에 대해 1%의 대손을 추산하다.

① 외상매출금 60,000　　　　　　② 대손충당금환입 60,000
③ 대손상각비 10,000　　　　　　④ 대손충당금 10,000

05 [보기]의 자료를 이용하여 계산한 20X9년말 재무상태표에 표시될 대손충당금액은 얼마인가?

> **[보기]**
> 1. 20×9년 중 거래처 중 (주)동안의 매출채권 20,000원이 회수 불가능한 것으로 확정되었다.
> 2. 20×9년 말 회사는 보유하고 있던 2,000,000원의 매출채권 중에서 3%가 회수불가능 할 것으로 판단하였다.

① 0원　　　　　　② 20,000원
③ 40,000원　　　　　　④ 60,000원

06 다음의 자료에서 당좌자산은 얼마인가?

• 매도가능증권	500,000원	• 토지	5,000,000원	• 영업권	3,000,000원
• 미수금	2,000,000원	• 단기매매증권	1,000,000원	• 개발비	500,000원
• 받을어음	700,000원	• 재고자산	2,000,000원	• 자본금	3,500,000원

① ₩3,700,000　　　　　　② ₩4,500,000
③ ₩4,700,000　　　　　　④ ₩6,700,000

07 다음의 자료에서 당좌자산은 얼마인가?

• 매도가능증권	500,000원	• 토지	5,000,000원	• 영업권	3,000,000원
• 미수금	2,000,000원	• 단기매매증권	1,000,000원	• 개발비	500,000원
• 받을어음	700,000원	• 재고자산	2,000,000원	• 자본금	3,500,000원

① ₩3,700,000   ② ₩4,500,000
③ ₩4,700,000   ④ ₩6,700,000

제3절 재고자산

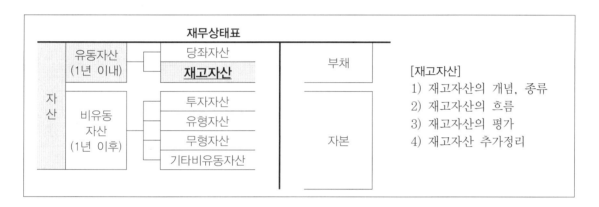

1. 재고자산의 개념, 종류

(1) **정의** : 영업과정에서 **판매를 위하여 보유** 하거나 **생산과정**에 있는 자산 및 생산 또는 서비스 제공과정에 투입될 **원재료**나 소모품의 형태로 존재하는 자산

(2) **항목** : 상품, 제품, 재공품, 원재료, 저장품, 반제품/미착품
   cf) 오답 : 비품, 소모품

2. 재고자산의 흐름

재고자산(B/S)		손익계산서	
기초 500	매출원가 800	**(순)매출액	1,200
*(순)매입액 900		− 매출원가	(800)
	타계정으로 대체(적요8) 100	매출총이익	400
타계정에서 대체 100	기말600		
		− 판매비와관리비	(200)
		영업이익	200

*(순)매입액 = 총매입액 + 매입운임 + 매입수수료 _____ (매입부대비용)

                − 매입할인 − 매입환출 − 매입에누리 _____ (매입차감항목)

**(순)매출액 = 총매출액 − 매출할인 − 매출환입 − 매출에누리 _____ (매출차감항목)

※ **판매가능금액** = 기초 + (순)매입액 + 타계정에서 대체

기본문제

01 다음 중 자산분류와 관련하여 그 성격이 다른 하나는?

   ① 상품   ② 비품
   ③ 제품   ④ 원재료

02 다음 자료를 활용하여 상품을 매출하는 ㈜한국의 당기 상품매출원가를 계산하면 얼마인가?

• 기초상품재고액	20,000,000원	• 기말상품재고액	5,000,000원
• 당기상품매입액	7,000,000원	• 매입운임	300,000원
• 매입에누리	200,000원		

   ① 16,000,000원   ② 16,500,000원
   ③ 17,000,000원   ④ 22,100,000원

03 [보기]의 자료를 활용하여 당기 상품매출원가를 계산하면 얼마인가?

• 기초상품재고액	20,000,000원	• 기말상품재고액	3,000,000원
• 당기상품매입액	10,000,000원	• 매입운임	500,000원
• 매입에누리	300,000원		

① 17,000,000원   ② 17,200,000원
③ 27,000,000원   ④ 27,200,000원

04 다음 자료를 활용하여 상품을 매출하는 ㈜한국의 당기 상품매출원가를 계산하면 얼마인가?

• 기초상품재고액	15,000,000원	• 기말상품재고액	5,000,000원
• 당기상품매입액	7,000,000원	• 매입운임	300,000원
• 매입에누리	200,000원		

① 16,000,000원   ② 16,500,000원
③ 17,000,000원   ④ 17,100,000원

05 다음 자료에 의해 상품매출원가를 계산하면 얼마인가?

• 기초상품재고액	7,000,000원	• 기말상품재고액	5,000,000원
• 당기상품매입액	4,000,000원	• 당기상품매출액	7,000,000원
• 매입에누리	750,000원	• 매출에누리	150,000원

① 5,250,000원   ② 6,000,000원
③ 6,850,000원   ④ 7,000,000원

06 다음 [보기]의 내용에 따라 매출원가를 계산하면 얼마인가?

• 매출액	20,000,000원	• 기초재고액	7,000,000원
• 당기매입액	10,000,000원	• 기말재고액	2,000,000원
• 매출할인	700,000원	• 매입할인	1,000,000원
• 매입에누리	500,000원		

① ₩10,800,000   ② ₩11,000,000
③ ₩11,500,000   ④ ₩13,500,000

07 다음 보기를 이용하여 매출총이익을 계산하면 그 금액은 얼마인가?

• 상품매출액	2,000,000원	• 상품매입액	900,000원
• 매출할인	70,000원	• 매입에누리	80,000원
• 매출환출	10,000원	• 기초상품재고액	500,000원
• 기말상품재고액	250,000원		

① 870,000원
③ 1,930,000원

② 1,060,000원
④ 2,000,000원

08 다음은 재고자산에 대해 실지재고조사법을 실시하는 기업의 재무제표 계정의 내용이다. 이 기업의 매출총이익을 올바르게 나타낸 것은?

• 매출액	600,000원	• 기초재고자산	200,000원
• 당기매입액	500,000원	• 기말재고자산	300,000원
• 매출채권	250,000원	• 매입채무	500,000원

① ₩200,000
③ ₩400,000

② ₩300,000
④ ₩500,000

3. 재고자산의 평가

(1) 기말 재고자산의 평가

(기말) 재고자산 =	P(단가) × Q(수량)	결정방법
	P(단가)	개별법, 선입선출법, (이동, 총)평균법, 후입선출법 *cf)유통업 : 소매재고법*
	Q(수량)	계속기록법, 실지재고조사법, 혼합법

cf) 감가상각방법이 오답으로 나옴(정액법, 정률법, 연수합계법, 생산량비례법)

(2) 재고자산의 단가결정방법 비교

물가↑(↓)	선입선출법	(가중)평균법		후입선출법
		이동평균법	총평균법	
기말재고	>(<)	>(<)		>(<)
매출원가	<(>)	<(>)		<(>)
당기순이익(자본)	>(<)	>(<)		>(<)

기본문제

01 다음 중 기말재고자산 단가를 결정하는 방법은?

① 이동평균법 ② 계속기록법
③ 총액법 ④ 실지재고조사법

02 다음 중 재고자산의 수량결정방법에 해당하는 것은?

① 후입선출법 ② 계속기록법
③ 총평균법 ④ 선입선출법

03 [보기]에 대해 올바르게 분개한 것은?

[보기]
어떤 기업은 실지재고조사법을 적용하고 있다. 기중에 이 기업은 ₩5,000,000의 원재료를 외상으로 매입하였다. 매입에 소요된 운송비는 ₩200,000, 보험료는 ₩100,000으로 확인되었다.

	차 변		대 변	
①	상품	₩5,000,000	외상매입금	₩5,000,000
②	매입	₩5,300,000	외상매입금	₩5,300,000
③	매입	₩5,000,000	외상매입금	₩5,000,000
④	상품	₩5,300,000	외상매입금	₩5,300,000

4. 재고자산 추가정리

(1) 재고자산의 하락(평가손실, 감모손실)

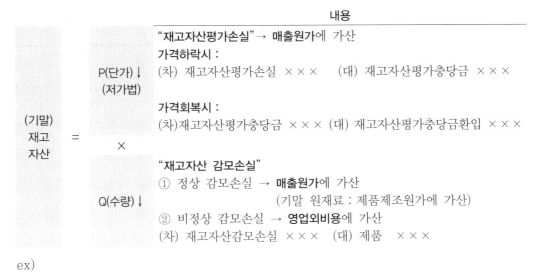

		내용
(기말) 재고 자산 =	×	**"재고자산평가손실"** → **매출원가**에 가산 **가격하락시 :** (차) 재고자산평가손실 ×××　　(대) 재고자산평가충당금 ××× **가격회복시 :** (차) 재고자산평가충당금 ××× (대) 재고자산평가충당금환입 ×××
		"재고자산 감모손실" ① 정상 감모손실 → **매출원가**에 가산 　　　　　　　　　　(기말 원재료 : 제품제조원가에 가산) ② 비정상 감모손실 → **영업외비용**에 가산 (차) 재고자산감모손실 ××× (대) 제품 ×××

P(단가)↓
(저가법)

Q(수량)↓

ex)

① 재고자산 평가손실 : 진부화, 가치하락, 장기체화

② 재고자산 감모손실 : 도난, 분실, 증발, 파손

제4절 유형자산

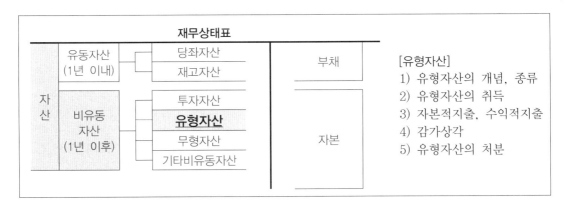

재무상태표				[유형자산]
자산	유동자산 (1년 이내)	당좌자산	부채	1) 유형자산의 개념, 종류
		재고자산		2) 유형자산의 취득
	비유동 자산 (1년 이후)	투자자산	자본	3) 자본적지출, 수익적지출
		유형자산		4) 감가상각
		무형자산		5) 유형자산의 처분
		기타비유동자산		

(1) 유형자산의 개념

① 물리적 형체가 있는 자산

② 1년을 초과하여 사용할 것이 예상되는 자산

③ 재화의 생산, 용역의 제공, 타인에 대한 임대 또는 자체적으로 사용할 목적으로 보유

$$\overset{\text{영업목적}}{}$$

cf1) 오답 : **모든** 유형자산은 감가상각의 대상이 된다.(토지, 건설중인자산)

cf2) 영업목적(유형자산) ↔ 판매목적(재고자산), 투자목적(투자자산)

(2) 유형자산의 종류

　　토지, 건물, 구축물, 기계장치, 비품, 차량운반구, 건설중인자산 등

(3) 유형자산의 취득

　　유형자산의 취득원가 : 유형자산의 취득원가 + 취득시 부대비용

　　ex) 취득세, 취득수수료, 취득보험료

(4) 자본적지출 vs 수익적지출

　　① **자본적지출** : 유형자산의 미래 경제적 효익이 증가하는 지출(상당한 원가절감, 품질향상, 생산능력의 증대, 내용연수의 연장) → **자산**으로 처리

　　　ex) 엘리베이터 설치(건물), 냉·난방설비 설치(건물), 주요부품 교체(기계장치 or 차량운반구)

　　② **수익적지출** : 유형자산의 상태를 유지시키는 지출(원상회복, 수선유지) → **비용**으로 처리

　　　ex) 페인트칠(수선비), 복사기 토너교체(소모품비), 유리창교체(수선비)

(5) 감가상각

　　① **정의** : 유형자산의 취득원가를 합리적, 체계적으로 기간배분 하는 것

　　② **대상** : "토지"와 "건설 중인 자산"을 제외한 유형자산

　　③ **감가상각의 3요소(취득시 결정)** : 취득원가, 내용연수, 잔존가치

　　④ **방법** : 사용가능한 시점부터 상각한다(not 취득시점).

　　　㉠ 정액법 : (취득원가 − 잔존가치) ÷ 내용연수

　　　㉡ 정률법 : $\underset{\text{미상각잔액}}{\underline{(취득원가 − 감가상각누계액)}} \times 상각률$

　　　㉢ 연수합계법 : (취득원가 − 잔존가치) × $\dfrac{잔여내용연수}{내용연수합계}$

　　　㉣ 생산량비례법 : (취득원가 − 잔존가치) × $\dfrac{당기실제생산량}{총추정예정량}$

　　　㉤ 이중체감법 : $\underset{\text{미상각잔액}}{\underline{(취득원가 − 감가상각누계액)}} \times \dfrac{2}{내용연수}$

CHAPTER 2 회계2급 · **69**

※ 감가상각방법에 대한 직관적 이해

취득원가 10,000,000; 잔존가치 1,000,000; 내용연수 3년; 상각률 50%

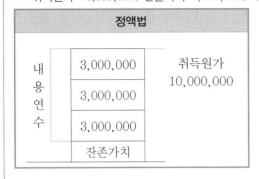

정액법

내 용 연 수	3,000,000	취득원가 10,000,000
	3,000,000	
	3,000,000	
	잔존가치	

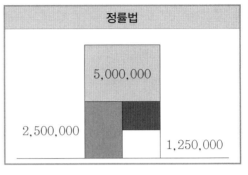

정률법

5,000,000

2,500,000

1,250,000

기본문제

01 다음 중 감가상각의 대상이 아닌 것은?

① 토지
② 구축물
③ 비품
④ 기계장치

02 다음 중 감가상각 방법에 해당되지 않는 것은?

① 정액법
② 정률법
③ 직접법
④ 생산량비례법

03 다음은 결산 시, 감가상각에 대한 내용이다. 올바르게 분개한 것은?

- ㈜생산은 2019년 4월1일에 자동차를 ₩32,000,000에 취득하였다.
- 자동차의 내용연수는 5년이고 잔존가액은 ₩2,000,000이다.
- 회계연도 결산은 12월 말일이고 감가상각방법은 정액법이며 결산 시에 감가상각비를 계상한다.

① 차변) 감가상각비 ₩4,000,000   대변) 감가상각누계액 ₩4,000,000
② 차변) 감가상각비 ₩4,500,000   대변) 감가상각누계액 ₩4,500,000
③ 차변) 감가상각비 ₩6,000,000   대변) 감가상각누계액 ₩6,000,000
④ 차변) 감가상각비 ₩6,400,000   대변) 감가상각누계액 ₩6,400,000

04 [보기]에 의해 측정된 ㈜생산성의 2019년 12월31일 기계장치에 대한 장부금액으로 적절한 것은?

• 취득일 : 2018년 1월1일	• 취득원가 : ₩20,000,000
• 잔존가액 : ₩5,000,000	• 내용연수 : 10년
• 상각방법 : 정액법	

① ₩12,000,000   ② ₩17,000,000
③ ₩18,000,000   ④ ₩20,000,000

05 2020년 12월 31일 결산 이후 비품 장부가액은 얼마인가?

• 비품 취득원가 : 10,000,000원	• 취득시기 : 2019년 1월 1일
• 잔존가치 : 1,000,000원	• 내용연수 : 5년 정액법 적용

① 1,800,000원   ② 3,600,000원
③ 6,400,000원   ④ 10,000,000원

06 [보기]의 자료를 기초로 2019년 결산시(12월31일)에 계상하여야 할 감가상각비는 얼마인가?

• 취득시점 : 2018년1월1일	• 취득원가 : 20,000,000원
• 내용연수 : 10년	• 정률 : 20%(감가상각방법은 정률법 적용)

① 감가상각비 : 3,000,000원   ② 감가상각비 : 2,600,000원
③ 감가상각비 : 3,200,000원   ④ 감가상각비 : 3,600,000원

07 다음 자료를 이용하여 2019년 10월 1일 처분시점의 차량운반구 장부가액은 얼마인가?

> **2018년 1월 1일**
> 영업부 차량운반구를 ₩30,000,000에 현금으로 구입하였다. (내용연수는 10년, 잔존가치는 ₩0, 정액법을 적용하여 감가상각을 하며, 결산일은 12월 31일임)
>
> **2019년 10월 1일**
> 영업부 차량운반구를 현금 ₩20,000,000을 받고 중고차 매매상에게 매각하였다.

① 20,750,000원   ② 23,000,000원
③ 24,750,000원   ④ 30,000,000원

08 [보기]는 어떤 건물에 대한 자료이다. 자료를 이용하여 2019년 12월 31일 건물에 대한 장부금액을 계산한 것으로 옳은 것은?

> • 취득일 : 2018년 1월 1일   • 취득원가 : 20,000,000원
> • 잔존가치 : 1,000,000원   • 내용연수 : 5년
> • 상각방법 : 정액법

① 3,800,000원   ② 7,600,000원
③ 10,000,000원   ④ 12,400,000원

제5절 무형자산

(1) 무형자산의 개념

    ① 물리적 형체가 **없는** 자산

    ② 1년을 초과하여 사용할 것이 예상되는 자산

    ③ 재화의 생산, 용역의 제공, 타인에 대한 임대 또는 자체적으로 사용할 목적으로 보유
                        영업목적

(2) 무형자산의 인식요건

    ① **미래 경제적 효익**의 유입가능성이 매우 높아야 한다.

    ② 취득원가를 **신뢰성 있게 측정**할 수 있다.

(3) 무형자산의 특징

무형자산은 물리적 형체는 없지만 **식별가능**하고 기업이 **통제하고 있으며, 미래경제적 효익이 있는** 비화폐성자산이다.

(4) 무형자산의 종류

광업권, 영업권, 특허권, 산업재산권, 저작권, 라이선스, 소프트웨어, 임차권리금 등

cf1) 오답 : 내부창출~, 전세권(기타비유동자산), 임차보증금(기타비유동자산)

cf2) 내부창출~ 中

연구단계 : 연구비(비용)

개발단계 : 경상개발비(비용), **개발비(무형자산)**

cf3) 연구단계와 개발단계로 구분할 수 없을 때 : 연구비

제6절 유가증권

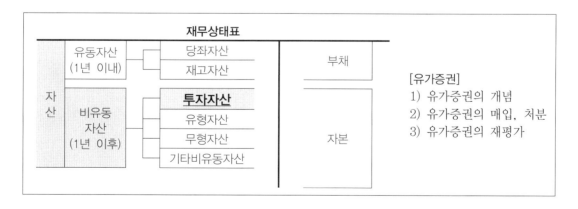

	단기매매증권	매도가능증권	만기보유증권
목적	단기간 매매차익	단기매매증권과 만기보유증권 이외	만기보유목적
구분	당좌자산	투자자산(당좌자산)	
지분증권	○	○	×
채무증권	○	○	○
취득	단기매매증권10,000 / 현금11,000 수수료비용 1,000 → 부대비용은 별도의 비용으로 처리	매도가능증권 11,000 / 현금 11,000 → 부대비용은 취득원가에 가산	
평가 (미실현 보유손익)	〈공정가치 상승시〉 단기매매증권/단기매매증권평가이익 (당기손익 항목) 〈공정가치 하락시〉 단기매매증권평가손실/단기매매증권 (당기손익항목)	〈공정가치 상승시〉 매도가능증권/매도가능증권평가이익 (**자본**항목) 〈공정가치 하락시〉 매도가능증권평가손실/매도가능증권 (**자본**항목)	상각 후 원가법
처분	**당기손익(P/L계정)**	**당기손익(P/L계정)**	당기손익

구분	평가손익	처분손익
단기매매증권	당기손익(영업외손익)	당기손익(영업외손익)
매도가능증권	자본항목(기타포괄손익누계액)	당기손익(영업외손익)

1) 단기매매증권과 매도가능증권은 **공정가치**로 평가하며, 시장성이 없는 지분증권의 공정가치를 신뢰성 있게 측정할 수 없는 경우에는 취득원가로 평가한다.
2) 유가증권의 재분류

    (1) 매도가능증권, 만기보유증권의 경우(서로 가능)

        | 매도가능증권 ⇌ 만기보유증권 |

    (2) 단기매매증권의 경우

        ① 단기매매증권은 다른 범주로 재분류 할 수 없으며, 다른 범주의 유가증권(매도가능증권, 만기보유증권)의 경우에도 단기매매증권으로 재분류 할 수 없다.

        ② 다만, 드믄 상황으로써 다음과 같은 상황에서는 가능하다.

            ㉠ 더 이상 단기간 내의 매매차익을 목적으로 하지 않는 경우 : 매도가능증권, 만기보유증권으로 분류.

            ㉡ 시장성을 상실한 경우 : 매도가능증권, 만기보유증권 으로 분류

01 다음 중 일반기업회계기준상 금융자산에 대한 설명으로 틀린 것은?

① 단기간 내에 매매차익 목적으로 취득한 유가증권은 단기매매증권으로 분류한다.
② 채무증권은 단기매매증권으로 분류가 안 되면 만기보유증권으로만 분류가 가능하다.
③ 단기매매증권 취득 시 매입수수료는 당기비용으로 처리한다.
④ 만기보유증권 취득 시 매입수수료는 취득원가에 가산한다.

02 다음은 단기간 매매차익을 목적으로 보유하고 있는 단기매매증권에 대한 내용이다. 2019년 12월 31일 결산시점의 단기매매증권평가손익을 계산하면 얼마인가?

2017년 9월 1일
단기간 매매차익을 목적으로 A주식 10,000주를 @₩1,000(액면 @₩5,000)에 현금으로 취득하다.

2018년 12월 31일
현재 보유 중인 A주식의 공정가치를 @₩950으로 평가하다.

2019년 12월 31일
현재 보유 중인 A주식의 공정가치를 @₩1,100으로 평가하다.(단, 다른 조건은 없음으로 가정함)

---

① 단기매매증권평가손실   500,000원
② 단기매매증권평가이익 1,500,000원
③ 단기매매증권평가손실 1,500,000원
④ 단기매매증권평가이익 1,000,000원

03 다음 자료를 이용하여 ㈜보스턴이 당기에 보고해야 할 단기매매증권처분손익을 계산하면 얼마인가?

- ㈜보스턴은 ㈜뉴욕이 발행한 주식 100주(주당 액면가액 5,000원, 전기 초에 주당 6,000원에 취득)
- 전부를 당기 중에 주당 7,500원에 처분하였다. (단, 해당 주식의 전기말 공정가액은 주당 7,900원이다.)

---

① 단기매매증권처분손실 40,000원
② 단기매매증권처분이익 150,000원
③ 단기매매증권처분손실 50,000원
④ 단기매매증권처분이익 190,000원

제7절 부채

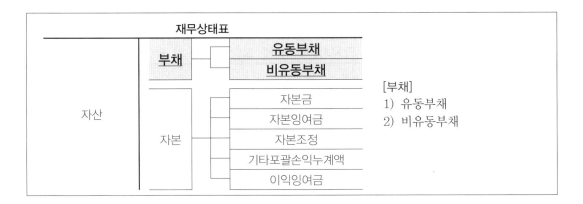

(1) 유동부채

    ① 1년 이내(단기) or 정상적인 영업주기 이내

       ex) 매입채무, 단기차입금

    ② 매입채무(재고자산과 관련)

       ㉠ 외상매입금

       ㉡ 지급어음

    ③ 미지급금(재고자산과 관련X)

    ④ 선수금(계약금을 받음)

(2) 비유동부채

    ① 1년초과(장기)

    ② 사채, 퇴직급여충당부채, 임대보증금

       cf) 유동성장기부채(유동부채)

(3) 사채

    ① 장기 자금조달을 목적으로 발행하는 채무증권이다.

    ② 사채발행가액

       ㉠ 할인발행 : 시장이자율 > 액면이자율

       ㉡ 액면발행 : 시장이자율 = 액면이자율

       ㉢ 할증발행 : 시장이자율 < 액면이자율

       ※ 사채발행비용은 사채발행시점의 **발행가액(액면가액)**에서 직접 차감한다.

③ 유효이자율법 관련 주요내용

구분	사채 장부가액	이자비용	현금 지급이자 (실제 지급이자)	상각액
할인발행	증가	증가	일정	증가
할증발행	감소	감소	일정	증가

※ 사채할인발행차금은 사채의 **액면금액(발행금액)**에서 차감하는 형식으로 표기한다.

기본문제

01 다음 중 부채에 대한 설명으로 옳지 않은 것은?

① 유동성장기부채는 유동부채로 분류한다.
② 부채는 1년을 기준으로 유동부채와 비유동부채로 분류한다.
③ 외상매입금은 일반적 상거래 이외에서 발생한 지급기일이 도래한 확정채무를 말한다.
④ 사채는 비유동부채로 분류된다.

02 [보기]는 퇴직급여충당부채 관련 자료이다. 결산 시 전 임직원이 퇴직한다고 가정할 경우 지급해야 할 퇴직금 총액은 얼마인가?

<기초> 퇴직급여충당부채 15,000,000원
<기중> 퇴직한 종업원에게 지급한 퇴직금 10,500,000원
<기말> (차)퇴직급여 7,000,000원 (대)퇴직급여충당부채 7,000,000원

① 4,500,000원
② 7,000,000원
③ 10,500,000원
④ 11,500,000원

03 다음 중 [보기]의 회사채 발행에 대해 올바르게 설명한 것은?

[보기]
㈜생산성은 회사채를 발행하려고 한다. 회사채의 액면금액은 ₩1,000,000이고 액면이자율은 10%이다. 시장이자율은 7%로 형성되어 있다.

① 액면발행을 하여야 한다.　　　　② 할인발행을 하여야 한다.
③ 할증발행을 하여야 한다.　　　　④ 발행을 포기하여야 한다.

04 다음은 ㈜광화문의 사채발행 내용이다. 사채의 발행금액은?

- 발행일 : 2018년 1월1일　　　　　　• 상환일 : 2019년12월31일
- 액면금액 : ₩1,000,000　　　　　　 • 액면이자율 : 연리10%
- 발행당시의 시장이자율 : 12%　　　 • 이자지급횟수 : 연 1회
- 단, 2년 만기에 시장이자율이 10%일 경우, 연금의 현재가치계수와 현재가치계수는 각각 1.7355, 0.8264이고 시장이자율이 12%일 경우, 연금의 현재가치계수와 현재가치계수는 각각 1.69, 0.79이다.

① ₩959,000　　　　　　　　　　　② ₩977,100
③ ₩999,950　　　　　　　　　　　④ ₩1,000,000

사채발행금액 = (액면이자×시장이자율에 의한 연금의 현가계수) + (사채상환액×현가계수)이다.
따라서 (₩100,000×1.69) + (₩1,000,000×0.79) = ₩959,000

05 다음은 ㈜광화문의 사채발행 내용이다. 사채의 발행금액은?

- 발행일 : 2018년 1월1일　　　　　　• 상환일 : 2019년12월31일
- 액면금액 : ₩1,000,000　　　　　　 • 액면이자율 : 연리10%
- 발행당시의 시장이자율 : 12%　　　 • 이자지급횟수 : 연 1회
- 단, 2년 만기에 시장이자율이 10%일 경우, 연금의 현재가치계수와 현재가치계수는 각각 1.7355, 0.8264이고 시장이자율이 12%일 경우, 연금의 현재가치계수와 현재가치계수는 각각 1.6901, 0.7972이다.

① ₩966,210　　　　　　　　　　　② ₩977,100
③ ₩999,950　　　　　　　　　　　④ ₩1,000,000

(₩100,000×1.6901) + (₩1,000,000×0.7972) = ₩966,210

제8절 자본

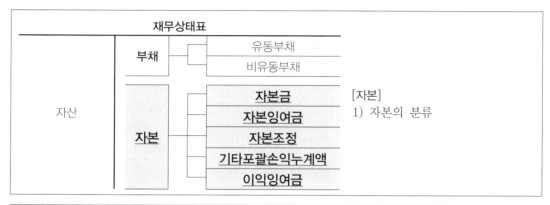

자본	자본금	우선주 자본금	주식수×액면가액
		보통주 자본금	
	자본잉여금	주식발행초과금	
		자기주식처분이익, 감자차익	
		기타자본잉여금	
	자본조정 ("－"항목) ※ "＋"항목도 있음	주식할인발행차금("－" 항목)	
		자기주식("－" 항목)	
		자기주식처분손실("－" 항목)	
		감자차손("－" 항목)	
		출자전환채무("＋" 항목)	
		주식매수선택권("＋" 항목)	
	기타포괄손익누계액	매도가능증권평가손실, 매도가능증권평가이익	
		해외사업환산손익	
		파생상품평가손익	
	이익잉여금	이익준비금	
		기타법정적립금	
		임의적립금	
		미처분전이익잉여금	

	현금배당	주식배당
배당결의 (배당선언)	미처분이익잉여금 / 미지급배당금 (자본↓)　　　　(부채↑)	미처분이익잉여금 / 미교부주식배당금 (자본↓)　　　　(자본조정↑)
배당지급	미지급배당금 / 현금 (부채↓)　　　(자산↓)	미교부주식배당금 / 자본금 (자본조정↓)　　　(자본↑)

－ 주식발행의 경우 발생하는 등록비, 법률 및 회계자문 수수료는 **당기비용으로 계상하지 않고**,

주식발행초과금에서 차감 or 주식할인발행차금에 가산

– 이익준비금은 매 결산기에 **현금배당액**(~~및 주식배당액~~)의 **10분의 1 이상**을 **자본금의 2분의1**에 달할 때까지 적립한다.

기본문제

01 다음은 자본에 대한 분류이다. 연결이 잘못된 것은?

① 자본잉여금 – 자기주식
② 자본조정 – 주식할인발행차금
③ 기타포괄손익누계액 – 해외사업환산손익
④ 이익잉여금 – 이익준비금

02 다음 중 자본조정항목으로 분류할 수 있는 계정과목은 무엇인가?

① 감자차익
② 이익준비금
③ 주식발행초과금
④ 자기주식처분손실

03 다음 중 자본조정으로 분류할 수 없는 것은?

① 주식발행초과금
② 주식매입선택권
③ 주식할인발행차금
④ 자기주식처분손실

04 다음 자료에서 이익잉여금으로 분류할 수 있는 것은 몇 개인가?

> 주식발행초과금, 감자차익, 이익준비금, 미교부주식배당금, 주식할인발행차금, 자기주식처분손실, 자기주식

① 1개
② 2개
③ 3개
④ 4개

05 [보기]에 의해 적립될 이익준비금을 계산하면 얼마인가?

> **[보기]**
> • 자본금 : ₩20,000,000
> • 이익준비금 : 상법상 최소 한도액만 적립
> • 당기순이익 : ₩2,000,000
> • 배당률 : 15%(현금배당 10%, 주식배당 5%)

① ₩100,000

② ₩150,000

③ ₩200,000

④ ₩300,000

06 [보기]에 의해 적립될 이익준비금을 계산하면 얼마인가?

> **[보기]**
> • 자본금 : ₩10,000,000
> • 이익준비금 : 상법상 최소 한도액만 적립
> • 당기순이익 : ₩2,000,000
> • 주주배당금 : 15%(현금배당 10%, 주식배당 5%)

① ₩100,000

② ₩150,000

③ ₩200,000

④ ₩300,000

07 ㈜생산성의 2019년 1월 1일 자본금은 10,000,000원(주식수10,000주, 액면가 1,000원)이다. 2019년 6월 1일 주당 1,100원에 5,000주를 유상증자하였다. 기말자본금은 얼마인가?

① 10,000,000원

② 14,000,000원

③ 15,000,000원

④ 15,500,000원

08 다음의 자료를 근거로 회계처리를 할 경우, 감자차익은 얼마인가?

> • 감자주식 수 : 200주
> • 주당 액면가액 : ₩5,000
> • 주식구입 현금지급액 : ₩500,000

① 50,000

② 100,000

③ 150,000

④ 500,000

09 다음의 자료를 근거로 회계처리를 할 경우, 감자차익은 얼마인가?

> • 감자주식 수 : 100주
> • 주당 액면가액 : ₩5,000
> • 주식구입 현금지급액 : ₩350,000

① 50,000

② 100,000

③ 150,000

④ 500,000

10 [보기]의 이월결손금 보전을 올바르게 분개한 것은?

> 이월결손금 ₩2,000,000을 보전하기 위해 발행주식수 1,000주(액면가 ₩5,000)를 500주로 병합하였다.

	차 변		대 변	
①	자본금	₩2,000,000	이월결손금	₩2,000,000
②	자본금	₩5,000,000	이월결손금	₩2,000,000
			자본금	₩3,000,000
③	자본금	₩2,500,000	이월결손금	₩2,000,000
			자기주식처분이익	₩500,000
④	자본금	₩2,500,000	이월결손금	₩2,000,000
			감자차익	₩500,000

제9절 수익과 비용

1) 수익과 비용의 인식
2) 수익과 비용의 분류

(1) 손익계산서 구조

매출액 (-) 매출원가	• 총매출액 - 매출에누리, 매출환입, 매출할인 • 기초재고 + 매입(총매입액 + 매입운임 - 매입에누리, 매입환출, 매입할인) - 기말재고
매출총이익 (-) 판매비와관리비	감가상각비, 대손상각비
영업이익 (+) 영업외수익 (-) 영업외비용	• 이자수익, 유형자산처분이익, 단기매매증권(평가 · 처분)이익, 채무면제이익, 자산수증이익 등 • 이자비용, 기부금, 기타의 대손상각비, 유형자산처분손실, 단기매매증권(평가 · 처분)손실
법인세차감전순이익 (-) 법인세비용	
당기순이익	

(2) 수익의 인식시점

일반매출	판매기준(＝인도기준)
용역매출, 예약매출	진행기준
재화나 용역의 교환	동종 : 수익X
	이종 : 판매기준
위탁매출	수탁자 판매일
시용매출	구매자의 매입의사 표시일
할부매출	판매기준(＝인도기준)
반품조건부 매출	구매자의 인수수락 시점 or 반품기간 종료일
상품권매출	상품권 회수 시점

기본문제

01 다음 중 일반기업회계기준상 빈 칸에 들어갈 것으로 적절한 것은?

> 매출액－매출원가＝(   )

① 매출총이익
② 법인세비용차감전순이익
③ 매출원가
④ 영업외수익

02 다음 중 일반 기업회계기준에 의해 빈 칸에 들어갈 것으로 적절한 것은?

> 매출액－매출원가－판매비와관리비＝(   )

① 영업이익
② 법인세비용차감전순이익
③ 매출원가
④ 영업외수익

03 [보기]는 무엇에 대한 설명인가?

> **[보기]**　가. 상품의 판매활동과 기업의 경영관리 활동에서 발생하는 비용
> 　　　　　나. 매출원가에 속하지 않는 비용
> 　　　　　다. 대손상각비, 접대비 등

① 매출원가   ② 영업외비용
③ 판매비와관리비   ④ 법인세비용

04 다음 중 기업회계기준상 판매비와관리비에 해당하지 않는 계정과목은?

① 접대비   ② 복리후생비
③ 재해손실   ④ 광고선전비

05 다음 계정과목 중 영업이익 계산과정에서 제외되어야 하는 것은?

① 매출원가   ② 대손상각비
③ 건물의 감가상각비   ④ 매출채권 처분손실

06 다음 계정과목 중 영업이익 계산과정에서 제외되어야 할 것만 열거한 것은?

ㄱ. 매출원가	ㄴ. 종업원의 복리후생비
ㄷ. 이자비용	ㄹ. 건물의 감가상각비
ㅁ. 기부금	ㅂ. 단기매매증권평가손실

① ㄱ, ㄷ, ㅁ   ② ㄴ, ㅁ, ㅂ
③ ㄷ, ㄹ, ㅂ   ④ ㄷ, ㅁ, ㅂ

07 다음 내용을 보고 제조업을 영위하는 기업의 영업외비용으로 분류할 수 있는 것은 몇 개인가?

급여, 기타의 대손상각비, 선급비용, 이자비용, 기부금, 접대비, 미지급비용

① 2개   ② 3개
③ 4개   ④ 5개

08 다음 중 손익계산서 상 영업외비용으로 분류할 수 없는 계정과목은?

① 원가성이 없는 재고자산감모손실   ② 기부금
③ 재해손실   ④ 생산직 사원급여

09 다음 중 영업외비용에 해당하지 않는 것은?

① 단기매매증권처분손실   ② 단기매매증권평가손실
③ 외환환산손실   ④ 연구비

10 다음은 제조업을 영위하는 ㈜생산성의 손익계산서에 포함된 내용이다. 판매비와 관리비는 얼마인가?

• 매출액 6,000,000원	• 매출원가 3,500,000원
• 복리후생비 200,000원	• 광고선전비 350,000원
• 임대료 500,000원	• 이자비용 350,000원
• 개발비 350,000원	• 판매사원퇴직급여 200,000원
• 판매창고임차료 310,000원	• 단기매매증권처분이익 330,000원

① 1,060,000   ② 1,410,000
③ 1,760,000   ④ 2,090,000

11 다음은 제조업을 영위하는 ㈜생산성의 손익계산서에 포함된 내용이다. 판매비와 관리비는 얼마인가?

• 매출액 6,000,000원	• 매출원가 3,500,000원
• 판매운송비 400,000원	• 광고선전비 350,000원
• 임대료 500,000원	• 이자비용 350,000원
• 개발비 350,000원	• 판매사원퇴직급여 200,000원
• 판매창고임차료 310,000원	• 단기매매증권처분이익 330,000원

① 1,260,000원   ② 1,410,000원
③ 1,760,000원   ④ 2,090,000원

12 [보기]를 보고 영업이익을 계산하면 얼마인가?

• 매출액 ₩3,000,000	• 매출원가 ₩1,650,000
• 임대료 ₩150,000	• 매도가능증권평가이익 ₩200,000
• 기부금 ₩80,000	• 개발비 ₩250,000
• 대손상각비 ₩440,000	

① 910,000원   ② 1,100,000원
③ 1,350,000원   ④ 1,650,000원

(3) 결산 관련 내용

① 재무상태표 계정(정리, 평가, 충당, 상각)

정리	평가	충당, 상각
① **가지급금, 가수금, 현금과부족, 인출금 정리** ② 상품계정 정리	① 재고자산 평가손실 ② 유가증권 평가 ③ 외화자산 평가 ④ 외화부채 평가	① 대손충당금 설정 ② 퇴직급여충당부채 설정 ③ 유형자산 감가상각 ④ 무형자산 상각

※ 임시계정 정리(가지급금, 가수금, 현금과부족, 인출금)
　　　　〈−〉차기이월

② 손익계산서 계정

수익 비용 결산
선급비용, 선수수익, 미수수익, 미지급비용 소모품 정리

㉠ 이연 vs 예상(발생)

　(가) **이연(선~)** : 선급비용(자산), 선수수익(부채)

　(나) **예상(미~)** : 미지급비용(부채), 미수수익(자산)

차변(자산)	대변(부채)
선급~ 미수~	선수~ 미지급~

㉡ 소모품(소모품비) 관련 회계처리(문제를 통하여 학습)

01 다음 중 결산수정분개로 옳지 않은 것은?

① 소모품계정의 정리   ② 현금과부족계정의 정리
③ 선급비용, 선수수익의 정리   ④ 가지급금, 가수금 차기이월

02 다음 중 인식 시에 차변의 비용을 인식하게 되는 계정과목은?

① 선수이자   ② 선급비용
③ 미지급금   ④ 미지급비용

03 다음 자료를 근거로 2019년도 결산 후 재무상태표 상 미지급비용로 산정될 금액은 얼마인가?

> 가. 2019년 12월 31일 결산 조정 전 합계잔액시산표 상 미지급비용 잔액 200,000원이다.
> 나. 2019년 12월 31일 결산정리사항으로 이자비용 미계상분이 50,000원이다.

① 50,000원   ② 150,000원
③ 200,000원   ④ 250,000원

04 [보기]의 거래 내용을 보고 12월 31일 결산 수정분개로 대변에 기록될 내용으로 옳은 것은?

> **[보기]**   2020년 9월 1일 사무용품 2,000,000원을 현금으로 구입하다.
>   (사무용품을 구입시점에 소모품 계정으로 처리함)
>   2020년 12월 31일 결산시까지 소모품사용액은 950,000원이다.

① 소모품비 950,000원   ② 소모품 950,000원
③ 소모품비 1,050,000원   ④ 소모품 1,050,000원

05 다음 거래 내용을 보고 12월 31일 결산 이후 손익계산서 상 소모품비로 계상될 금액은 얼마인가?

> 2019년 9월 1일 사무용품 1,100,000원을 현금으로 구입하다
> (구입시점에서 소모품비로 처리함)
> 2019년 12월 31일 결산시까지 소모품사용액은 750,000원이다.

① 250,000원　　　　　　　　　② 350,000원
③ 750,000원　　　　　　　　　④ 1,100,000원

06 [보기]의 거래 내용을 보고 12월 31일 결산 수정분개로 대변에 기록될 내용으로 옳은 것은?

> 2019년 9월 1일 사무용품 1,000,000원을 현금으로 구입하다.
> (사무용품은 구입시점에서 자산 처리함)
> 2019년 12월 31일 결산시까지 소모품사용액은 250,000원이다.

① 소모품비 250,000원　　　　　② 소모품 250,000원
③ 소모품비 750,000원　　　　　④ 소모품 750,000원

07 다음 내용을 보고 12월 31일 결산시점의 분개로 차변 계정과목과 금액으로 적절한 것은?

> 10월 1일 영업부에서 사용하는 차량에 대한 보험료 2,000,000원을 보통예금계좌에서 이체하고 전액 보험료로 회계처리하였다.
>
> 12월 31일 결산시점에 보험료 미경과분 1,500,000원을 계상하다.

① 보험료 2,000,000원　　　　　② 보험료 500,000원
③ 선급비용 1,500,000원　　　　④ 선급비용 500,000원

08 회사는 2019년 10월 1일 차량보험에 가입하였고 보험료 2,400,000원을 납부하였다. 보험은 매년 갱신되며 1년분 보험료를 선납하는 조건이다. 회계기간이 2019년 1월 1일부터 2019년 12월 31일인 경우 2019년 결산 시 당기 보험료로 계상할 금액은 얼마인가?

① 200,000원   ② 600,000원

③ 1,800,000원   ④ 2,400,000원

09 결산시에 미지급된 급여 ₩5,000,000을 계상하지 않았다.

	자산	부채	자본
①	과소계상	과소계상	과소계상
②	과대계상	과소계상	과대계상
③	영향없음	과소계상	과대계상
④	과소계상	과대계상	영향없음

CHATPER

3

인사2급

제1절 인적자원관리

1. 인적자원관리(HRM : Human Resource Management)란?

조직의 목표달성을 위하여 미래 **인적자원** 수요를 예측하고 이를 바탕으로 인적자원을 확보, **개발**, **배치**, **평가**하는 일련의 업무를 의미한다. 조직의 목적을 위하여 구성원들을 능력에 맞게 활용하고 그에 따른 물리적, 심리적 **보상**과 더불어 실질적으로 조직의 구성원들의 발탁, 개발 그리고 활용의 문제뿐만 아니라 구성원들의 조직과의 관계 및 능률을 다루는 관리체계이다.

2. 인적자원관리의 구체적 용어

(1) 인적자원계획(HRP : Human Resource Planning)

미래에 필요한 인적자원을 예측하고 그에 대한 적절한 채용, 충원, 선발, 훈련, 경력승진, 조직과 직무설계 등을 계획하는 것을 의미한다.

(2) 인적자원개발(HRD : Human Resource Development)

조직과 개인, 그리고 직무의 개선을 목적으로 하며, 조직의 성과와 개인의 성장을 위하여 조직 내에서 개인의 학습활동을 통한 개인적 향상뿐만 아니라 현재 수행하는 직무와 미래에 할당될 일에 대한 능력을 개발하는 것을 의미한다.

(3) 인적자원활용(HRU : Human Resource Utilization)

인적자원을 조직 내에 배치하고 활용하는 것으로서 승진, 평가, 부서이동, 보상이 포함되며 구체적으로는 업적관리와 처우, 배치와 순환, 인사고과 등이 있으며 주로 인사제도의 운영과 관련된 것을 의미한다.

3. 인적자원관리의 목표

인적자원관리의 궁극적인 목표는 개인의 목표와 조직의 목표 사이에 균형을 유지하는 것이다.

(1) 1차적 기본목표

노동력의 효율적 이용과 비용절감에 있다. 노동력의 효율적 이용을 위한 내용으로는 노동능력의 향상, 노동의욕의 향상, 노동력의 유지, 보전이 있다. 비용절감 측면에서는 원재료, 인건비, 경비, 시간절감이 있다.

(2) 2차적 기본목표

조직의 유지 및 발전을 위한 목적이 있다. 이를 위해서는 종업원 질서의 유지와 안정, 노사관계 질서의 유지와 안정을 도모하여야한다.

(3) 부차적 목적

종업원 만족이 있다. 여기에는 종업원의 생활만족, 직무만족, 직장만족, 기업만족 등이 있다.

4. 인적자원관리의 기능

인적자원관리는 조직의 효율성을 높이기 위해 실천되는 하나의 과정이라 할 수 있다. 따라서 인적자원의 내용도 조직에서 필요로 하는 기본기능 외에 인력의 확보, 개발, 보상, 유지라는 큰 흐름에서 파악할 수 있다.

(1) 기본기능

인적자원관리의 기본기능에서는 직무관리와 인적자원계획 등이 주요 과제로 제시된다.

(2) 확보기능

인적자원관리의 확보기능에서는 채용관리와 전통적으로 이루어지고 있는 인사행정에 관한 인사관리가 이루어진다.

(3) 개발기능

인적자원관리의 개발기능에서는 인사평가, 교육훈련, 개발 승진, 징계 및 경력관리 등의 활동이 이루어진다.

(4) 보상기능

인적자원관리의 보상기능에서는 임금관리와 복지후생관리가 주요한 내용으로 구성된다.

(5) 유지기능

인적자원관리의 유지기능에서는 안전보관관리, 이직관리, 노사관계관리 등이 주요한 내용으로 구성된다.

5. 인사관리와 노무관리

- 인사관리는 종업원을 최대로 활용하는 것을 목표로 하기 때문에 종업원의 채용, 배치, 이동, 승진, 퇴직 등의 고용관리와 종업원의 능력개발관리 및 노동의욕관리 등을 내용으로 한다.
- 노무관리는 종업원의 생활안정과 노사관계의 안정을 목표로 하기 때문에 노동조건의 적정화, 고용의 보장, 정년퇴직 후의 생활보장, 노사관계 개선 등을 내용으로 한다.
- 오늘날에는 인사관리와 노무관리 대신 인적자원관리의 개념으로 대체되어 가고 있다. 현대의 인적자원관리는 종업원들의 능력개발이나 육성을 통해 개인과 조직의 목표를 일치시켜 나타는 개발지향적인 성격을 지니고 있다. 따라서 인적자원관리는 조직구성원을 조직경쟁력의 원천으로 인식한다.

기본문제

01 인적자원관리에 대한 설명으로 적절하지 않은 것은 다음 중 무엇인가?

① 종업원을 적재적소에 배치하여 노동력을 관리한다.
② 종업원에게 동기부여를 통한 인간적인 만족도를 높인다.
③ 급여, 복리후생 등을 통하여 종업원의 복지향상에 힘쓴다.
④ 효율적인 공정관리를 통하여 제품의 품질을 향상시키도록 한다.

02 다음에서 설명하는 내용과 가장 부합하는 인사관리 영역은 무엇인가?

이직관리	노사관계관리	안전보건관리

① 인적자원의 확보　　　　　　　　② 인적자원의 개발
③ 인적자원의 보상　　　　　　　　④ 인적자원의 유지

03 인적자원관리의 목적으로 가장 적절하지 않은 것은 무엇인가?

① 기업의 생산성을 향상시켜 목표달성에 기여한다.
② 구성원의 만족도를 증대시키다.
③ 기업구조조정의 역할을 수행한다.
④ 창조적인 능력을 계발하도록 한다.

04 다음 중 인적자원관리의 기능으로 가장 적절하지 않은 것은 무엇인가?

① 기업 경영에 필요한 유능한 인재의 확보를 위한 확보관리기능
② 고용근로자의 공정한 처우보장을 위한 보상관리기능
③ 확보된 인재의 단기적인 육성개발에 초점을 맞춘 개발관리기능
④ 노동질서의 유지발전 및 근로생활의 향상을 위한 유지관리기능

05 다음 보기에 해당하는 인사관리기능으로 가장 적합한 것은 무엇인가?

교육훈련	능력개발	승진	징계

① 인적자원의 확보
② 인적자원의 개발
③ 인적자원의 보상
④ 인적자원의 유지

06 인적자원관리에 대한 설명으로 가장 적절하지 않은 것은 무엇인가?

① 종업원의 임금 인상을 최대한 억제하여 기업이익을 크게 한다.
② 종업원의 현재 능력과 잠재능력을 최대한으로 발휘하도록 한다.
③ 인사관리의 성과는 이익, 업적, 생산성, 이직률, 품질, 고객만족 등으로 나타난다.
④ 경영자와 노동조합이 공동의 목적을 달성하도록 화합하고, 종업원의 행복도가 높아지도록 한다.

07 인사관리 패러다임의 변화로 보기 어려운 것은 무엇인가?

① 사람중심에서 역할중심으로
② 시장가치 중심에서 연공 중심으로
③ 획일적 보상에서 능력과 성과 중심 보상으로
④ 수직적 종속관계에서 수평적 파트너십으로

제2절 인적자원계획

인적자원계획은 현재 또는 미래에 기업이 필요로 하는 인력의 양과 질적 수준을 양적인 차원에서 사전에 예측하고 결정하는 한편, 이를 충족시킬 수 있는 기업 내외부의 공급인력을 예측하고 계획하는 것을 의미한다.

1. 인적자원의 수요예측 방법

(1) 판단적 기법
판단적 기법은 미래를 예측하는 데 있어 주로 사람들의 지식과 판단에 기초한다.
① 전문가예측법 : 가장 간단하게 인적자원의 수요를 예측할 수 있는 방법으로 인적자원관리에 전문적 식견을 가지고 있는 전문가가 자신의 경험이나 직관, 판단에 의존하여 조직이 필요로 하는 인적자원의 수요를 예측하는 방법이다.
② 델파이기법(Delphi Method) : 전문가의 경험적 지식을 통한 문제해결 및 미래예측을 위한 기법이며, 전문가합의법이라고도 한다.

(2) 수리적 기법
수리적 기법은 주로 수리적(수치적) 판단에 기초한다.
① 생산성비율 : 과거 생산성 변화에 대한 정보를 토대로 미래에 필요한 생산라인 투입 인력을 예측하는 기법이다.
② 추세분석 : 과거 인력자료를 토대로 과거 인력변화에 영향을 준 요인들을 찾아 이 요인들의 시간변화에 따른 정도를 파악한다. 이후 시계열에 따른 인력변화를 연결시켜 인력변화 정도를 예측하는 기법이다.
③ 회귀분석 : 기업의 인력수요 결정에 영향을 미치는 여러 요소들의 복합적인 영향력을 계산하여 해당 기업의 미래 인력수요를 회귀방정식을 통해 예측하는 기법이다.

2. 인적자원의 공급예측

(1) 내부공급예측
① 기능목록 : 종업원의 경험, 교육수준, 특별한 능력 등과 같은 직무관련 정보를 분석 검토하여 요약한 자료를 의미한다.
② 마코브(체인)분석 : 시간이 경과함에 따라 한 직급에서 다른 직급으로 이동해 가는 확률을 기술함으로써 인적자원계획에 사용되는 모델이다.

③ 대체도 : 인적자원의 현황을 시각적으로 표현한 것으로 일반적으로 사무부서 단위의 인력공급예측에 가장 많이 활용된다.

(2) 외부공급예측

인력을 외부에서 공급할 수 있는 원천은 산업, 기업 및 입지조건에 따라 다양하다. 그 중에서 가장 중요한 노동력의 공급원천으로는 실업고교, 기술학원, 전문대학, 대학교, 가족 직업훈련기관 및 다른 기업 등을 들 수 있다.

인턴쉽사원제도

졸업 직전의 특성화고교나 대학교의 학생들이 방학동안 또는 시간근로를 이용하여 현장에서 근무하면서 이론과 실무를 함께 배우다가 졸업 후에 채용되거나, 정규사원으로 채용되기 전 일정기간 동안 근무하게 하여 잠재고용자를 밀접하게 알아볼 수 있는 기회와 고용대상이 될 수 있다는 장점을 지닌 제도

---

3. 인적자원의 불균형 대응전략

(1) 노동력 과잉 대응전략

① 다운사이징 : 조직의 경쟁력 향상을 설계하기 위해 다수의 종업원에 대한 계획적 제거(감축) 활동이다.

② 조기퇴직 : 법정 퇴직 연령이나 고용 계약상의 정년 이전에 종업원들에게 일정한 조건을 제시하여 퇴직을 유도하는 감축수단이다.

③ 정리해고 : 근로자들을 일시적으로 감축시키는 리스트럭처링 전략의 하나로, 경영이 악화된 기업이 구조조정을 할 때 종업원을 해고할 수 있는 합법적인 해고 제도이다.

④ 무급휴가제도 : 조직이 일시적인 불황이나 판매 부진 등에 대처하기 위한 인건비 절감전략으로 실시하는 방법이다.

(2) 노동력 부족 대응전략

① 초과근무 : 근무시간 연장은 근로자 부족에 직면한 기업이 정규종업원이나 파트타임 종업원을 고용하기가 용이하지 않을 경우, 기존 근로자들에게 더 많은 시간을 근무하도록 하는 전략이다.

② 임시직고용 : 특수한 직무나 특별한 시기에만 발생하는 직무수요에 대한 노동력 부족을 해결하기 위한 전략이다.

③ 아웃소싱(Outsourcing) : 회사가 어떤 특별한 사업기능을 다른 회사에 위임하는 경영전략이다. 아웃소싱은 기업의 핵심기능을 제외한 중요하지 않은 주변기능에 대하여 외부 대행회사

에 위임함으로써 규모의 경제를 실천하고 능률을 높이려는 전략적 선택으로 흔히 하도급이라고 한다. 특히 위험하거나 더러운 일과 관련된 업무를 아웃소싱하는 경우가 많기 때문에 최근에는 '위험의 외주화' 문제가 발생되고 있다.

기본문제

01 다음 보기에 해당하는 용어로 가장 적합한 것은 무엇인가?

> 경영이 악화된 기업이 경쟁력 강화와 생존을 위해서 구조조정을 할 때 종업원을 해고할 수 있는 합법적인 제도로 경영상 이유에 의한 해고라고도 한다.

① 파면　　　　　　　　　　　② 권고사직
③ 의원면직　　　　　　　　　④ 정리해고

02 다음 보기에서 설명하는 인력계획의 미래예측기법은 무엇인가?

> A전자(주)는 향후 조직 구성원을 계획하는데 있어 각 분야의 전문가 30명을 선정하여 그들로부터 자문을 받아 이를 종합하여 미래 상황을 예측하고 대응하고 있다.

① 생산성계획　　　　　　　　② 델파이기법
③ 회귀분석법　　　　　　　　④ 브레인스토밍

03 다음 중 인력부족의 경우 대응방안으로 적절하지 않은 것은 무엇인가?

① 기간계약고용 또는 시간제고용으로 탄력적인 인력 고용
② 부수적인 업무는 외주에 의존하여 부족한 인력을 보충함
③ 하나의 풀타임업무를 둘 이상의 파트타임 업무로 전환시킴
④ 단기적으로 초과근무를 활용함

04 노동력 과잉에 따른 대응 전략으로 적절하지 않은 것은 무엇인가?

① 다운사이징　　　　　　　　② 조기퇴직
③ 정리해고　　　　　　　　　④ 초과근무

05 다음 중 인적자원의 예측방법 중 수요예측 방법에 해당하는 것은 무엇인가?

① 대체도　　　　　　　　　　② 기능목록
③ 마코브 분석　　　　　　　　④ 델파이 기법

제3절 채용관리

채용관리란 인적자원계획에서 밝혀진 기업이 필요로 하는 양질의 인적자원을 기업이 필요로 하는 인원수만큼 조달하여 기업이 필요로 하는 시기에 노동력을 발휘할 수 있도록 모집 · 선발 · 배치하는 체계적인 활동이다.

1. 모집관리

(1) 사내모집

인사기록부와 인사고과를 참조, 사내게시판에 공고, 경영자의 희망 적격자와 노조의 희망 적격자에 대한 격차를 조정하고 협의에 의한 공정한 승진 기회를 보장한다.

(2) 사외모집

광고, 공공직업소개소, 현종업원에 대한 추천, 교육기관과의 협력, 노동조합, 개별 또는 수시 모집, 파견근로 등의 다양한 방법이 있다.

(3) 사내모집과 사외모집의 장 · 단점

구분	사내모집(조직 내부 모집)	사외모집(조직 외부 모집)
장점	• 정확한 능력평가 • 시간과 비용 절약 • 승진자의 사기양양, 동기유발	• 인력교육비용 절감 • 충분한 모집원천 • 새로운 정보와 지식의 유입 • 혁신, 새로운 분위기 유발
단점	• 모집범위 제한, 과잉경쟁 • 파벌저의 형성, 탈락자 불만 • 이동시 교육비용	• 부적격자 채용 위험 • 적응기간 소요 • 내부인력 사기저하
모집방법	• 사보를 통한 공개모집 • 사내공모제를 이용한 모집	• 채용박람회, 광고 • 인턴사원제도 • 직업소개소를 이용한 모집

2. 선발관리

선발관리에는 종합적 접근 방법과 단계적 접근 방법이 있다. 종합적 접근 방법은 응모자를 선발의 모든 절차를 거치게 하여 각 절차에서의 시험 점수를 합산하여 결정하는 방법이다. 단계적 접근 방법은 선발 절차의 각 단계마다 그때의 응모자 자격요건이 그 단계의 합격점에 미달하면 실격시키는 방법이다.

(1) 지원서 검토

임상적 평가는 잘 훈련된 전문 인사담당자에게 맡기며, 결정적 사실은 인터뷰, 시험, 신원조사 등에 의하여 실시한다. 통계적 평가는 지원서의 항목마다 수년 동안의 통계적 결과에 따라 가중치를 부여하여 평가한다.

(2) 선발시험

선발시험의 목적은 업무수행에 필요한 지식, 기능, 성격, 적성, 흥미, 인성 등과 같은 인적특성을 계량적인 형태로 측정하고, 자격 요건을 갖춘 사람 중에서 평가 점수에 따라 공평한 선발을 행하는 데 있다. 시험의 대표적인 유형은 필기시험, 지능검사, 적성검사, 성취도 검사, 흥미검사, 성격검사 등이 있다.

(3) 면접

면접은 지원자의 인품을 종합적으로 평가하고, 잠재적인 능력과 의욕을 지닌 인물인가를 파악하는 방법이다. 면접을 통하여 지원자가 궁금한 회사의 정보를 교환하는 시간이기도 하므로, 짧은 시간에 이러한 목적을 달성하려면 충분한 준비를 하여야 한다.

① 전형적 면접 : 구조적 면접 또는 표준화된 면접이라고 하며 직무명세서를 기초로 하여 미리 질문의 내용을 준비해 두고 이에 따라 면접자가 차례차례 질문해 나가며 이것에 벗어나는 질문은 하지 않는 방법이다.

② 비지시적 면접 : 면접자가 일반적이고 광범위한 질문을 하면, 이에 대해 피면접자가 생각나는 대로 거리낌 없이 자기 의견을 표현하게 하는 방법이므로 방해하지 않고 듣는 태도가 필요하며 고도의 질문기술과 훈련이 필요하다.

③ 스트레스 면접 : 면접자가 매우 공격적으로 피면접자를 무시할 때 나타나는 피면접자의 스트레스 상태를 통해 감정의 안정성과 조절에 대한 인내도 등을 관찰하는 방법이다.

④ 패널 면접 : 다수의 면접자가 한명의 피면접자를 평가하는 방법이다.

⑤ 집단 면접 : 각 집단 단위별로 특정 질문에 따라 자유토론을 할 수 있는 기회를 부여하고 토론 과정에서 개별적으로 적격여부를 심사 판정하는 방법이다.

⑥ 심층 면접 : 행동면접이라고도 말하며 피면접자들이 직무를 수행할 때 잠재적인 성공이나

실패의 가능성을 알 수 있는 단서를 밀도 있게 찾아내고자 하는 방법이다.

⑦ 개별 면접 : 면접자와 피면접자가 1:1로 면접을 보는 방법이다.

⑧ 블라인드 면접(무자료 면접) : 지원자의 이력서, 성적증명서, 자기소개서 등의 자료를 배제하고 지원자를 있는 그대로 평가하는 방법이다.

(4) 선발도구의 합리적 조건

① 신뢰성 : 신뢰성이란 그 도구가 선발 대상자들에게 적용되었을 때 안정적이고 일관성 있는 결과를 얻을 수 있도록 만들어져 있을 때 획득된다. 선발의 신뢰도를 측정하는 방법으로는 시험-재시험법, 대체형식방법, 양분법 등이 있다.

② 타당성 : 타당성이란 시험이 당초에 측정하려고 하던 것을 얼마나 정확히 측정하고 있는가를 밝히는 정도를 말한다. 선발의 타당성을 평가하는 데는 기준관련 타당성, 내용관련 타당성, 구성의 타당성 등이 있다.

3. 배치와 이동관리

(1) 배치와 전환배치

배치란 선발된 사람을 기업 내의 필요한 부서에 배속시켜 특정한 직무를 할당하는 과정이며, 전환배치란 일반적으로 일정기간 특정 직무에 배치된 종업원을 능력신장이나 직무변화에 따라 수평적으로 재배치하는 것을 말한다.

(2) 배치(전환배치)의 원칙

① 적재적소의 원칙 : 적합한 인재를 적합한 장소에 적합한 시점에 배치하여야 한다.

② 능력(실력)주의 원칙 : 종업원의 능력(직무수행능력) 및 실적을 기준으로 하여 일정의 직무나 직위에 배치하여야 한다.

③ 균형주의 원칙 : 기업 내의 각 직무에 대한 종업원의 배치전환 및 인사이동은 조직 내의 각 부문, 각 계층, 각 직종 간은 물론 조직 전체 차원의 균형을 이룰 수 있도록 실시한다.

④ 인재육성주의 원칙 : 기업 내의 직무수행요건에 적합한 종업원의 적정배치의 실현과 함께 기업 내의 모든 직무에 대한 정기적인 배치전환 및 인사이동은 풍부한 경험축적과 능력개발을 촉진하므로 미래지향적인 인재육성을 이룰 수 있도록 배치한다.

(3) 승진

승진이란 종업원이 조직 내의 더 좋은 직무로 상향 이동하는 것을 말하며, 조직 내에서 보상, 권한, 지위의 향상을 동반하는 신분상의 상승을 의미한다. 이러한 승진은 종업원들의 근로의욕 증대, 자아실현 욕구 충족, 조직 활성화에 크게 기여하고 있다.

① 승진의 기본 원칙 : 공정성, 적정성, 합리성
② 승진 정책 : 연공주의(연공이 높은 종업원을 우선적으로 승진시킴), 능력·업적주의(역량과 성과가 높은 직무수행능력이 뛰어난 종업원을 우선적으로 승진시킴)
③ 승진 유형

유형		내용
자격 승진	신분자격 승진	직무의 내용과는 상관없이 구성원 개인의 근무연수, 학력, 연령 등 인적자격요건에 의해 승진하는 유형
	직능자격 승진	구성원이 보유하는 직무수행능력을 기준으로 하여 승진시키는 속인 기준의 승진 유형
역직승진		기업 내 직무내용과 역할의 분화, 책임의 정도 등을 중심으로 편성되는 조직의 관리체계별 역 직위를 중심으로 종업원을 승진시키는 유형(ex. 사원 → 대리 → 계장 → 과장 → 차장 → 부장)
대용승진		승진 정체로 조직분위기가 정체되어 있을 때, 대외업무를 수행하는 경우 신뢰성을 높이기 위하여 직무 내용이나 보상은 변동 없이 직급 명칭이나 자격명칭만 변경되는 형식적인 승진 유형
OC(Organization Change)승진		승진대상에 비하여 직위가 부족한 경우 조직변화를 통해 조직의 직위계층을 늘려 종업원에게 승진의 기회를 확대시키는 방법
발탁승진		일정기간 직무수행능력 및 업적만의 평가를 거쳐 특별히 유능한 사람을 승진시키는 유형

(4) 퇴직

퇴직이란 종업원이 자신이 속한 조직으로부터 이탈하는 것을 말하며, 자발적 퇴직과 비자발적 퇴직으로 나눌 수 있다.

① 퇴직의 유형

구분	유형	내용
자발적 퇴직	전직	종업원 스스로 새로운 직장으로 옮겨가는 것을 말한다.
	사직	결혼, 질병, 가족의 이주 등 개인적 사유로 종업원 스스로 퇴사하는 것을 말한다.
비자발적 퇴직	파면·해고	종업원의 불성실한 업무태도나 매우 낮은 업무성과로 인하여 더 이상 고용관계를 유지할 수 없음을 조직이 종업원에게 알리는 것이다.
	정년퇴직	종업원의 근무기간 만료와 건강을 고려해 조직에서 종업원을 퇴임시키는 것을 말한다.

② 명예퇴직

　　명예퇴직이란 **정년**연령에 도달하지 않는 **근로자**들에게 근속연수나 연령 등 일정한 기준을 충족하면 그의 자발적 의사에 따라 규정상의 **퇴직금** 이외에 금전상 보상이나 가산퇴직금 또는 위로금을 추가로 지급하는 등 우대조치를 하여 정년 전에 **사직**의 형태로 **근로계약**관계를 종료시키는 제도를 말한다. 이를 조기퇴직우대제, 희망퇴직제, 선택정년제 등으로 부르기도 한다.

③ 휴직

　　휴직이란 질병치료, 출산 및 육아 등 특정 목적으로 근로계약은 유지하면서 근로를 제공하지 않는 상태를 말한다.

④ 일시해고(Temporary Lay-off)

　　일시해고란 기업이 경영 부진에 빠져 **조업단축**, 인원삭감의 필요가 생겼을 때 **노동조합**과 협정하여 업적 회복 시에 재고용할 것을 약속하고 종업원을 일시적으로 **해고**하는 것을 말한다.

기본문제

01 다음 중 외부 인적자원 모집 방법끼리 바르게 묶인 것은 무엇인가?

> ㄱ) 사보를 통해 필요 직무 및 충원 인원을 공개 모집
> ㄴ) 채용박람회를 통한 모집
> ㄷ) 전문 헤드 헌터에 모집을 의뢰
> ㄹ) 인턴제도를 통해 우수 인재를 모집

① ㄱ, ㄴ
② ㄱ, ㄴ, ㄷ
③ ㄱ, ㄷ, ㄹ
④ ㄴ, ㄷ, ㄹ

02 다음 중 적정배치의 원칙으로 가장 적합하지 않은 것은 무엇인가?

① 균형주의 원칙
② 후진 양성의 원칙
③ 적재적소 배치의 원칙
④ 노동력 최대 이용의 원칙

03 다음은 어떤 면접유형에 관한 설명인가?

> 피면접자에게 고의로 적대적인 상황을 조성하여 그러한 상황에서도 감정을 적절하게 조절하는지, 어떻게 대처하는지 등에 대해 관찰하는 면접 유형

① 패널 면접
② 스트레스 면접
③ 비지시적 면접
④ 집단 면접

04 다음 중 사내모집과 사외모집의 장단점에 대해 바르게 설명한 것이 아닌 것은 무엇인가?

구분	사내모집	사외모집
장점	① 시간과 비용 절감	② 새로운 인재가 갖는 지식과 정보
단점	③ 승진 기회 상실에서 오는 내부 사기저하	④ 부적격자 채용 가능성

05 지원서에 나와 있지 않은 정보를 수집하고 인품을 종합적으로 평가하여 잠재적인 능력과 의욕을 파악하기 위하여 지원자의 모든 정보를 종합하여 심사하는 선발도구는 다음 중 무엇인가?

① 면접시험
② 실기시험
③ 필기시험
④ 심리검사

06 다음은 어떤 면접유형에 관한 설명인가?

> 지원자의 이력서, 성적증명서, 자기소개서 등의 자료를 배제하고 지원자를 있는 그대로 평가하는 면접 방법이다.

① 패널 면접
② 스트레스 면접
③ 블라인드 면접
④ 심층 면접

07 다음 중 조직 외부모집의 장점에 관한 설명으로 옳지 않은 것은 무엇인가?

① 신규인력의 유입으로 새로운 분위기를 유발할 수 있다.
② 모집의 원천이 충분하다.
③ 인력개발 비용을 절감할 수 있다.
④ 모집 대상자의 정확한 능력평가가 가능하다.

제4절 교육훈련과 경력개발

1. 교육훈련의 의의

교육훈련이란 조직의 목적을 달성하는데 도움이 되는 역량을 구성원들이 획득하는 과정으로 신입사원은 물론, 각 계층의 종업원에게 과학적, 합리적인 방법으로 여러 가지 능력을 개발, 신장시키는 과정을 말한다.

> **교육과 훈련의 차이**
>
> '교육'은 지식과 기술 따위를 가르치며 인격을 기른다는 의미로, 장기적이며 사고의 개선이나 인식의 향상에 중점을 두는 반면, '훈련'은 기본자세나 동작 따위를 되풀이하여 익히는 것으로 단기적이며 기능향상에 중점을 둔다.

2. 교육훈련의 목적

플리포(Flippo)에 의한 교육훈련의 목적은 다음과 같다.

(1) 생산성증가   (2) 사기향상

(3) 감독자의 부담 감소   (4) 사고율 감소

(5) 조직의 안정성과 탄력성 증가   (6) 환경변화에 적극

(7) 경력개발

3. 교육훈련의 필요성 인식

기업의 효과적인 교육훈련 및 인력개발계획의 수립을 위해서는 먼저 조직 내 인적자원의 구성 및 인력개발의 현황에 대한 파악과 함께 기업 교육훈련의 필요성에 대한 정확한 인식이 선행되어야 한다.

4. 교육훈련의 목표 설정

교육훈련의 필요성 분석이 끝나면 그 필요성에 따라 교육훈련 목표의 설정과 함께 교육훈련의 구체적 실시 계획을 수립해야 한다. 교육훈련의 목표 설정 시 유의해야 할 사항은 다음과 같다.

(1) 실현가능한 목표일 것

(2) 최대한으로 측정 가능한 목표를 세울 것

(3) 교육 수단과 교육목표와의 관련이 명확할 것

(4) 최종 목표에 도달하기 위한 하위목표가 명시되어 있을 것

(5) 피교육자의 의욕을 북돋을 수 있는 목표를 세울 것

(6) 실무에서 쉽게 효과가 나타나는 목표를 세울 것

5. 교육훈련의 종류

(1) 교육훈련 대상자별 분류

① 일반사원 교육훈련 : 기업 내 각 계층에 종사하고 있는 일반사원 및 중견사원(사원 및 대리)에 대한 교육훈련으로써, 각 계층별 실무능력 향상 및 문제해결과정의 습득, 문제해결 능력의 향상, 종업원 상호간의 협동심 및 책임감 향상, 팀워크 향상 등에 중점을 둔다.

② 감독자 교육훈련 : 기업 내의 현장종업원을 지휘 및 감독하는 일선 감독자(직장, 반장, 주임 등)에 대한 교육훈련으로써, 작업현장 내의 업무감독 및 업무환경 개선능력과 부하직원의 지도능력 향상에 중점을 둔다.

③ 관리자 교육 : 기업 내의 관리활동을 담당하는 중간 관리자(부장, 차장, 과장 등)에 대한 교육으로써, 관리지식의 습득 및 관리능력의 개발, 종합적 사고력과 문제해결능력의 향상 등에 중점을 둔다.

④ 최고경영자 교육 : 기업의 최고경영자에 대한 교육으로, 기업의 환경변화에 대응하는 전략적 사고능력의 함양, 기업가 정신의 개발과 경영리더십 발휘 등 경영활동 전반에 관한 경영능력 향상에 중점을 둔다.

> **입직훈련**
>
> 실제 업무에 배치되지 전 조직 생활에 필요한 자세와, 태도, 목표와 방침 등을 신규 종업원이 빠르게 습득하여 조직에 적응할 수 있도록 하는 교육훈련이다. 주로 입사 초기에 이루어진다.

(2) 교육훈련 장소별 분류

① 직장 내 교육훈련(OJT : On the Job Training) : 직장 내 교육훈련은 교육훈련 방법 중 가장 일반적으로 사용되고 있으며 실제적이고 실무적인 지식과 기능을 전달하는 방법이다. 직장 내 교육훈련은 특별한 훈련 프로그램이 존재하는 것이 아니라 부서의 장이 주관하여 모든 계획과 집행을 책임지고 업무를 수행하는 가운데 교육훈련을 하는 것이다. 이러한 직장 내 교육훈련에는 도제훈련, 직무교육훈련 직무순회법 등이 있다.

② 직장 외 교육훈련(Off JT : Off the Job Training) : 직장 외 교육훈련은 교육훈련을 담당하는 전문 시스템에 의해 진행되며, 직장 내 교육훈련 이외의 모든 교육훈련을 말한다. 직장 외 교육훈련은 연수원이나 훈련원 등과 같은 특정한 교육훈련시설에서 이루어지며, 정기적

또는 비정기적 강습회 및 강연회의 개최나 전문 훈련기관에서 교육훈련으로 진행된다. 이는 현장의 작업과 직접적인 관계를 갖지 않는 보편적인 내용(사고방식, 인간관계 등)을 교육하는데 적합하다.

③ 직장 내 교육훈련과 직장 외 교육훈련의 장단점

구분	장점	단점
OJT	• 교육훈련이 현실적 · 실제적이다. • 실무와 밀착된 교육훈련이다. • 종업원의 개인적 능력에 따른 훈련이 가능하다. • 상사나 동료 간의 협동심이 강화된다. • 훈련과 직무와 직결되므로 경제적이다. • 실시가 용이하며, 낮은 비용으로 가능하다.	• 우수한 상관이 반드시 우수한 교관은 아니다. • 일과 훈련을 모두 소홀히 할 가능성이 있다. • 원재료가 낭비될 수 있다. • 많은 종업원을 한꺼번에 훈련시킬 수 없다. • 통일된 내용을 가진 훈련이 어렵다. • 예정된 계획에 따라 실시하기가 곤란하다.
Off JT	• 많은 종업원에게 동시에 통일적으로 훈련시킬 수 있다. • 작업 현장과 관계없이 계획적인 훈련이 가능하다. • 정해진 교육일정대로 교육이 가능하다. • 교육훈련 전문가가 지도한다. • 직무부담에서 벗어나 훈련에 전념할 수 있다.	• 직무수행에 필요한 인력이 줄어든다.(남아있는 종업원의 업무부담 증가) • 비용이 많이 든다. • 훈련결과를 현장에 바로 활용하기가 곤란하다.

(3) 교육훈련 방법별 분류

방법	내용
강의식 훈련 (Lectures)	정해진 강사와 교재를 중심으로 훈련 내용을 전달 · 주입시키는 방법이다. 주로 특수한 인간관계, 기술능력 또는 문제해결능력을 위해 고안되었으며, 전달이 신속하고 비용이 적게 드는 장점이 있는 반면 일방적인 의사소통과 피드백 부족 등의 단점이 있다.
시뮬레이션 (Simulation)	모의훈련의 일종이다. 작업환경의 청각적, 시각적, 물리적 환경을 모방하여 피훈련자의 교육훈련 효과를 극대화시키는 방법이다. 가상현실 시스템이라고도 하며 훈련효과가 좋은 방법이지만 비용이 많이 든다.
인바스켓 훈련 (In Basket Training)	문제해결능력이나 기획능력을 개발하기 위하여 실제상황과 비슷한 훈련 상황을 설정하여 교육훈련 참가자들이 실습하는 방법이다. 회사의 정보가 주어진 상태에서 발생될 수 있는 여러 문제들을 종이에 적어 바스켓 속에 넣고, 피훈련자가 그 중 하나를 꺼내면 사전에 받은 회사의 기존 자원을 활용하여 즉각 이 문제를 해결하게 하는 방법이다.

방법	내용
비즈니스 게임 (Business Game)	피훈련자들이 다른 팀과 경쟁하면서 생산성과 능률 증대와 같은 모의경영을 하게 하여 의사결정능력을 개발시키는 방법이다.
사례연구 (Case Studies)	기업에서 과거에 있었던 일련의 사건이나 현황들을 피교육자에게 제시하고 이 사례를 통해서 문제점을 분석하고 토의하는 방법으로 문제해결을 위한 의사결정능력을 향상시키기 위한 방법이다.
역할 연기법 (Role Play)	교육참가자에게 특정한 상황 속 특정 역할을 맡겨 그 역할에 관한 행동을 실연하도록 하는 방법이며, 이를 통하여 태도 및 행동의 개선 또는 인간관계 기술을 개발하는 방법이다.
행동모델링 (Behavioral Modeling)	어떤 상황에서 가장 모범적인 행동을 제시하고 교육참가자가 이 행동을 이해하고 그대로 모방하게 함으로써 신속한 학습 및 행동변화를 유도하는 방법이다.
감수성 훈련 (Sensitivity Training)	타인이 자신을 보는 것처럼 자신을 보는 능력을 개발하는 기법으로, 다른 사람이 생각하고 느끼는 것을 정확하게 감지하고 이에 대응하여 유연한 태도와 행동을 취할 수 있는 능력을 개발하기 위한 경영자 능력개발 방법이다.
액션러닝 (Action Learning)	피교육자들이 소규모 집단을 구성하여 팀워크를 바탕으로 실제문제를 정해진 시점까지 해결하도록 하며, 문제해결과정에 대한 성찰과 반성을 통해 학습하는 방법이다.
코칭 (Coaching)	상사나 동료가 수평적이고 협력적인 파트너십을 맺으며 관찰과 지원, 피드백 등을 통해 스스로 문제점을 찾아 해결할 수 있도록 하는 방법이다.
브레인스토밍 (Brain Storming)	집단으로 문제를 해결하기 위한 새로운 아이디어를 창출하려는 일종의 회의 방식으로 단 하나의 구체적인 과제를 부여하여 일정한 규칙 하에서 집단적으로 아이디어를 내는 회의 방법이다. 두뇌선풍 또는 영감법이라고도 하며 아이디어의 연쇄반응을 일으켜 자유롭게 회의하는 방식이다.
도제훈련 (Apprentice Training)	도제(徒弟)라는 용어는 사제지간의 의미가 강하기 때문에 주로 직속상사에게 1:1로 개인훈련을 받는다는 의미를 뜻한다. 공예, 용접, 배관, 목수직 등에 적용할 수 있다.
매니지리얼 그리드훈련 (Managerial Grid Training)	관리격자훈련이라고 하며, 가로·세로 1에서 9까지의 유형이 있으며 인간관계와 관리능력이 모두 9.9형이 되도록 훈련해 나가는 방법으로 주로 관리자 훈련에 많이 이용되는 기법이다.

6. 경력개발(Career Development)

경력개발은 개인의 경력목표를 설정하고, 이를 달성하기 위한 경력계획을 수립하여 조직의 욕구와 개인의 욕구가 일치될 수 있도록 각 개인이 경력을 개발하는 활동이다.

(1) 경력개발 용어

① 경력 : 한 개인이 일생에 걸쳐 직무와 관련하여 얻게 되는 경험으로 여러 종류의 직무 경험이 개인의 생애에 계속성, 질서 그리고 의미를 부여하는 것을 말한다.

② 경력경로 : 개인이 경력목표를 달성하기 위하여 맡으려는 직무의 연속된 활동을 말한다.

③ 경력개발요소

요소	내용
경력목표	개인이 경력개발을 통하여 도달하고 싶은 미래의 지위를 말한다.
경력계획	경력목표를 달성하기 위한 경력경로를 구체적으로 선택하는 과정을 말한다.
경력개발	개인적인 경력계획을 달성하기 위하여 개인 또는 조직이 실제적으로 참여하는 활동을 말한다.

(2) 경력개발 목적

① 기업의 경제적 측면

- 종업원의 경력개발을 통해 인적자원을 효율적으로 확보할 수 있다.
- 경력개발을 통해 기업은 조직의 노하우를 체계적으로 축적하여 경쟁력을 제고시킬 수 있다.
- 종업원의 기업조직에 대한 일체감을 제고시켜 기업 내 협동시스템의 구축이 보다 원활해진다.

② 사회적 효율성 측면

- 종업원의 성장욕구를 충족시켜 준다.
- 종업원에게 자리에 대한 안정감을 주고 미래를 보다 의미 있게 설계할 수 있게 해 준다.
- 경력개발은 종업원에게 전문적 능력을 획득할 수 있는 기회를 부여하기 때문에 노동시장에서 자신의 경쟁력을 높이게 해 준다.

(3) 경력개발의 원칙

① 적재적소의 원칙 : 개인의 능력이나 적성에 맞추어 직무를 담당해야 능률이나 생산성을 향상시킬 수 있다.

② 승진경로의 원칙 : 승진경로가 명확하게 확립되어 있지 않으면 승진관리나 경력개발에 대한 올바른 평가를 할 수 없게 된다.

③ 후계자 양성의 원칙 : 기업 내부에서 유능한 인재를 확보하고 양성하는 조직적인 과정이다.

④ 경력기회개발의 원칙 : 조직 내부에서 승진경로가 한정되어 있지 않고 조직원들에게 확장된 기회를 제공함으로써, 개인의 능력 발전 및 직무연계성에 따른 승진기회를 부여하여야 한다.

(4) 경력개발 제도

① 자기신고제도 : 현대적 고과방법의 하나로 기업이 근로자에게 자신의 직무내용, 담당직무에 있어서 능력의 활동정도, 경력목표, 적성여부, 전직희망, 승진희망, 취득자격 등에 대하여 일정한 양식에 작성하게 하여 인사부서에 신고하는 제도이다.

② 직능자격제도 : 기업 내 종업원의 직무수행능력의 발휘도, 신장도를 공정한 조사와 평가를 거쳐 일정한 직능등급으로 분류하는 제도이다.

③ 경력상담제도 : 인적자원담당자나 라인관리자가 종업원의 미래 경력에 대하여 상담하는 제도이다.

④ 정기적 직무순환 : 종업원들을 수평적 · 수직적으로 직무순환 시킴으로써 그들의 잠재능력이나 직무수행능력을 개발하는 기법이다.

⑤ 기능목록제도 : 인재목록제도라고도 하며, 인력수급에 있어서 내부모집의 경우에도 활용하기 위하여 사용되는 종업원 재고 조사표이다.

⑥ 종합평가센터제도 : 종업원의 장래성을 체계적으로 예측하여 경력개발을 추진하는 기법중 하나로 최근에는 대기업에서 많이 이용되고 있다. 기업 내 유사한 조직계층에 속하는 종업원 6~12명 정도의 평가대상자를 평가센터에서 약 3일 정도 합숙시킨 후 개인면접, 심리검사, 경영게임, 상황문제해결, 사례연구 등 다양한 방법을 사용하여 그들의 잠재능력 내지 능력 개발의 필요성이 있는지를 평가하는 제도이다.

(5) 경력정체

자신의 능력 혹은 기업의 구조적 한계로 더 올라갈 수도, 내려올 수도 없는 상태를 말하며 조직이나 직무에 대한 불만족 및 조직에 대한 헌신도 하락 등의 문제가 발생한다. 경력 정체 인력으로는 만년 과장 혹은 직무에서 경력개발이 멈추어진 경우가 있다.

> **유리천장(Glass Ceiling)**
> '눈에 보이지는 않지만 결코 깨뜨릴 수 없는 장벽'이라는 의미로 사용되는 경제적 용어이다. 충분한 능력과 자질을 갖추었음에도 조직 내 관행과 문화처럼 굳어진 부정적 인식으로 인하여 여성과 소수민족 출신자들의 고위직 승진이 차단되는 상황을 비판적으로 표현한 말이다.

01 기업의 경영 환경 변화에 대응하는 전략적 사고 능력 함양에 가장 중점을 두어야 하는 교육훈련은 무엇인가?

① 종업원 교육훈련   ② 감독자 교육훈련
③ 관리자 교육훈련   ④ 경영자 교육훈련

02 교육훈련의 목적으로 적절하지 않은 것은 무엇인가?

① 적절한 능력을 가진 인재를 양성한다.
② 종업원의 적성에 맞는 기능 내지 기술을 개발한다.
③ 종업원을 기계적 시스템의 일부로 익숙하게 하여 불만요소를 줄인다.
④ 급격한 업무내용의 변혁에 적응하는 수준 높은 지식, 기능 태도를 신장시킨다.

03 실제 업무에 배치되지 전에 조직 생활에 필요한 자세와 태도, 목표와 방침 등을 신규 종업원에게 빠르게 적용할 수 있도록 하는 교육훈련은 무엇인가?

① 입직훈련   ② 직장훈련
③ 감독훈련   ④ 경영훈련

04 회의 참가자 모두가 자유 발언을 통하여 창의적인 아이디어가 나올 수 있도록 아이디어 연쇄반응을 일으키는 교육훈련 방법은 무엇인가?

① 아웃소싱(Outsourcing)   ② 벤치마킹(Benchmarking)
③ 다운사이징(Downsizing)   ④ 브레인스토밍(Brainstorming)

05 급속한 환경 변화로 혁신적이 노력이 요구되는 기업조직에서 교육훈련의 필요성을 설명한 것으로 가장 부적절한 것은 무엇인가?

① 환경 변화에 적응하기 위한 지식과 기능을 습득할 필요성이 있다.
② 종업원의 적성에 맞는 기능과 기술을 개발할 필요성이 있다.
③ 업무지시에 잘 따르도록 순종적인 인성을 함양할 필요성이 있다.
④ 적절한 능력을 가진 인재를 양성할 필요성이 있다.

06 다음에서 설명하는 (가)와 (나)를 순서대로 바르게 짝지은 것은 무엇인가?

> (가) 일하는 현장에서 실제로 업무를 수행하면서 직무에 대한 지식과 기술을 습득하는 훈련방식
> (나) 종업원을 직무로부터 분리시켜 일정기간 동안 연수원이나 대학 등과 연계 교육하는 훈련방식

① OFF-JT / OJT   ② OJT / OFF-JT

③ JYP / OFF-JT   ④ OFF-JT / JYP

07 감독자가 작업 현장에서 종업원을 개별적으로 훈련시키는 직장 내 교육훈련의 장점으로 가장 적절한 것은 무엇인가?

① 교육생의 수준에 맞고 교육훈련이 실제적이다.
② 전문적인 지도자 밑에서 교육에 전념할 수 있다.
③ 다수의 종업원에게 통일적인 훈련을 시킬 수 있다.
④ 교육생을 서로 경쟁심을 가짐으로 훈련 효과가 높아진다.

08 경력개발관리의 기본 원칙으로 볼 수 없는 것은 무엇인가?

① 명확한 승진 경로를 확립한다.   ② 종업원을 적재적소에 배치한다.
③ 내부의 유능한 인재를 발굴한다.   ④ 합리적인 임금관리 체계를 설정한다.

09 경력개발과 관련한 설명으로 적절하지 않은 것은 무엇인가?

① 경력이란 종업원이 기업에서 장기적으로 여러 종류의 직무활동을 경험하는 것을 말한다.
② 경력개발의 요소에서 경력목표란 개인이 경력개발을 통하여 도달하고 싶은 미래의 지위를 말한다.
③ 경력개발의 목표는 기업에 필요한 유능한 인재를 확보 및 육성하고, 적재적소에 배치하며 효율적으로 활용하는 것에 있다.
④ 경력개발에 대한 평가는 협동성이나 조직성과를 배제하고 순수한 개인적 성과에 집중함이 바람직하다.

10 조직 구성원의 이동, 승진 및 장기적인 직업적 능력개발을 체계적으로 관리하는 인적자원 개발 영역은 무엇인가?

① 교육훈련   ② 경력개발
③ 복리후생   ④ 노사관계

11 다음에서 설명하는 교육훈련 기법은 무엇인가?

> 관리자 및 일반종업원에게 특정 상황에 대한 가장 모범적인 행동을 제시하고 교육참가자가 그 행동을 이해하여 그대로 모방하게 하는 훈련 방법

① 액션러닝   ② 역할연기법
③ 행동모델링   ④ 상호작용분석

12 다음 중 직장 내 교육훈련의 단점으로 적합한 것은 무엇인가?

① 상대적으로 높은 교육훈련비용이 필요하다.
② 정기적인 업무일정에 방해가 될 우려가 있다.
③ 교육훈련 결과를 현장에 바로 활용하기가 어렵다.
④ 많은 교육생에게 정해진 교육일정대로 교육하기 어렵다.

13 다음 중 경력개발계획에 대한 설명으로 적절하지 않은 것은 무엇인가?

① 객관적이고 공평한 승진제도를 운영하기 위함이다.
② 상위직무에 필요한 자격요건을 직무명세서 등에 공시한다.
③ 필요한 능력을 강제적으로 개발하는 단기적인 인적자원개발 제도이다.
④ 경력개발의 기본원칙으로 적재적소 배치, 승진경로, 후진양성 등이 있다.

14 다음에서 설명하는 교육훈련 방식은 무엇인가?

> 숙련 기술자의 측근에서 일을 도와주면서 기술을 배우는 방식으로 스승의 문하생으로 들어가 어느 정도 연마 될 때까지 기숙하면서 수공업, 예능, 의약, 상업 부문 등에서 활용되는 훈련방식이다.

① 멘토링   ② 도제훈련
③ 역할연기법   ④ 비즈니스 게임

제5절 직무관리

1. 직무관리(Job Management)

직무관리는 종업원이 담당하여야 할 여러 가지 직무내용과 성격을 분석하여 그 가치를 시간연구, 동작연구, 직무연구, 직무평가, 직무설계 등의 직무를 중심으로 한 일련의 활동을 말한다.

(1) 직무와 관련된 용어

용어	의미
요소 (Element)	요소는 관련된 동작, 움직임, 정신적 과정을 따로 분리시켜 분석하지 않고서 작업을 나눌 수 있는 최소단위를 말한다.
과업 (Task)	과업은 독립된 특정 목표를 위하여 수행되는 하나의 명확한 작업활동을 말하며 직무분석에서의 최소단위를 말한다.
직위 (Position)	직위는 특정시점에서 특정조직의 한 종업원 개인에게 부여된 하나 또는 그 이상의 과업들의 집단을 말한다.
직무 (Job)	직무는 작업의 종류와 수주이 동일하거나 유사한 직위들의 집단을 말한다.
직군 (Job Family)	직군은 동일하거나 유사한 직무들의 집단을 말한다.
직종 (Occupation)	직종은 일반적으로 직업이라고 불리며 이는 동일하거나 유사한 직군들의 집단을 말한다.
직종군 (Occupational Group)	직종군은 업무를 수행하는데 필요한 노동력의 내용에 따라 크게 분류하는 기준을 말한다.

팀(부서)

상호보조적인 기능을 가진 소수의 사람들이 공동의 목표달성을 위해 상호책임을 공유하고 문제해결을 위해 공동의 접근방법을 사용하는 조직단위를 말한다.

직위, 직책, 직급의 이해

직위 : 조직 내의 수직적인 서열을 의미하며 직위가 상승되었을 때 일반적으로 승진하였다고 표현한다. 예를 들어 사원에서 대리로 서열이 높아졌다면 '승진했다'라고 한다.

직급 : 직무의 등급, 난이도, 책임 등이 비슷한 직위를 세분화한 것이다. 예를 들어 대리1호봉, 대리2호봉 등이다.

직책 : 직무에 대한 권한과 책임을 의미하며 기본적인 직위를 갖고 있으면서 영업팀장, 구매팀장, 본부장 등의 별도 직책을 맡는다.

2. 직무분석(Job Analysis)

직무분석은 특정 직무의 성질에 관한 조사연구를 통하여 특정 직무의 성질 및 요건, 직무를 수행함에 있어서 종업원에게 요구되는 훈련, 지식, 능력, 책임 등을 결정하는 절차를 말한다. 따라서 직무분석은 노동력의 주체로서 인간에 대한 구조적 이해와 직무의 조직적 이해를 높이고자 하는 것이다.

(1) 직무분석의 목적

① 1차적 목적 : 직무기술서를 작성하기 위한 것이며, 이를 토대로 직무명세서를 작성하기 위한 자료를 얻기 위함이다. 또한 직무기술서와 직무명세서를 토대로 직무평가를 하기 위한 자료를 얻을 수 있다.

② 2차적 목적 : 직무기술서나 직무명세서를 중심으로 인사관리에 필요한 구성원의 모집, 선발, 오리엔테이션, 인사고과, 교육훈련, 조직체 계획, 경력계획, 직무재설계 등을 하기 위함이다.

③ 부가적 목적 : 직무평가를 통하여 합리적 임금관리를 위한 직무급체계를 성정하기 위한 자료를 획득하기 위함이다.

(2) 직무분석의 방법

① 관찰법 : 직무분석자가 직무수행자를 직접 관찰함으로써 직무를 분석하는 방법이다.

② 면접법 : 직무분석자가 개개의 감독자나 종업원과의 면접을 통하여 직무를 분석하는 방법이다.

③ 질문서법 : 직무의 모든 내용과 요건을 파악할 수 있는 구조화된 질문지를 작성하여 직무수행자에게 나누어 주고 스스로 기입하게 함으로써 직무를 분석하는 방법이다.

④ 업무일지분석법 : 직무수행자에게 일정기간 동안 작업일지를 작성하게 하여 그 자료로 직무를 분석하는 방법이다.

⑤ 체험법 : 직무분석자가 분석 대상 직무를 직접 체험하여 직무를 분석하는 방법이다.

⑥ 종합적방법 : 2개 이상의 직무분석 방법을 병행하여 종합적으로 직무를 분석하는 방법이다.

(3) 직무기술서와 직무명세서

① 직무기술서(Job Description) : 직무분석을 통하여 얻어진 직무에 관한 여러 가지 자료와 정보를 직무의 특성에 중점을 두고 정리, 기록한 문서이다.

② 직무명세서(Job Specification) : 직무기술서의 내용을 기초로 하여 직무 요건 중 인적요건에 큰 비중을 두고 정리, 기록한 문서이다.

③ 직무기술서와 직무명세서의 내용

직무기술서의 내용	직무명세서의 내용
• 직무명칭 및 내용 • 직무수행의 방법 및 절차 : 수행되는 과업, 원재료와 기계의 사용, 다른 작업자와의 상호작용 등 • 작업조건 : 열, 조명, 작업 장소, 위험한 조건 등 • 고용조건 : 작업시간, 임금구조, 임금형태, 부가급부 등	• 직무명칭 및 내용 • 인적요건 • 교육수준, 경력, 기술, 의사소통 능력, 적성, 신체적 특성, 성별, 결혼여부 등

3. 직무평가

직무평가는 직무분석에 의하여 작성된 직무기술서, 직무명세서를 기초로 이루어지며, 기업 및 조직에 있어서 각 직무의 중요성, 곤란도, 위험도 등을 평가한다. 직무평가는 직무별 임금을 결정하기 위하여 모든 직무의 상대적 가치를 결정하는 체계적인 평가과정이다.

(1) 직무평가의 목적

직무평가의 목적은 임금격차를 합리적으로 책정하고, 직무급제도를 확립하는 기초자료를 얻기 위함이다. 이를 토대로 인력개발의 합리화 및 인사이동과 승진을 결정하는 기준으로 활용할 수 있다.

(2) 직무평가 방법

① 비양적방법(Non-quantitative Method)

• 서열법 : 기업 내의 각 직무에 대하여 상대적인 숙련, 노력, 책임, 작업조건 등의요소를 기준으로 종합적으로 판단하여 전체적으로 직무의 순위를 매기는 방법이다.

• 분류법 : 분류할 직무의 등급을 사전에 결정하여 놓고, 각 직무를 적절히 파정하여 해당 등급에 기입하는 방법이다.

② 양적방법(Quantitative Method)

• 점수법 : 직무를 평가요소별로 분류하여 그 중요에 다라 일정한 점수를 배정한 후 평가요소별 점수를 합산하여 각 직무의 가치를 평가하는 방법이다.

• 요소비교법 : 조직에 있어서 핵심이 되는 기준직무를 선정하고, 직무를 평가요소별로 분해하여 점수 대신 임률로 기준직무를 평가한 후 다른 직무를 기준직무와 비교하여 각각의 임률을 결정하는 방법이다.

4. 직무설계

조직의 목표를 달성하는 동시에 직무를 수행하는 개인에게 의미와 만족감을 부여하기 위하여 필요한 직무의 내용, 기능, 관계를 적극적으로 설계하는 활동이다. 직무설계는 초기 조직의 직무체계를 구축하는 경우에 적용되기도 하지만, 동기부여 관점에서 직무내용 개선과 직무의 효율성 향상을 위하여 기존 직무를 재설계하는 경우에도 적용된다.

(1) 직무설계의 목적

① 종업원 동기부여
② 적업의 생산성 향상
③ 재화와 용역의 질과 양 개선
④ 원가절감과 시간 절약
⑤ 이직과 훈련비용 감소
⑥ 새로운 기술에 대한 신속한 대응
⑦ 인간공학과 산업공학에 공헌

(2) 직무설계 방법

① 직무단순화(직무전문화) : 전체적인 과업을 보다 작은 요소로 분할하고 나누어 담당하도록 하는 것을 의미하며 분업의 원리에 기초를 두고 있다. 완전운영 및 관리의 신속성을 기대할 수 있는 장점이 있지만 세분화된 작업단순화로 저임금을 조장할 가능성이 있다.

② 직무확대 : 직무내용의 수평적 측면에 해당하는 과업의 수를 증가시킴으로써 과업을 다양화하는 방법이다. 직무에 대한 단조로움과 권태감을 줄이고 직무만족을 높이며 결근이나 이직을 감소시키기 위한 하나의 방법으로 작업자의 과업수와 다양성을 증가시키는 방법이다.

③ 직무충실화 : 직무내용의 수직적 측면을 강화하여 직무의 중요성을 높이고 직무수행으로부터 보람과 만족을 증가시키는 방법이다. 기존 작업자가 수행하고 있는 직무에 의사결정의 자유재량권과 책임이 추가되어 과업에 할당되는 방법이다.

④ 직무순환 : 조직구성원에게 폭넓은 경험을 갖게 하기 위하여 여러 분야의 여러 직무로 순환시키는 실무훈련방법이다. 직무순환은 전문가보다는 일반관리자를 만드는 직무설계방법이다.

⑤ 직무교차 : 집단을 대상으로 도입할 수 있는 수평적 직무확대로 '직무확대'와 다르지 않지만 반드시 직무의 일부분을 다른 작업자와 공동으로 수행하여야 하는 방법이다.

⑥ 자율적 작업집단 : '직무충실화'를 집단수준으로 실시하는 기법으로 팀이 수행하고 있는 작업을 수직적으로 통합하여 심화하는 방법이다. 작업팀에게 달성해야할 목표가 부여되고, 작업할당, 휴게시간, 검사 절차 등을 자유로이 결정하여 처리하도록 일임하는 방법이다.

⑦ 품질관리 분임조(QC써클 : Quality Control Circle) : 한 작업당 10명 이내의 종업원들이 자발적, 정기적으로 모여 제품의 질과 문제점을 분석하고 제안하는 방법이다.

⑧ 재택근무제 : 컴퓨터 통신망 등의 기술적 발전으로 자택에서 근무하는 방법으로 종업원의 출퇴근 시간을 절약하고 불필요한 방해요소를 제거할 수 있다.

⑨ 자유출퇴근시간제 : 종업원들이 일정한 제약조건 내에서 출퇴근시간을 정해 놓고 근무하는
제도이다.

기본문제

01 다음 중 개인수준의 직무재설계 방법이 아닌 것은 무엇인가?

① 직무순환   ② 직무확대
③ 직무충실화   ④ 분임조

02 다음에서 용어의 설명으로 적절하지 않은 것은 무엇인가?

① 직무분석이란 직무의 내용과 성질을 분석하여 인사관리의 기초정보로 활용된다.
② 직무기술서는 직무분석의 결과를 인적 요건에 맞추어 서식으로 요약한 문서이다.
③ 직무분류는 동일 또한 유사한 역할과 능력을 가진 직무의 집단을 일컫는다.
④ 직무평가는 직무와 직무를 비교하여 직무의 상대적 가치는 정하는 절차이다.

03 직무수행능력이 성질적으로 가깝고(유사한 업무 내용을 가진 직군들의 집합) 상호 간에 호환대
체성이 인정되며, 승진경로의 동일성까지 갖추어 임금관리상 같게 다룰 수 있는 직업을 무엇이
라고 하는가?

① 직위   ② 직무
③ 직군   ④ 직종

04 직무의 상대적 가치를 평가하는 직무평가의 용도로 적합하지 않은 것은 무엇인가?

① 임금체계의 합리화   ② 인력개발의 합리화
③ 직무에 대한 정보 제공   ④ 인사이동 및 승진을 결정하는 기준

05 다음 중 직무평가의 과정에 속하지 않는 것은 무엇인가?

① 직무내용 및 자격요건에 관한 정보 수집
② 직무를 평가하는 기준의 설정
③ 서열법, 분류법과 점수법 등 구체적인 직무평가 방법의 적용
④ 임금의 협의

06 조직구성원에게 폭넓은 경험을 갖게 하기 위하여 여러 분야의 여러 직무로 순환시키는 실무훈련방법을 무엇이라 하는가?

① 직무교차　　　　　　　　　　② 직무분석
③ 직무순환　　　　　　　　　　④ 직무확대

07 직무관련 용어 중 독립된 특정한 목표를 위하여 수행되는 하나의 명확한 작업활동을 무엇이라 하는가?

① 과업　　　　　　　　　　　　② 직위
③ 직무　　　　　　　　　　　　④ 직종

08 다음에서 설명하는 것에 가장 적합한 것은 무엇인가?

> 상호보완적인 기능을 가진 소수의 사람들이 공동의 목표달성을 위해 상호책임을 공유하고 문제해결을 위해 공동의 접근방법을 사용하는 조직단위

① 과업　　　　　　　　　　　　② 직위
③ 직책　　　　　　　　　　　　④ 팀(부서)

09 직무기술서, 직무명세서를 기초로 직무간의 상대적 가치를 결정하는 것으로 직무급 제도의 기초되는 행위 및 절차를 무엇이라 하는가?

① 직무분석　　　　　　　　　　② 직무평가
③ 인사고과　　　　　　　　　　④ 경력개발

10 아래에서 설명하는 내용을 가리키는 용어로 적절한 것은 무엇인가?

> 기업에서 부서나 종업원이 하여야 할 일의 내용과 성격에 관련된 중요 정보를 수집하고 이들 정보를 기업의 목적에 적합하도록 체계적으로 정리하는 과정이다.

① 직무분석　　　　　　　　　　② 직무평가
③ 인사고과　　　　　　　　　　④ 직무보상

11 다음 중 직무분석의 목적으로 적합하지 않은 것은 무엇인가?

① 임금관리의 기초 자료로 활용한다.
② 조직 계획에 필요한 자료를 제공한다.

③ 고객관리 및 서비스 증진 자료를 제공한다.
④ 정원 계획 및 선발 기준의 결정에 활용한다.

12 직무분석의 결과로 아래의 (가)와 (나)에 해당하는 것을 순서대로 바르게 나열한 것은 무엇인가?

> (가) 어떤 직무가 가지고 있는 과업, 임무, 책임의 목록을 제시한 보고서이다.
> (나) 한 개인이 직무에 필요한 기술, 지식, 능력 및 다른 특성들의 목록을 제시하는 보고서이다.

① 직무기술서 / 직무명세서   ② 직무기술서 / 직무평가서
③ 직무명세서 / 직무기술서   ④ 직무명세서 / 직무평가서

13 다음 중 직무평가에 대한 설명으로 옳지 않은 것은 무엇인가?

① 직무분석에 의한 직무기술서와 직무명세서를 기초로 한다.
② 주요 변수로는 기능, 책임, 노력, 작업조건 등이 제시되고 있다.
③ 각 직무의 중요성, 곤란도, 위험 등을 평가하여 정도가 높을수록 가치가 크다.
④ 직무의 절대적인 가치를 결정하기 위한 것으로 그 직무를 수행하는 사람을 평가한다.

14 다음 중 직무관리 절차를 적절하게 나열한 것은 무엇인가?

① 직무평가 → 직무분석 → 직무기술서 작성 → 직무명세서 작성
② 직무분석 → 직무기술서 작성 → 직무명세서 작성 → 직무평가
③ 직무평가 → 직무명세서 작성 → 직무분석 → 직무기술서 작성
④ 직무분석 → 직무명세서 작성 → 직무기술서 작성 → 직무평가

15 다음 중 직무명세서에 반드시 기재하여야 할 사항으로 적합한 것은 무엇인가?

① 노동시장에서의 평균임금
② 수행되는 직무의 최소 요건
③ 직무내용의 일상적, 주기적 업무 구분
④ 직무수행에 필요한 종업원의 기능 및 숙련 지식 정도

제6절 인사고과

인사고과란 조직 내의 여러 직무에 종사하고 있는 각 종업원의 현재 및 미래의 유용성, 능력과 업적을 평가하여 상대적인 가치를 정하는 것으로 이를 통하여 공정한 임금관리, 인사이동(배치, 승진, 해고 등), 교육훈련의 기초자료로 활용할 수 있다.

1. 인사고과의 목표

    (1) 타당성 : 평가내용이 평가목적을 잘 반영하고 있는가?

    (2) 신뢰성 : 측정하고자 하는 내용이 정확하게 측정되었는가?

    (3) 수용성 : 피평가자들이 평가결과와 활용목적에 동의하는가?

    (4) 실용성 : 평가비용과 제도의 접근성을 고려하여 평가제도의 효과와 의미를 찾았는가?

2. 고과자 유형에 따른 인사고과 방법

고과자 유형	내용
자기고과	자기스스로를 평가하는 방법이다. • 장점 : 직무만족도 향상, 평가과정에 대한 불만 감소, 성과 검토에 적극적이다. • 단점 : 자신의 성과를 다른 평가자 보다 높게 평가하는 오류, 자신의 낮은 성과를 타인의 탓으로 돌린다.
동료에 의한 고과	동료가 동료를 평가하는 방법이다. • 장점 : 피고과자와 직무상 연관이 있는 동료들의 평가이므로 매우 정확하고 타당성이 높다. • 단점 : 동료들 상호 간의 친근 정도에 따라 고과점수가 왜곡될 수 있다.
상급자에 의한 고과 (하향식 평가)	직속상사 또는 직속상사의 상사에 의한 부하를 평가하는 방법이다. • 장점 : 부하들의 목표설정, 평가결과 피드백, 성과에 따른 임금관리 및 훈련에 도움을 준다. • 단점 : 상사 앞에 이중성이 있는 충성심, 열성 등으로 주관적 오류 또는 감정적인 판단오류 등이 발생할 수 있다.
하급자에 의한 고과 (상향식 평가)	부하가 상사를 평가하는 방법이다. • 장점 : 참여의식과 주인의식이 높아짐. 관리자의 리더십과 잠재능력을 평가함. 상하간 원활한 의사소통 기회를 제공한다. • 단점 : 부하의 평가능력 부족, 상사의 보족에 대한 두려움에 따른 평가 오류, 상사의 강한 자기방어가 발생할 수 있다.
인사관리자에 의한 고과	기업 내 인사담당자가 고과자를 평가하는 방법이다. • 장점 : 상사에 의한 과대평가를 극복할 수 있다. • 단점 : 꼭 반영해야할 정보가 누락될 수 있다.

고과자 유형	내용
전문가에 의한 고과	사외전문가 또는 인적자원관리 전문가에 의해 고과자를 평가하는 방법이다. • 장점 : 직무에 대한 높은 이해, 직무성과에 대한 확실한 이해를 할 수 있다. • 단점 : 조직 내부의 성과를 외부인에게 평가 의뢰하는 문제가 발생한다.
다면고과 (360° 고과)	인사고과의 정확성과 객관성을 제고하기 위하여 피고과자의 상사뿐만 아니라 본인, 동료, 부하 등으로 구성하여 평가하는 방법이다.

3. 상대적 평가에 따른 인사고과 방법

유형	내용
직접서열법	각 종업원을 직무수행 업적과 능력의 정도에 따라 순서대로 서열을 매겨 평가하는 방법이다.
교체서열법	직접서열법의 서열결정에 따른 복잡성과 평균화 경향을 최소화하기 위하여 여러 종업원 중 1차로 가장 우수한 성과자와 가장 빈약한 성과자를 교체 선발하고 2차, 3차, 4차 등도 같은 방법으로 선발하여 종업원을 평가하는 방법이다.
쌍대비교법	각 고과 요소별로 또는 종합적으로 두 사람씩 짝을 지어 비교하는 방법이다.
표준인물비교법	기준이 되는 표준인물을 선정하고 그들을 기준으로 다른 종업원을 평가하는 방법이다.
강제할당법	몇 가지 평가 등급을 나누어 각 등급의 고과 대상자를 정규부표에 가깝도록 할당하는 방법이다. 평가 결과가 정규분포에 가까울수록 타당성이 있다.
평가센터법	관리자의 잠재능력을 평가하기 위하여 개인면접, 심리검사, 비즈니스 게임, 사례연구 등 여러 가지를 종합적으로 평가하는 방법이다.

4. 절대적 평가에 따른 인사고과 방법

유형	내용
평정척도법	종업원을 평가하기 위한 평가요소를 선정한 후 평가요소별 척도를 정한다. 각 종업원이 그 평가요소에 포함되어 있는 능력을 어느 정도 소유하고 있는가를 검토함으로써 각 평가요소의 척도 상에 우열을 표시하는 방법으로 가장 일반적으로 사용되는 방법이다.
자유서술법	자기평가를 자유롭게 기술하는 자기고과 방법이다.
체크리스트기법	직무관련 행동을 구체적으로 설명한 항목을 나열해 놓고 종업원이 해당되는 항목에 체크하는 방법이다.
중요사건서술법	종업원의 구체적 행위(효율적/비효율적 행위)를 관찰, 기록하였다가 그 기록을 토대로 평가하는 방법이다.
강제선택법	평가자는 평가 과정에서 싫든 좋든 간에 2개 이상의 진술내용 중에서 반드시 한 가지는 선택해야 하는 방법이다.

대조표고과법	평가에 적당한 행동표준을 설정하고 평가대상자의 능력이나 근무상태가 이 항목에 해당되는지 여부를 체크하여 평가하는 방법이다.
행위기준고과법 행동기준평가법	직무수행과정에서 발생되는 바람직한 행동과 그렇지 못한 행동의 범위를 10–12개 정도 설정하여 척도 상에 제시된 행동과 실제 행동을 비교하여 평가하는 방법이다. 중요사건서술법과 평가척도법을 혼합한 방식이다.

5. 기타 인사고과 방법

유형	내용
목표관리	목표관리(MBO : Management By Objectives)는 조직의목표를 개인의 목표로 전환시키는 과정으로 목표설정, 실행계획, 자기통제, 주기적 검토의 4단계를 거친다. 일정 기간 동안 달성할 특정목표를 상사(평가자)와 부하(피평가자)가 협의에 의하여 설정하고, 기간 종료 후 목표를 양적, 질적으로 얼마나 달성하였는지를 평가하는 방법이다.
현장토의법	인사담당자가 현장 감독자들과 토의를 통해 얻은 정보를 이용하여 고과하는 방법이다.
면접법	업적분석, 고과 결과의 토의, 상담 등에 주로 이용되는 보충적 기법이다.
위원회지명법	고과위원회에서 고과대상자를 지명하여 토의한 뒤 고과하는 방법이다.

6. 인사고과의 오류

인사고과 판단에 의한 가중치는 오류가 존재할 수밖에 없다. 오류가 적으면 적을수록 평가결과는 신뢰성이 높고 오류가 크면 클수록 신뢰성이 낮아진다. 다음은 인사고과 오류의 유형이다.

유형	내용
관대화경향	관대화는 평가자 자신에 대한 인정을 얻기 위해 피평가자를 인정하는 것이 필요할 때, 평가대상자를 실제보다 좋게 평가하는 경향이다.
가혹화경향	가혹화는 피평가자가 평가자 자신의 고유 가치를 인정하지 않는다고 느낄 때, 평가대상자를 실제보다 나쁘게 평가하는 경향이다.
중심화경향	고과자가 평가 방법을 잘 이해하지 못했거나, 낮게 평가하면 대립이 있을 것을 우려하는 경우, 평가대상자의 점수가 대부분 보통 또는 척도상 중심점에 집중되는 경향이다.
후광효과 현혹효과	외모의 매력이 개인의 다른 인상 평가에 긍정적 영향을 미치는 효과를 말한다. 피평가자에 대한 호의적 또는 비호의적 인상이 다른 분야에서도 그 사람에 대한 평가에 영향을 주는 효과를 말한다.(인상만으로 평가하는 오류)
상동적오류	상동적 태도라고도 하며, 피평가자가 속한 집단(국가, 학교, 종교, 지역 등)의 특성에 근거하여 판단하려는 오류를 말한다.
대비오류	피평가자를 평가할 때 고과자자신이 지닌 특정과 비교하여 평가하는 오류를 말한다.
최근효과	시간적 오류라고도 하며, 피평가자를 평가할 때 쉽게 기억할 수 있는 최근의 실적이나 능력이 평가에 영향을 미치는 효과를 말한다.

01 인사고과에 대한 설명으로 적합하지 않은 것은 무엇인가?

① 직무 자체의 상대적 가치를 평가하여 직무급의 기초를 이룬다.
② 종업원의 실무능력이나 업적 등에 대하여 체계적으로 평가한다.
③ 급여나 상여금 또는 승급 등의 결정에 영향을 주며 동기를 부여한다.
④ 직무와 능력에 맞도록 종업원을 이동 혹은 배치하거나 재교육을 실시한다.

02 다음 보기의 (   ) 안에 알맞은 단어는 무엇인가?

> (   )는 인사평가의 타당성, 신뢰성, 객관성을 높이고자 개발된 평가방식으로 근무평가를 위해
> 상사뿐만 아니라 부하, 동료, 외부인 등의 평가를 모두 모아 종합적으로 평가하는 방법이다.

① 동료평가   ② 다면평가
③ 상호평가   ④ 자기평가

03 직장에서 업무연관성이 있는 상사와 부하가 합의하여 설정한 조직 목표의 달성정도에 따라
평가하는 방법은 무엇인가?

① 개별평가   ② 다면평가
③ 목표관리평가   ④ 기업종합평가

04 인사고과 또는 근무평정을 실시할 때 생길 수 있는 것으로 과거 행위보다는 바로 최근의
행위에 영향을 받음으로써 평가에 오류를 미치는 것은 무엇인가?

① 현혹효과   ② 시간적오류
③ 상동적오류   ④ 관대화경향

05 인사고과에서 극단적으로 좋게 평가하거나 나쁘게 평가하는 것을 피하고 평가 결과가 평균치
에 집중하도록 평가하는 과정 중 발생할 수 있는 오류는 무엇인가?

① 대비오류   ② 중심화경향
③ 관대화경향   ④ 상동적오류

06 다음 보기에 해당하는 인사고과의 문제점은 무엇인가?

> • 평가대상자를 실제보다 좋게 평가하는 경향이 있다.
> • 이를 방지하여 위하여 강제할당법이 사용된다.
> • 평가요소를 정확히 하고 주의 깊게 평가하여야 한다.

① 현혹효과   ② 후광효과
③ 상동적오류   ④ 관대화경향

07 다음에서 설명하고 있는 것은 무엇인가?

> 종업원의 현재 또는 미래의 능력과 업적을 평가하여 그가 보유하고 있는 현재적, 잠재적 유용성을 조직적으로 파악하는 제도로써, 종업원의 상대적 가치를 결정하고 이를 토대로 적정한 배치, 능력개발, 공정처우 개선, 피드백을 통한 동기부여 및 성장기회 강화 등을 주요 목적으로 한다.

① 교육훈련   ② 직무분석
③ 직무평가   ④ 인사고과

제7절 임금관리

임금관리는 기업이 근로자에게 지급하여야 할 임금의 금액 및 제도를 합리적으로 계획, 조직하고 그 성과를 통제, 개선함으로써 인사관리의 목적을 달성하고자 하는 관리행위이다.

1. 임금

(1) 근로기준법 상의 임금 정의

'임금이란 사용자가 노동의 대가로 근로자에게 임금, 봉급, 기타 여하한 명칭으로든지 지급하는 일체의 금품을 말한다.'라고 정의하고 있다. 임금은 노동의 대가로 사용자가 근로자에게 지불하는 것이어야 하고, 근로의 대가로 지급되는 것이어야 한다. 일체의 금품이란 사용자가 근로의 대가로 지급하는 것이라면 현금은 물론 현물도 포함한다.

(2) 임금지불의 4대 원칙

① 통화불의 원칙 : 임금은 국내법에 의해 강제 통용력이 있는 한국은행이 발행하는 은행권과

주화로 지급하여야 한다.

② 직접불의 원칙 : 임금은 사용자가 근로자에게 직접 지불하여야 한다.

③ 전액불의 원칙 : 임금은 그 전액을 지불하는 것이 원칙이며, 사용자가 일방적으로 임금에서 공제를 할 수 없다. 법령 또는 단체협약에 의한 공제는 무방하다.

④ 정기불의 원칙 : 매월 1회 이상 일정한 날짜를 정하여 지급하여야 한다.

(3) 임금의 특징

종업원 관점	동기부여효과, 사회적 신분의 상징, 생계비의 원천
기업 관점	기업경쟁력 요인, 생산원가 요소, 종업원 고용과 유지의 요인
국민경제 관점	기업의 생산 활동 증대, 국민경제발전에 긍정적인 영향

(4) 임금관리의 내용

① 임금수준(적정성) : 한나라, 한 산업, 안 기업의 종업원에게 지급하는 일인당 평균임금액으로 사회수준이나 생계비 등을 고려하여 적정하게 책정되어야 한다.

② 임금체계(공정성) : 각 종업원에게 임금을 배분하는 구성 내용으로서 기본급 부분이 어떠한 기준으로 결정되는지를 말하여, 개인 간 임금격차는 공정성을 고려하여 구성되어야 한다.

③ 임금형태(합리성) : 임금의 계산 방법 또는 지급방법을 의미하며, 합리적으로 계산되고 지불되어야 한다.

2. 임금수준

(1) 임금수준 결정요인

① 기업의 지불능력(상한선)

② 종업원의 최저 생계비 보장(하한선)

③ 노동시장 요인 : 동종업계의 임금수준, 노동력의 수요와 공급 상황, 정부규제, 노사교섭력 등

(2) 임금수준의 조정

① 승급 : 동일한 직급 내 임금수준의 변화를 의미하거나 임금곡선상에서의 상향이동, 즉 미리 정해진 임금곡선을 따라 연력, 근속연수, 능력에 의해 기본급이 증대되는 것을 말한다.

② 승격 : 직무나 직능의 질이 향상된 것에 대한 임금상승으로 승진과 병행하여 이루어진다.

③ 베이스업(Base up) : 임금곡선 자체의 상향이동을 의미하며, 근속연수, 연령, 직무수행능력 등이 변하지 않은 종업원에 대한 임금의 증가를 의미한다.

> - 최저임금제도 : 국가가 근로자에게 지급하는 임금의 최저수준을 정하고 사용자에게 그 수준 이상의 임금을 지급하도록 법으로 강제하여 근로자의 최저생활을 보장하는 제도이다.(2020년 시간당 최저임금 : 8,590원)
> - 임금피크제 : 일정 연령까지는 임금이 상승하다가 이후에는 차츰 임금이 줄어드는 급여체제로 일정 근속년수가 되어 임금이 정점에 다다른 후 다시 일정비율로 감소하도록 하는 임금체계이다.

3. 임금체계

임금수준의 관리가 인건비 총액을 관리하는 것이라면, 임금체계의 관리는 개별 노동자에 대한 개별 인건비의 관리를 말하는 것으로 기업 단위의 인건비 총액을 그 기업 내부의 개별 노동자에게 분배하는 문제를 다룬다. 종업원에게 지급되는 임금의 구성내용과 임금이 어떠한 기준으로 결정되어 공정하게 배분되는지를 다룬다.

(1) 임금체계의 결정기준

① 필요가치 기준 : 종업원의 연령, 근속, 연공 등에 의해 임금을 결정하는 것으로 종업원이 실제생활에 필요한 생계비를 반영하여 임금체계를 결정

② 종업원가치 기준 : 기업의 목표달성에 필요한 종업원의 직무수행능력이나 자격 기준으로 임금체계를 결정

③ 직무가치 기준 : 종업원의 직무수행능력과 관계없이 종업원이 맡고 있는 직무의 가치를 기준으로 임금체계를 결정

④ 결과가치 기준 : 종업원이 일정기간에 수행한 직무결과인 성과를 기준으로 임금체계를 결정

(2) 기준임금체계의 종류(기준내임금, 기본급)

① 연공급 : 개개인의 학력, 자격, 연령 등을 감안하여 근속연수에 따라 임금수준을 결정하는 것으로, 속인급(사람에 대한 임금) 또는 생활급이라고도 하며, 종업원의 생활을 유지, 보전할 목적으로 종신고용을 전제로 하는 정기승급제도를 택한다.

장점	단점
• 고용안정 및 경영안정화 • 근로자의 귀속감 및 애사심 제고 • 경영질서(＝위계질서)의 유지 및 발전	• 인건비 부담 증가 • 무사안일주의 기업풍토 조성 • 성과를 제대로 반영하지 못해 고급 인재 확보 곤란

② 직무급 : 직무를 기준으로 임금을 결정하는 방식으로 직무의 중요성과 곤란도, 지식, 숙련도, 직무에 대한 책임 등에 따라 직무의 양과 질에 대한 상대적 가치에 대한 서열이 확립되어야

하고 그 결과에 따라 임금을 결정하는 것이므로 직무분석과 직무평가가 선행되어야 한다.

장점	단점
• 동일노동 동일임금 실현으로 개인별 임금격차 불만 해소 • 능력 위주의 풍토 조성과 임금분배의 공정성 제고 • 전문 기술인력 확보가 용이	• 공정한 직무분석과 직무평가의 어려움 • 직무평가에 주관성 개입 우려와 평가 비용 발생 • 연공급 중심의 풍토에서 저항 가능성

③ 직능급 : 종업원의 직무수행능력을 기준으로 하여 임금을 결정하는 체계이다. 또한 직능의 등급화로 계급(사원, 대리, 과장, 부당 등)을 정하고 세분화하여 연공적 요소를 가미한 호봉의 등급을 정하는 것이 직능급이다. 따라서 직무 내 요소를 연공급이라는 의미를 포함하여 직무급과 연공급이 절충된 형태라고 할 수 있다.

장점	단점
• 인재확보와 근로자의 능력 개발 강화 • 연공급과 직무급의 병행으로 인사 경직성 해소 • 학습조직 분위기 조성으로 자기계발과 성장 욕구 충족	• 직능의 공정한 평가와 등급 분류의 어려움 • 경영질서 유지 곤란 • 직능급 강화시 형식적인 자격기준에 치우칠 가능성과 이로 인한 인건비 부담의 증가

④ 성과급 : 작업량 또는 목표달성 정도에 따라 지급하는 임금제도로써 능률급, 업적급이라고도 한다.

⑤ 자격급 : 기업내 종업원의 자격취득 기준을 정해 그 자격취득에 따라 임금지급의 차이를 두는 제도(직무급과 연공급을 결합한 것으로 직능급을 좀 더 발전시킨 형태)이다.

(3) 임금체계의 구성항목

① 기준내임금 : 정상적인 작업조건 하에서 종업원의 정상적 노동에 대해서 지급하는 임금이다.

② 기준외임금 : 정상적 노동 이외의 차별적인(초과하는) 노동에 대해 지급되는 임금이다.

③ 부가적임금 : 급여의 성격은 아니지만 법으로 강제하거나 종업원 복지 차원에서 지급되는 임금이다.

기준내 임금	• 기본급 : 연공급, 직무급, 직능급 등 • 수당 : 직무(직책)수당, 장려수당
기준외 임금	특수작업수당, 특근수당, 기능(자격)수당, 초과근무수당 등
부가적 임금	상여금, 퇴직금, 복리후생 및 기타수당

(4) 법적 강제성 여부에 따른 수당의 분류

구분	내용	관련수당
법정수당	근로기준법에 명시된 각종 근로소득과 관련하여 지급사유가 발생하면 반드시 지급해야 하는 수당	연월차수당, 휴일근무수당, 피복수당, 시간외근무수당, 야간근로수당, 해고예고수당, 퇴직수당, 출산휴가수당 등 간제성이 있는 모든 법정수당을 포함
약정수당 (임의수당)	기업이 임의로 특정한 목적을 두고 지급하는 수당	직무수당, 직책수당, 통근수당, 가족수당, 주택수당, 판매수당, 물가수당, 지역수당 등

4. 임금형태

임금형태는 종업원의 근로의욕 향상과 기업에 대한 신뢰감의 형성에 직접적으로 영향을 미친다. 임금형태는 임금의 계산(산정) 및 지급방법(제도)을 의미한다.

(1) 고정급제

일정근로시간 단위를 기준으로 고정 지급하는 임금으로 지급방법에 따라 시급, 일급, 주급, 월급, 연봉 등으로 분류한다. 임금계산이 쉬운 반면 종업원을 자극할 수 없어 작업능률이 오르지 않는다.

> **연봉제도**
> 연봉제는 근로자의 업적, 성과 등과 관련된 목표의 달성도를 평가하여 근로자에 대한 임금의 전부 또는 상당부분을 그에 따라 연단위로 책정하여 지급하는 형태이다. 연봉제의 핵심은 기존의 근속연수에 비례해서 임금이 조정되는 연공주의를 수정하여 능력과 성과에 따라 급여를 달리한다는 것이다.

(2) 변동급제

개별근로자나 작업집단이 수행한 노동성과를 측정하고 그 결과에 따라 임금을 산정 지급하는 임금형태이다.

① 성과급제 : 작업량에 따라 지급하는 임금제도로 능률급, 업적급이라고 하며 종업원의 동기를 자극시켜 작업능률이 오른다.
 • 단순성과급제 : 생산량에 임률(임금단가)을 곱하여 계산하는 방법
 • 차별성과급제 : 표준작업량을 설정하고 표준과업량 미만인 경우 낮은 시간당 임률을 적용하고, 표준과업량 이상인 경우 높은 시간당 임률을 적용하여 계산하는 방법
 • 복률성과급제 : 표준과업량을 미달성, 달성, 초과달성 등으로 단계를 구분하여 단계별 상이한 임률을 적용하여 계산하는 방법
② 할증급제 : 종업원에 대한 최저한의 임금을 보장하면서 일정 기준 이상의 작업성과를 달성하였을 경우에 일정비율의 할증임금을 추가로 지급하는 형태이다.

(3) 특수임금제

① 집단자극임금제 : 일정한 기준에 따라 분류한 근로자 집단별로 임금을 산정하여 지급하영 형태이다.

② 순응임률제 : 기업의 임금산정에 있어서 물가변동과 같은 경제적 조건의 변화나 기업의 사정에 순응하여 자동적으로 변동 조정하는 지급하는 형태이다.

③ 성과분배제도 : 기업이 생산활동이나 판매활동의 결과에서 나타난 일정 기준 이상의 성과 및 이익에 대하여 그 일부를 일정한 비율로 노사 쌍방에게 분배하는 형태이다.

- 이윤분배제도 : 기업에 이윤이 발생하였을 경우 노사교섭에 의하여 각 영업기간마다 결산 이익의 일부를 부가적으로 지급하는 형태이다.
- 스캔론플랜(Scanlon Plan) : 일정기간의 노무비율을 산정하여 기준노무비율로 정하고, 매월 노무비율을 산출해서 기준노무비율보다 낮은 부분을 배분하는 제도이다.
- 임프로쉐어(Improshare) : 표준생산시간과 실제생산시간의 차이로 인한 이득을 회사와 종업원이 50%씩 나누어 갖는 방식이다.

> **종업원지주제도**
> 회사의 경영방침으로써 구성원이 자사주식을 취득, 소유하도록 특별한 편의(가격, 세금, 금융 등)를 제공하고 종업원이 회사의 자본 출자자로 기업경영에 참여시키는 제도
>
> **스톡옵션(주식매수선택권)**
> 자사의 주식을 매입 할 수 있는 선택권으로, 자금부족으로 인재의 충원이 어려운 벤처기업 등이 인재를 확보하기 위한 수단으로 도입된 임금제도를 말한다.

5. 근로기준법

(1) 근로시간과 휴식

> **근로기준법 제50조(근로시간)**
> ① 1주 간의 근로시간은 휴게시간을 제외하고 40시간을 초과할 수 없다.
> ② 1일의 근로시간은 휴게시간을 제외하고 8시간을 초과할 수 없다.
> ③ 제1항 및 제2항에 따른 근로시간을 산정함에 있어 작업을 위하여 근로자가 사용자의 지휘 · 감독 아래에 있는 대기시간 등은 근로시간으로 본다.
>
> **근로기준법 제51조(탄력적 근로시간제)**
> ① 사용자는 취업규칙에서 정하는 바에 따라 2주 이내의 일정한 단위기간을 평균하여 1주 간의 근로시간이 제50조제1항의 근로시간을 초과하지 아니하는 범위에서 특정한 주에 제50조제1항의 근로시간을,

특정한 날에 제50조제2항의 근로시간을 초과하여 근로하게 할 수 있다. 다만, 특정한 주의 근로시간은 48시간을 초과할 수 없다.

② 사용자는 근로자대표와의 서면 합의에 따라 다음 각 호의 사항을 정하면 3개월 이내의 단위기간을 평균하여 1주 간의 근로시간이 제50조제1항의 근로시간을 초과하지 아니하는 범위에서 특정한 주에 제50조제1항의 근로시간을, 특정한 날에 제50조제2항의 근로시간을 초과하여 근로하게 할 수 있다. 다만, 특정한 주의 근로시간은 52시간을, 특정한 날의 근로시간은 12시간을 초과할 수 없다.

근로기준법 제52조(선택적 근로시간제)

사용자는 취업규칙에 따라 업무의 시작 및 종료 시각을 근로자의 결정에 맡기기로 한 근로자에 대하여 근로자대표와의 서면 합의에 따라 다음 각 호의 사항을 정하면 1개월 이내의 정산기간을 평균하여 1주간의 근로시간이 제50조제1항의 근로시간을 초과하지 아니하는 범위에서 1주 간에 제50조제1항의 근로시간을, 1일에 제50조제2항의 근로시간을 초과하여 근로하게 할 수 있다.

근로기준법 제53조(연장근로의 제한)

① 당사자 간에 합의하면 1주 간에 12시간을 한도로 제50조의 근로시간을 연장할 수 있다.

② 당사자 간에 합의하면 1주 간에 12시간을 한도로 제51조의 근로시간을 연장할 수 있고, 제52조제2호의 정산기간을 평균하여 1주 간에 12시간을 초과하지 아니하는 범위에서 제52조의 근로시간을 연장할 수 있다.

근로기준법 제54조(휴게)

① 사용자는 근로시간이 4시간인 경우에는 30분 이상, 8시간인 경우에는 1시간 이상의 휴게시간을 근로시간 도중에 주어야 한다.

② 휴게시간은 근로자가 자유롭게 이용할 수 있다.

근로기준법 제55조(휴일)

① 사용자는 근로자에게 1주에 평균 1회 이상의 유급휴일을 보장하여야 한다.

② 사용자는 근로자에게 대통령령으로 정하는 휴일을 유급으로 보장하여야 한다. 다만, 근로자대표와 서면으로 합의한 경우 특정한 근로일로 대체할 수 있다.

근로기준법 제56조 (연장 · 야간 및 휴일근로)

① 사용자는 연장근로에 대하여는 통상임금의 100분의 50 이상을 가산하여 근로자에게 지급하여야 한다.

② 제1항에도 불구하고 사용자는 휴일근로에 대하여는 다음 각 호의 기준에 따른 금액 이상을 가산하여 근로자에게 지급하여야 한다.

    1. 8시간 이내의 휴일근로 : 통상임금의 100분의 50

    2. 8시간을 초과한 휴일근로 : 통상임금의 100분의 100

③ 사용자는 야간근로(오후 10시부터 다음 날 오전 6시 사이의 근로를 말한다)에 대하여는 통상임금의 100분의 50 이상을 가산하여 근로자에게 지급하여야 한다.

(2) 법정근로시간의 요약

구분	법정근로시간		연장근로	야간 및 휴일근로	비고
	1일	1주			
원칙	8시간	40시간	1주 12시간	18세 이상 여성근로자 본인 동의	
임산부 및 출산 후 1년 이내 여성근로자	8시간	40시간	1일 2시간 1주 6시간 1년 150시간	본인 동의 및 노동부장관 인가	
연소근로자	7시간	35시간	1일 1시간 1주 5시간	본인 동의 및 노동부장관 인가	15세이상 18세미만
유해산업 근로자	6시간	34시간	연장근로 불가		잠수부, 소음 · 분진 · 화학 물질 노출 근로자

6. 휴일의 구분

법정휴일(일반 기업에 적용)	「근로기준법」에 의해 보장하는 휴일 예) 주휴일, 근로자의 날
법정공휴일(관공서에 적용)	「관공서 공휴일 규정」에 의해 보장하는 휴일 예) 일반적인 빨간날(어린이날, 광복절, 성탄절 등)
임시공휴일	정부가 필요에 따라 수시로 지정하는 공휴일 예) 월드컵 4강 경기 등
대체공휴일	공휴일과 휴일이 겹칠 때, 대체해서 쉬는 휴일 예) 일요일과 추석연휴가 겹쳤을 때

※ 기존에 일반 기업의 근로자들에게 보장하는 법정 휴일(유급휴일)은 주휴일과, 근로자의 날 뿐이었으나, 2020년 1월부터 민간기업도 법정공휴일에 쉴 수 있도록 유급휴일을 의무화 하였다.

적용되는 공휴일	1.1일, 3.1일, 석가탄신일, 어린이날, 현충일, 광복절, 개천절, 한글날, 설 · 추석 연휴 3일, 선거일, 기타 임시 공휴일
대체 공휴일	설 · 추석 연휴 및 어린이날이 일요일 또는 다른 공휴일과 겹치면 공휴일 다음 날을 휴일로 부여

7. 휴가의 구분

근로의무가 있는 근로일에 법률이나 사용자의 승낙에 의해 근로의무의 면제를 획득한 날의 의미하며, 실제로는 근로일이므로 휴가를 취소하더라도 가산임금 대상은 아니다.

(1) 보상적 휴가

출근율에 따라 휴가 부여 및 수준이 결정되는 휴가(주휴일, 연/월차 휴가)를 말한다.

> **근로기준법 제55조(휴일)**
> ① 사용자는 근로자에게 1주에 평균 1회 이상의 유급휴일을 보장하여야 한다.
>
> **근로기준법 제60조(연차 유급휴가)**
> ① 사용자는 1년간 80퍼센트 이상 출근한 근로자에게 15일의 유급휴가를 주어야 한다.
> ② 사용자는 계속하여 근로한 기간이 1년 미만인 근로자 또는 1년간 80퍼센트 미만 출근한 근로자에게 1개월 개근 시 1일의 유급휴가를 주어야 한다.

(2) 보장적 휴가

출산, 육아 등과 같은 일정한 요건이 충족되면 휴가를 부여한다(생리휴가, 출산휴가, 하계휴가, 경조휴가, 병가휴가, 특별휴가, 육아휴직 등).

8. 통상임금과 평균임금

(1) **통상임금** : 근로자에게 정기적이고 일률적으로 소정근로 또는 총근로에 대하여 지급하기로 정하여진 시간급금액, 일급금액, 주급금액, 월급금액 또는 도급금액을 말한다. 소정근로란 근로자와 사용자 사이에 정한 근로시간을 말하며, 통상임금은 이러한 근로시간 내에서 정기성, 일률성, 고정성을 갖춘 임금을 의미한다.

(2) **평균임금** : 이를 산정하여야 할 사유가 발생한 날 이전 3개월 동안에 그 근로자에 대하여 지급되는 임금의 총액을 그 기간의 총일수로 나눈 금액을 말한다. 만약 평균임금이 통상임금 보다 적어지는 경우에는 통상임금을 그 근로자의 평균임금으로 한다.

통상임금	평균임금
• 연차휴가수당 • 야간 · 연장 · 휴일근로수당 • 해고예고수당 • 휴업수당 • 기타 법에서 유급으로 표시된 수당	• 퇴직금 • 장해보상 • 유족보상, 장의비 • 감급액 • 일시보상 등 각종 재해 보상

9. 퇴직급여제도

퇴직급여제도는 퇴직시 일시에 지급받는 퇴직금제도와 퇴직 후 연금형태로 지급받는 퇴직연금제도로 구분한다. 퇴직금과 퇴직연금은 계속적인 근로관계가 끝남에 따라 이직하는 근로자에 대하여 사용자가 지급하는 금전적 내지 비금전적 급부의 총칭이다.

(1) 퇴직금제도

> **근로자퇴직급여보장법제4조(퇴직급여제도의 설정)**
> ① 사용자는 퇴직하는 근로자에게 급여를 지급하기 위하여 퇴직급여제도 중 하나 이상의 제도를 설정하여야 한다. 다만, 계속근로기간이 1년 미만인 근로자, 4주간을 평균하여 1주간의 소정근로시간이 15시간 미만인 근로자에 대하여는 그러하지 아니하다.
>
> **근로자퇴직급여보장법 제8조(퇴직금제도의 설정 등)**
> ① 퇴직금제도를 설정하려는 사용자는 계속근로기간 1년에 대하여 30일분 이상의 평균임금을 퇴직금으로 퇴직 근로자에게 지급할 수 있는 제도를 설정하여야 한다.
> ② 제1항에도 불구하고 사용자는 주택구입 등 대통령령으로 정하는 사유로 근로자가 요구하는 경우에는 근로자가 퇴직하기 전에 해당 근로자의 계속근로기간에 대한 퇴직금을 미리 정산하여 지급할 수 있다. 이 경우 미리 정산하여 지급한 후의 퇴직금 산정을 위한 계속근로기간은 정산시점부터 새로 계산한다.
>
> **근로자퇴직급여보장법 제9조(퇴직금의 지급)**
> 사용자는 근로자가 퇴직한 경우에는 그 지급사유가 발생한 날부터 14일 이내에 퇴직금을 지급하여야 한다. 다만, 특별한 사정이 있는 경우에는 당사자 간의 합의에 따라 지급기일을 연장할 수 있다.
>
> **근로자퇴직급여보장법 제10조(퇴직금의 시효)**
> 이 법에 따른 퇴직금을 받을 권리는 3년간 행사하지 아니하면 시효로 인하여 소멸한다.

(2) 퇴직연금제도

> **근로자퇴직급여보장법 제5조(새로 성립된 사업의 퇴직급여제도)**
> 법률 제10967호 근로자퇴직급여 보장법 전부개정법률 시행일(2012. 7. 26.) 이후 새로 성립(합병·분할된 경우는 제외한다)된 사업의 사용자는 근로자대표의 의견을 들어 사업의 성립 후 1년 이내에 확정급여형퇴직연금제도나 확정기여형퇴직연금제도를 설정하여야 한다.

① 확정기여형제도(Defined Contribution plans : DC)

회사가 납입할 기여금(매년 연간 임금 총액의 1/12 이상)이 사전에 확정된 퇴직연금제도이다. 회사가 근로자 개별 계좌에 부담금을 정기적으로 납입하면 근로자가 직접 그 적립금을 운용하며 근로자 본인의 추가 부담금 납부도 가능하다. 근로자는 사용자가 납입한 기여금과

운용손익을 퇴직시 최종 퇴직급여로 수령한다.

② 확정급여형제도(Defined Benefit plans : DB)

근로자가 퇴직할 때 받는 퇴직급여가 사전에 확정된 퇴직연금제도이다. 회사가 매년 부담금을 금융회사에 적립하여 책임지고 운영하며, 운용 결과와 상관없이 근로자는 사전에 정해진 수준의 퇴직급여를 수령한다.

③ 개인형 퇴직연금제도(Individual Retirement Pension : IRP)

상시 근로자 수가 10인 미만인 기업에서 근로자 개별 동의를 얻어 개인형 퇴직연금제도를 설정한 경우 퇴직연금제도를 설정한 것으로 간주하고 확정기여형과 동일하게 운영되는 제도이다.

기본문제

01 국가가 근로자의 생계비를 보장하기 위하여 임금수준을 정하고 사용자에게 그 수준 이상의 임금을 지급하도록 법으로 강제하는 제도는 무엇인가?

① 최저임금제도   ② 임금피크제도
③ 연봉임금제도   ④ 성과보상제도

02 종업원에게 지급되는 임금의 구성요소를 의미하는 것은 무엇인가?

① 임금수준   ② 임금체계
③ 임금형태   ④ 임금계산

03 임금수준의 주요 결정요인과 거리가 먼 것은 무엇인가?

① 근로자의 생계비   ② 기업의 지급능력
③ 정부의 관련법규   ④ 환율과 무역규모

04 임금형태에 대한 설명으로 바르지 않은 것은 무엇인가?

① 시간급제는 성과급제에 비하여 도기부여에 기여도가 낮다.
② 작업장에서 직무간의상호의존성이 높을 경우 개인성과급제보다는 집단성과급제를 적용하는 것이 작업집단 구성원의 동기부여를 높일 수 있다.

③ 일반적으로 연봉제는 능력과 실적이 임금과 직결되어 있으므로 종업원에게 동기부여를 유도할 수 있다.
④ 연봉제는 연령, 근속년수, 직급에 따라 1년 단위로 계산하여 책정한다.

05 기준임금체계에 대한 설명으로 바르게 연결된 것은 무엇인가?

① 성과급 : 노동자가 가진 직무수행능력에 대한 서열을 마련하여 이에 따라 지급되는 임금제도
② 연공급 : 임금결정의 기준을 개인의 학력, 연령, 근속연수 등에 두어 임금을 차별화하는 제도
③ 직무급 : 직무별로 노무직, 사무직, 관리직 등으로 분류하여 각 직무별 직무수행능력에 따라 차등급여를 지급하는 제도
④ 직능급 : 일정한 기간 동안 개인이 달성한 실적을 평가하고 그 결과에 따라 임금액을 지급하는 임금형태

06 다음 중 시간급과 성과급 임금제도의 설명으로 옳은 것은 무엇인가?

① 시간급의 계산 기준은 생산량이다.
② 미숙련공은 성과급으로 지급받는 것이 더 유리하다.
③ 성과급의 계산 기준은 근무시간이다.
④ 노동 능률에 대한 자극은 시간급보다 성과급이 크다.

07 다음은 근로기준법에 대한 설명이다. ( )안에 들어갈 숫자를 순서대로 바르게 짝지은 것은 무엇인가?

> 1주간의 근로시간은 휴게시간을 제외하고 (ⓐ)시간을 초과할 수 없다. 사용자는 근로시간이 (ⓑ)시간인 경우에는 30분 이상, (ⓒ)시간인 경우에는 1시간 이상의 휴게시간을 근로시간 도중에 주어야 한다.

① ⓐ : 36, ⓑ : 3, ⓒ : 6
② ⓐ : 40, ⓑ : 4, ⓒ : 8
③ ⓐ : 44, ⓑ : 5, ⓒ : 8
④ ⓐ : 48, ⓑ : 6, ⓒ : 12

08 근로자 개인별로 임금을 결정하여 지급하는 개인별 임금제도와 달리 일정한 기준에 따라 분류한 근로자 집단별로 임금을 산정하여 지급하는 임금형태는 무엇인가?

① 순응임률제
② 스캔론플랜
③ 럭커플랜
④ 집단자극임금제

09 다음 중 기본적 보상 이외에 각 영업분기마다 이익의 일부를 종업원에게 부가적으로 지급하는 제도는 무엇인가?

① 스톡옵션   ② 연봉제
③ 차별성과급제   ④ 이윤분배제도

10 다음에서 설명하는 임금체계는 무엇인가?

> • 동일노동 동일임금의 원칙에 따른다.
> • 맡은 일의 상대적인 가치에 따라서 임금액이 결정된다.
> • 직무분석과 직무평가에 근거하여 실시될 수 있다.

① 직무급   ② 연공급
③ 직능급   ④ 자격급

11 근로자에게 정기적, 일률적으로 소정근로 또는 총근로에 대하여 지급하기로 정한 시간급 금액, 일급 금액, 주급 금액, 월급 금액 또는 도급 금액을 무엇이라 하는가?

① 상여금   ② 통상임금
③ 평균임금   ④ 퇴직연금

12 다음에서 설명하는 것은 무엇인가?

> 임금곡선의 상향이동으로 근속연수, 연령, 직무수행능력 등이 변하지 않은 상태에서 종업원에 대한 임금의 증가로서, 하나의 기업 또는 산업, 지역에서 직원의 평균임금액으로써, 임금수준을 나타내는 지표로도 쓰인다.

① 통상임금   ② 평균인금
③ 베이스업   ④ 최저임금

13 종업원이 일정 기간 기업에 종사한 후에 자발적 또는 비자발적으로 고용관계가 파기되거나 소멸되어 받게 되는 보상을 무엇이라 하는가?

① 위로금   ② 퇴직금
③ 상여금   ④ 성과급

14 근로시간과 임금에 대한 설명으로 적절하지 않은 것은 무엇인가?

① 근로기준법상 1일 8시간 1주 40시간을 초과할 수 없다.
② 당사자 합의로 주 12시간을 한도로 근로시간을 연장할 수 있다.
③ 야간 근로시간이라 함은 오후 10시부터 오전 6시까지를 말한다.
④ 연장근로와 야간근로, 휴일근로에 대하여는 평균임금의 50%를 가산하여 지급한다.

15 다음 (   )는 무엇에 관한 설명인가?

> (   )란 근속연수에 따라 상승하는 연공형 임금제도 하에서 정년을 몇 년 앞둔 시점부터 임금액을 삭감하는 제도이다.

① 임금피크제   ② 연봉제
③ 월급제   ④ 럭커플랜

제8절 복지후생과 사회보험

1. 복지후생의 의의

복지후생은 종업원의 노동과 직접적으로 연결되지 않는 간접적인 보상방법으로 근로생활의 안정, 근로의욕의 증대, 건전한 노동력 확보 및 유지 발전, 인간관계 개선, 일체감 조성, 노사관계의 안정, 지역사회 발전, 기업 이미지 제고 등을 목적으로 회사 측 내지 근로자 자주단체가 실시하는 인사관리 서비스 중 하나이다.

(1) 복지후생의 효과
① 종업원 측면 : 사기 향상, 불만 감소, 경영자와의 관계 개선, 고용안전, 생활수준 향상 등
② 사용자 측면 : 생산성 향상, 원가절감, 결근 · 지각 · 조퇴 감소, 안전사고 · 불만 · 이직률 감소, 채용 · 훈련 비용 감소 등

(2) 복지후생의 설계원칙
① 종업원 욕구충족의 원칙
② 종업원 참여의 원칙
③ 다수혜택의 원칙
④기업의 지불능력 원칙

(3) 복지후생관리의 원칙

① 적정성의 원칙 : 종업원에게 절실히 필요한 혜택으로써, 복지후생 비용은 기업이 부담할 수 있는 적정한 수준이어야 하며, 지역사회나 동종업계에 비하여 크게 차이가 없는 범위여야 한다.

② 합리성의 원칙 : 기업이 복지후생 제도를 운영할 때, 종업원의 욕구를 최대한 충족시킬 수 있는 시스템을 설계하여 합리적으로 운영하여야 한다.

③ 협력성의 원칙 : 복지후생제도는 노사 간에 협력이 전제되어야 하며, 복지후생의 유지와 향상을 위해서는 기업의 책임도 크지만 동시에 종업원의 책무도 있다.

2. 복지후생의 구분

(1) 법정 복지후생

법규에 의하여 일정 규모이상의 기업들이 의무적으로 실시하여야 하는 복지후생을 말한다(국민연금, 건강보험, 산재보험, 고용보험, 퇴직금제도, 유급휴가제도 등).

(2) 임의 복지후생

법정 외 복지후생제도는 임의 복지후생제도이다. 법규가 아니라 기업의 사정에 따라 실시하는 제도이다(생활지원시설, 금융 및 공제제도, 문화·체육·오락시설, 육아시설, 교육비 지원 등).

① 카페테리아식 복지후생(Cafeteria Benefits Plans) : 선택적 복지후생제도로 카페테리아 식당이 여러 가지 음식의 메뉴를 마련하여 고객이 원하는 음식을 선택할 수 있는 것처럼, 기업이 다양한 복지제도 및 시설을 마련하여 놓고 종업원들이 자신이 원하는 복지제도를 선택할 수 있도록 하는 제도이다.

② 홀리스틱 복지후생(Wholistic Benefits Plans) : 종업원이 육체적, 심리적, 정신적 측면에서 균형 잡힌 삶을 추구할 수 있도록 개인·가정·조직의 모든 요인을 고려한 복지제도이다.

③ 라이프사이클 복지후생(Life-cycle Benefits Plans) : 종업원의 연령에 따라 변화하는 생활패턴과 의식변화를 고려하여 복지후생 프로그램을 달리 제공하는 제도이다. 예를 들어 20대는 학력 보강과 문화·공연, 30대는 주택마련과 결혼, 40대는 사회적 지위와 건강, 명예퇴직 등을 고려할 수 있다.

3. 사회보험

사회보험은 사회정책을 위한 보험으로 국가가 사회정책을 수행하기 위해서 보험의 원리와 방식을 도입하여 만든 사회경제제도이다. 질병과 부상에 대해서는 건강보험, 노령·폐질·사망 등에 대해서는 연금보험, 실업에 해대서는 고용보험, 업무상의 재해에 대해서는 산업재해보상보험이 있으며 이를 4대보험이라 한다.

(1) 건강보험

질병이나 부상으로 인해 발생한 고액의 진료비로 가계에 과도한 부담이 되는 것을 방지하기 위하여, 국민들이 평소에 보험료를 내고 보험자인 국민건강보험공단이 이를 관리·운영하다가 필요시 보험급여를 제공함으로써 국민 상호간 위험을 분담하고 필요한 의료서비스를 받을 수 있도록 하는 사회보장제도이다.

① 건강보험의 산정방법 : 보수월액 × 건강보험 요율
② 장기요양보험의 산정방법 : 건강보험료 금액 × 장기요양보험 요율

(2) 국민연금

정부가 직접 운영하는 공적 연금 제도로, 국민 개개인이 소득 활동을 할 때 납부한 보험료를 기반으로 하여 나이가 들거나, 갑작스런 사고나 질병으로 사망 또는 장애를 입어 소득활동이 중단된 경우 본인이나 유족에게 연금을 지급함으로써 기본 생활을 유지할 수 있도록 하는 연금 제도를 말한다.

• 국민연금 산정방법 : 기준소득월액 × 국민연금 요율

(3) 고용보험

근로자가 실직한 경우에 생활안정을 위하여 일정기간 동안 급여를 지급하는 실업급여사업과 함께 구직자에 대한 직업능력개발·향상 및 적극적인 취업알선을 통한 재취업의 촉진과 실업예방을 위하여 고용안정사업 및 직업능력개발사업 등의 실시를 목적으로 하는 사회보험의 하나이다.

• 고용보험 산정방법 : 월평균보수월액 × 고용보험 요율(실업급여 부문)

(4) 산업재해보상보험

산재보험은 산재근로자와 그 가족의 생활을 보장하기 위하여 국가가 책임을 지는 의무보험으로 원래 사용자의 근로기준법상 재해보상책임을 보장하기 위하여 국가가 사업주로부터 소정의 보험료를 징수하여 그 기금(재원)으로 사업주를 대신하여 산재근로자에게 보상을 해주는 제도이다.

• 산재보험 산정방법 : 월평균보수월액 × 산재보험 요율(실업급여 부문)

01 다음의 경우에 보험급여를 받을 수 있는 사회보험은 무엇인가?

- 적용사업장에서 180일 이상 근무하였다.
- 경영상 해고, 권고사직, 계약기간만료 등의 이유로 직장을 퇴사하였다.
- 근로의 의사와 능력을 가지고 적극적으로 구직활동을 하였다.

① 국민연금보험   ② 고용보험

③ 국민건강보험   ④ 산업재해보상보험

02 임의 복지후생 중 선택적 복지후생제도라고도 하며, 다양한 복지혜택 중 종업원이 원하는 것을 선택할 수 있도록 복지후생 프로그램을 설계한 것으로 종업원의 욕구충족, 만족감 증대, 고용 안정 등의 효과를 얻을 수 있는 복지후생제도는 무엇인가?

① 홀리스틱 복지후생   ② 라이프사이클 복지후생

③ 카페테리아식 복지후생   ④ 법정 복지후생

03 다음 중 복지후생에 대한 설명으로 적절하지 않은 것은 무엇인가?

① 기업 내의 복지후생은 그 성격 상 임금의 형태로 지급되는 것이다.

② 복지후생의 효과는 종업원의 사기양양과 생산성 향상 등으로 나타난다.

③ 종업원의 생활수준 향상을 위하여 시행하는 임금 이외의 모든 급부를 말한다.

④ 복지후생제도를 통하여 종업원은 사기가 높아지고, 불만 요소가 감소한다.

04 다음 중 법정 복지후생에 해당하는 것을 모두 고르시오.

가. 국가 차원에서 강제적으로 실행	나. 기업이 자율적으로 실행
다. 건강보험, 국민연금	라. 기숙사 등 주택시설 제공
마. 회사 소유의 콘도 무료 이용	바. 실직한 경우 생활의 안정을 보장하는 보험

① 가, 다, 바   ② 나, 라, 바

③ 가, 다   ④ 다, 마, 바

05 다음은 각종 사회보험의 산정방법이다. 틀린 것은 무엇인가?

① 건강보험의 산정방법 : 보수월액 × 건강보험 요율
② 국민연금 산정방법 : 표준소득월액 × 국민연금 요율
③ 장기요양보험의 산정방법 : 건강보험료 금액 × 장기요양보험 요율
④ 고용보험 산정방법 : 월평균보수월액 × 고용보험 요율(실업급여 부문)

06 다음에서 설명하는 사회보험은 무엇인가?

> 근로자에게 확실한 생활을 보장하기 위하여 국가가 책임을 지는 의무보험으로 역사적으로는
> 사용자의 근로자에 대한 근로기준법 상 형사책임과 보상책임을 담보하기 위한 제도이며, 사업주
> 로부터 소정의 보험료를 징수하여 법령이 정한 바에 따라 근로자에게 보상해 주는 제도이다.

① 국민연금   ② 국민건강보험
③ 고용보험   ④ 산업재해보상보험

제9절 노사관계

1. 노사관계

노사관계란 노동자와 사용자(고용주)와의 관계를 말한다.

(1) 개별적 노사관계

사용자와 노동자 개개인과의 개별적인 고용계약에 바탕을 둔 관계이다. 개별적 노사관계는
취업규칙과 고용계약에 적용되며, 기업이 수행하는 노무 · 인적자원관리는 개별적 노사관계를
유지 · 발전시키고자 하는 기업의 시스템이다.

(2) 집단적 노사관계

노동조합과 사용자 사이의 집단적 계약에 바탕을 둔 관계이다. 집단적 노사관계는 단체협약을
통하여 이루어지며, 집단적 노사관계를 유지 · 발전시키고자 하는 것이 노사관계의 원리이다.

2. 노사관계의 특징

(1) 협동적 관계와 대립적 관계
① 협동적 관계 : 생산성 향상을 위하여 노사는 서로 협동한다.
② 대립적 관계 : 임금인상 및 성과의 배분과정에서 노사는 서로 대립한다.

(2) 경제적 관계와 사회적 관계
① 경제적 관계 : 기업의 경제적 이익 목적을 달성하기 위한 관계이다.
② 사회적 관계 : 조직생활을 기반으로 노사관계를 형성하므로 사회관계 맺게 된다.

(3) 종속적 관계와 대등적 관계
① 종속적 관계 : 노동자는 경영자의 명령과 지휘를 받아 부여받은 임무를 충실해 수행해야 한다.
② 대등적 관계 : 고용조건·임금결정 등 노동자의 권익에 관한 협상에서는 사용자와 대등한 입장에서 협의할 수 있다.

(4) 공식적 관계와 비공식적 관계
① 공식적 관계 : 노동조합과 경영주체 사이의 근로조건 및 성과분배에 관한 협상과 교섭에서는 공식적 관계가 된다.
② 비공식적 관계 : 동호회 활동이나 회식 등에서는 비공식적 관계를 가질 수도 있다.

3. 노동조합의 목표
노동자의 임금 및 근로조건의 개선

노동기본권		
단결권	쟁의권(단체행동권)	단체교섭권

4. 노동조합의 기능

(1) 기본적 기능(조직기능)
① 1차적 기능 : 노동조합을 조직하기 위하여 비조합원인 노동자를 조직화 한다.
② 2차적 기능 : 노동조합을 조직한 후 조합원을 관리한다.

(2) 집행기능
① 단체교섭 기능 : 단체교섭을 통하여 근로조건을 유지 및 개선하고 단체협약으로 이를 보장하

며, 목적 달성을 위해 쟁의행위를 할 수 있다. 노동조합의 가장 본질적이고 핵심적인 기능이다.

② 경제활동 기능 : 공제기능을 통하여 마련된 공동기금으로 상호부조 활동(상호보험)을 수행할 수 있으며, 협동기능을 통하여 노동자가 획득한 임금을 보호하기 위한 활동(협동조합, 신용조합)을 할 수 있다.

③ 정치활동 기능 : 노동운동에 불리한 법률을 개정 · 폐지하기 위하여 정당에 대한지지 및 반대를 통하여 정치활동을 할 수 있다.

(3) 참모기능

위의 두 기능을 보조하는 기능이다(조합원에 대한 교육훈련, 사회사업 활동 연구활동 등).

5. 노동조합의 조직형태

(1) 직업별 노동조합(직종, 직능별 노동조합)

특정 산업이나 기업에 관계없이 동일한 직업이나 직종에 종사한 근로자들을 중심으로 결성된 전국적 노동조합의 형태이다.

(2) 일반 노동조합

산업이나 직업 또는 기업에 관계없이 동일 지역에 있는 기업을 중심으로 하여 조직되는 노동조합이다.

(3) 산업별 노동조합

동일산업에 종사하는 모든 근로자가 특정한 기업이나 직종에 관계없이 하나의 노동조합을 결성하는 조직형태이다.

(4) 기업별 노동조합

동일기업에 종사하는 근로자들로 구성되는 직장별 노동조합으로서 개별기업을 그 존립기반으로 한다.

6. 노동조합의 운영형태

(1) 기본적 형태

① 오픈 숍(open shop) : 조합 가입이 고용조건이 아니므로 조합원, 비조합원 모두 채용가능하며 우리나라 대부분의 노동조합에서 채택하고 있다.

② 유니언 숍(union shop) : 사용자가 자유롭게 채용할 수 있지만, 일정기간이 지나면 반드시 조합에 가입하여야 한다. 조합원 자격을 상실하면 반드시 해고하여야 한다.

③ 클로즈드 숍(closed shop) : 신규채용 시 반드시 조합원을 채용한다. 조합가입이 고용의 전제조건이며 통제력이 가장 강력하다. 건설업, 해운업, 인쇄업 등에서 운영되는 조합의 형태이다.

(2) 변형적 형태

① 에이전시 숍(agency shop) : 조합원이 아니더라도 모든 종업원에게 노동조합이 조합비를 징수하는 형태이다.

② 프리퍼렌셜 숍(preferential shop) : 우선 숍 제도라고도 하며, 채용에 있어서 조합원에게 우선권을 주는 형태이다.

③ 메인터넌스 숍(maintenance shop) : 조합원 유지 숍 제도라고도 하며, 조합원이 되면 일정기간 동안 조합원 자격을 유지해야 하는 형태이다.

체크오프시스템(check off system)

조합비 일괄 공제 제도라고 하며, 조합비의 징수를 종업원의 급여 계산 시 일괄 공제하여 노동조합에 전달해 주는 방식이다. 조합비의 확보를 통하여 노동조합의 안정을 유지하기 위한 제도로써, 우리나라에서는 조합원의 2/3 이상의 동의가 있으면 단체협약을 통하여 체크오프 조항을 둘 수 있다.

---

7. 단체교섭

단체교섭은 노동조합 그 밖의 근로자단체와 사용자 또는 사용자단체 사이에 근로조건의 유지 · 개선과 근로자의 경제적 · 사회적 지위 향상에 관한 집단적 교섭을 말한다.

(1) 단체교섭의 형태

① 기업별 교섭 : 특정 기업에 소속된 근로자들로 구성된 노동조합과 그 사용자 사이의 개별기업 또는 사업장 단위로 행하는 단체교섭을 말한다. 우리나라는 기업별 노조가 일반적인 형태이기 때문에 기업별 또는 사업장별 교섭이 주로 이루어지고 있다.

② 공동교섭(연명교섭) : 기업별 노조와 그 상급단체가 개별 기업과 교섭하는 것을 말한다.

③ 대각선교섭 : 기업별 노조의 단체교섭권을 위임받은 상급단체가 개별 기업과 교섭하는 것을 말한다.

④ 집단교섭 : 여러 개의 지역별 노동조합이 여러 기업집단과 집단적으로 교섭하는 것을 말한다.

⑤ 통일교섭 : 전국단위의 산업별 노조나 직종별 노조가 전국차원이나 몇 개의 지역차원에 해당하는 사용자단체와 해당 산업 또는 직종의 근로자에게 공통되는 근로조건 등에 대해 단체교섭하는 것을 말한다.

> **조정**
>
> 노동위원회에 설치된 조정위원회가 조정안을 작성하여 노사양쪽에게 그 수락을 권고하는 방법을 말한다.
>
> **중재**
>
> 분쟁 당사자 사이에 제3자가 개입하여 화해를 붙인다는 점에서 일상적으로는 조정과 큰 차이가 없으나 법률적으로는 명확하게 구별된다. 조정에서는 분쟁의 당사자가 제3자의 조정안을 승낙함으로써 당사자를 구속한다. 이에 대하여 중재에서는 제3자의 판단이 법적인 구속력을 가짐으로써 당사자는 이에 따라야 한다.
>
> **긴급조정**
>
> 쟁의가 공익사업에 관한 것이거나, 또는 대규모 혹은 특별한 성질의 사업에 관한 것이기 때문에 쟁의행위로 인하여 그 업무가 정지되면, 국민경제의 안전이 현저하게 저해되거나 국민의 일상생활이 크게 위태롭게 될 염려가 있는 경우에 대하여 그 위험이 현존하는 경우에 중앙노동위원회가 행하는 조정을 말한다.

(2) 단체협약

단체협약이란 노동조합과 사용자 사이의 단체교섭에 의해 결정된 임금, 근로시간 등의 근로조건 및 기타 노사관계에 관한 제반사항에 대한 서면상의 합의를 의미한다.

8. 노동쟁의

노동쟁의란 임금·근로시간·복지·해고 기타 대우 등 근로조건의 결정에 관한 노동관계 당사자 간의 주장의 불일치로 일어나는 분쟁상태를 말한다.

(1) 노동자측의 쟁의행위

① 동맹파업 : 노동자가 단결하여 근로조건의 유지 및 개선을 위하여 집단적으로 근로의 제공을 거부하는 행위이다.

② 태업 : 노동자들이 단결해서 의식적으로 작업 능률을 저하시키는 행위이다(불량품 생산, 생산량 감소 등).

③ 준법투쟁 : 보안, 안전, 근무규정 등을 필요이상으로 엄격하게 준수하면서 작업능률을 저하시키는 행위이다(연장근로, 휴일근로 거부 등)

④ 생산관리 : 노동자들이 단결하여 사업장 또는 공장을 점거하여 사용자의 지휘를 거부하고 조합 간부의 지휘 아래 노무를 제공하는 행위이다.

⑤ 보이콧(boycott) : 집단적 불매운동 행위이다.

⑥ 피켓팅(picketing) : 근로희망자(파업 비참가자)들의 사업장 또는 공장 출입을 저지하고 파업에 참여할 것을 요구하는 행위이다.

(2) 사용자측 쟁의행위

① 조업계속(대체고용) : 노동조합원 이외의 비조합원을 사용해서 조업을 계속하는 행위이다. 쟁의행위 상태에서 조업계속을 위한 신규채용은 허용되지 않는다.

② 직장폐쇄 : 노동자 집단이 생산시설에 접근하는 것을 차단하고 노동자의 노동력 수령을 거부하는 행위를 말한다.

9. 부당노동행위

근로자의 노동 3권(단결권 · 단체교섭권 · 단체행동권) 행동에 대한 사용자의 방해 행위를 말하며, 사용자에 의한 노동조합의 어용화 · 무력화를 방지하기 위하여 제정되었다.

(1) 부당노동행위의 유형

① 단체교섭의 거부

② 황견계약의 체결

③ 노동조합 조직 · 가입 · 활동에 대한 불이익 대우

④ 노동조합 조직 · 운영에 대한 지배 · 개입과 경비 원조

⑤ 단체행동에의 참가

⑥ 기타 노동위원회와의 관계에 있어서 행위에 대한 보복적 불이익 대우

> **황견계약**(yellow dog contract)
> 근로자가 노동조합에 가입하지 않을 것을 또는 탈퇴할 것을 고용조건으로 하거나 특정 노동조합원이 될 것을 고용 조건으로 하는 행위를 말한다.

10. 경영참가제도

경영참가란 노동자 또는 노동자 대표가 경영의사결정에 참가하는 것을 말하며, 단체교섭과는 달리 공동체의 원리를 강조한다.

(1) 경영참가의 분류

① 간접참가 : 자본참가

② 직접참가 : 기업이 얻은 이윤의 일부를 배분하는 이익참가와, 노사협력을 통해 문제를 해결하는 노사협의제가 있다.

01 단체교섭의 종류에 대한 설명으로 적절하지 않은 것은 무엇인가?

① 대각선교섭 : 산업별 노동조합이 개별기업과 개별적으로 교섭하는 형태이다.
② 기업별교섭 : 하나의 사업장 또는 기업을 단위로 하여 하나의 사용자와 하나의 노조가 교섭하는 형태이다.
③ 공동교섭 : 수개의 노동조합 지부가 공동으로 수개의 기업집단과 집단적으로 교섭하는 형태이다.
④ 통일교섭 : 전국적, 지역적인 산업별 또는 직업별 노동조합과 이에 대응하는 전국적, 지역적인 사용자 단체와의 교섭 형태이다.

02 노사양측에 의해 전문적이며 중립적인 제3자를 개입시켜 관계당사자들의 의견을 들어 단체교섭 안을 작성하여 노사의 수락을 권고하는 과정을 무엇이라 하는가?

① 중재   ② 긴급조정
③ 알선   ④ 조정

03 노동조합이 조합원으로 하여금 쟁의 중인 사업장 부근을 감시하게 하고 근로자에 대하여 구두 또는 문서, 표지 등의 방법으로 쟁의행위의 목적과 정당성을 납득시키며, 쟁의행위의 계속적인 참가와 협력을 호소하게 하여 쟁의행위 참가자의 이탈방지와 쟁의행위의 유효성을 제고시키는 쟁의행위를 무엇이라 하는가?

① 보이콧   ② 태업
③ 피켓팅   ④ 생산관리

04 노동조합의 형태 중 기업이 근로자를 채용할 때 조합원이 아닌 자로 근로자로 채용할 수는 있지만 채용 후 일정기간 내에 자동적으로 노조에 가입하게 되는 제도는 무엇인가?

① 오픈숍   ② 유니언숍
③ 클로즈드숍   ④ 에이전시숍

05 다음 중 사용자가 할 수 있는 쟁의행위에 해당하는 것은 무엇인가?

① 파업   ② 태업
③ 피켓팅   ④ 직장폐쇄

06 노동쟁의에 대한 설명으로 적절하지 않은 것은 무엇인가?

① 단체교섭 시 단체협약 체결을 하지 못한 경우에 한다.
② 사용자 측 쟁의행위인 피켓팅은 근로계약 불이행, 불매운동 등을 하는 것을 말한다.
③ 근로자측 쟁의행위로 파업, 태업, 보이콧 등이 있다.
④ 노동쟁의는 조장, 중재 등의 조정제도가 있다.

07 다음에서 설명하는 것은 무엇인가?

> 노사 쌍방의 대표가 근로자의 임금 및 근로시간 등의 근로조건과 기타 근로생활에 관한 문제에 대하여 자유롭고 대등한 입장에서 평화적 방법에 의하여 집단적으로 교섭·타협하고, 단체협약의 체결 및 갱신을 행하는 일련의 절차

① 노동조합   ② 단체협약
③ 노동쟁의   ④ 단체교섭

제10절 소득세와 연말정산

1. 소득세

(1) 소득세의 개념

국세이며, 직접세이다. 개인소득세와 법인소득세로 나눌 수 있는데, 법인소득세는 법인세법에 따라 법인세로 부과되므로, 소득세법에 의한 소득세는 개인소득세만을 의미한다. 소득세법에 따른 거주자와 비거주자는 소득세를 납부할 의무를 진다. 거주자는 모든 소득에 대하여 과세하며, 비거주자는 국내원천소득에 대하여만 과세한다. 과세소득은 종합소득(해당 연도에 발생하는 이자소득·배당소득·부동산임대소득·사업소득·근로소득·연금소득과 기타소득을 합산한 것), 퇴직소득·양도소득으로 구분하고, 원칙적으로 계속적·경상적으로 발생하는 소득을 과세대상으로 한다.

일정 기간에 발생하는 소득을 그 종류에 관계없이 합산하여 종합과세하는 것을 기본원칙으로 하되, 양도소득 및 퇴직소득에 대한 과세표준은 각각 구분하여 계산한다. 또 비과세소득의 소득금액, 일용근로자의 급여액, 원천징수하는 이자소득·배당소득과 직장공제회 초과반환금 등은 분리과세한다.

(2) 소득세의 특징 요약

구분	내용
국세	관세권자가 국가이다.(↔ 지방세)
직접세	납세의무자와 담세자가 일치한다.(↔ 간접세)
소득세	소득에 대하여 과세한다.(↔ 소비세, 보유세)
종가세	과세대상의 가액을 과세표준으로 한다.(↔ 종량세)
보통세	조세수입의 사용목적이 특정되지 아니한다.(↔ 목적세)
개인단위과세제도	개인단위 과세를 원칙으로 한다.(↔ 사업자단위과세제도)
누진과세	초과누진세율 6%~42% 적용(↔ 단일세율)
소득원천설, 열거주의과세방식	경상적이고 반복적으로 발생하는 소득만을 과세대상으로 하며, 열거된 소득만을 과세하는 열거주의 과세방식을 적용(↔ 순자산증가설, 포괄주의과세방식)
1년 단위 과세	종합소득이 있는 사람은 매년 1월1일~12월31일까지의 소득을 합산하여 다음 연도 5월 말까지 신고 및 납부를 한다.
종합과세방식	이자소득, 배당소득, 사업소득(부동산 임대소득 포함), 근로소득, 연금소득, 기타소득은 개인별로 종합하여 과세한다. 퇴직소득과 양도소득은 분류과세한다. 연간 2,000만원 이하의 금융소득, 300만원 이하의 기타소득금액, 일용근로소득 등 원천징수로 납세의무가 종결되므로 분리과세한다.

> **원천징수**
> 소득 또는 수입 금액을 지급하는 자(원천징수의무자)가 그 대가를 지불할 때 상대방(원천납세의무자)이 내야 할 세금을 국가를 대신하여 징수하고 납부하는 것이다.

2. 근로소득

(1) 근로소득의 개념

근로소득이란 근로자가 독립적이 아닌 종속적인 위치에서 근로라는 용역을 제공하고 그 대가로 받는 일체의 금품을 말하며, 근로의 대가로 받는 급여, 상여, 수당 등 지급 방법이나 명칭에 불구하고 현금뿐만 아니라 현물로 지급받는 경우도 포함한다.

> **근로소득의 예**
> - 근로의 제공으로 인하여 받은 봉급·급료·보수·임금·상여·수당과 이와 유사한 성질의 급여
> - 법인의 주주총회·사원총회 또는 이에 준하는 의결기관의 결의에 따라 상여로 받는 소득
> - 법인세법에 따라 상여로 처분된 금액(인정상여)
> - 퇴직으로 인하여 받는 소득 중 퇴직소득에 속하지 않는 소득
> - 종업원 등 또는 대학의 교직원이 지급받는 직무발명보상금

(2) 비과세 근로소득

① 근로소득 범위에 포함되지 아니하는 소득 : 종업원 사택제공 이익, 단체순수보장성보험, 사내근로복지기금으로부터 받는 장학금 등의 지원금, 사회통념상 타당하다고 인정되는 경조금 등

② 실비변상적 성질의 급여 : 일직료·숙직료·여비 등 실비변상정도의 금액, 제복·제화·제모·피복비 등

③ 국외근로소득 : 국외에서 근로를 제공(선박 또는 항공기에서의 근로를 포함)하고 받은 보수 중 월 100만원(원양어업, 건설현장 직원 등은 월 300만원).

④ 생산직근로자가 받는 야간근로수당 등 : 월정액급여 210만원 이하로서 직전 과세기간의 총급여액이 2천5백만원 이하인 생산직 근로자에 한하여 연장근로·야간근로·휴일근로에 의하여 받는 수당 중 연 240만원 이내의 금액.

⑤ 비과세 식사대 등 : 현물로 제공되는 식사 및 식사를 제공하지 아니하고 지급하는 월 10만원 이하의 식사대.

⑥ 그 밖의 비과세 소득 : 국민연금·건강보험·고용보험·장기요양보험 부담금 중 사용자가 부담하는 보험료, 6세 이하의 자녀를 둔 근로자에게 지급되는 월 10만원 이내의 보육수당, 직무발명으로 받는 보상금 중 연 500만원 이하의 금액 등.

(3) 근로소득에 대한 원천징수 방법

상용직 근로자의 근로 제공에 대하여 지급한 급여에서 납부하여야 하는 소득세는 부양가족수를 반영한 근로소득간이세액표에 의해 매월 급여 지급시 원천징수하며, 원청징수 의무자자가 다음 달 10일까지 신고·납부한다.

3. 연말정산

매월 원천징수를 받는 근로소득자에 대하여, 급여의 지급자인 원천징수의무자가 정당하게 계산된 당해 연도의 소득세액과 이미 원천징수한 세금의 합계액을 대조하여 과부족이 생겼을 경우, 그

과부족에 해당하는 금액을 연말에 정산·조정하는 것을 말한다.

(1) 연말정산의 흐름

① 근로자는 소득·세액공제 증명자료 수집 및 회사 제출(2월 중순)
② 회사는 소득·세액공제 서류 검토 및 원천징수영수증을 근로자에게 발급(2월 말)
③ 원천징수의무자는 원천징수이행상황신고서와 지급명세서 등의 전산파일을 홈텍스에 제출(3월10일까지)

(2) 연말정산에서 결정세액의 계산

구분	계산방법
연간 근로소득	고용관계 또는 이와 유사한 계약에 의해 근로를 제공하고 지급받은 모든 대가
총급여액	연간 근로소득 − 비과세소득
근로소득공제	(아래 표 참조)
근로소득금액	총급여액 − 근로소득공제

근로소득공제

총급여액	공제액
500만원 이하	총급여액의 70%
500만원 초과 1,500만원 이하	350만원 + 500만원 초과액의 40%
1,500만원 초과 4,500만원 이하	750만원 + 1,500만원 초과액의 15%
4,500만원 초과 1억원 이하	1,200만원 + 4,500만원 초과액의 5%
1억원 초과	1,475만원 + 1억원 초과액의 2%

인적공제

• 기본공제 : 근로자 본인, 연간 소득금액 100만원(근로소득만 있는 자는 총급여액 500만원) 이하인 배우자 및 생계를 같이 하는 부양가족(나이요건 충족 필요, 장애인은 나이제한 없음)에 대해 1인당 연 150만원

부양가족	직계존속	직계비속	형제자매	위탁아동	수급자
나이 요건	60세 이상 (59.12.31.이전)	20세 이하 (99.01.01.이후)	20세 이하 60세 이상	해당과세기간 6개월 이상 직접 양육한 위탁아동	제한 없음

• 추가공제 : 기본공제대상자가 다음의 요건에 해당하는 경우 추가공제

요건	경로우대(70세 이상 : 49.12.31이전)	부녀자(부양/기혼)	한부모
공제금액	100만원	50만원	100만원

* 한부모 공제는 부녀자공제와 중복 적용 배제(중복시 한부모 공제 적용)

연금보험료공제

공적연금(국민연금, 공무원연금, 군인연금, 사립학교교직원연금, 별정우체국연금 등)의 근로자 부담금 전액공제

특별소득공제

• 보험료 : 국민건강보험료, 고용보험료, 노인장기요양보험료 전액공제
• 주택자금공제
  − 주택임차차입금 원리금상환액의 40% 공제 : 주택마련저축과 합하여 연 300만원 한도

구분	계산방법			
특별소득공제	− 장기주택저당차입금 이자상환액 공제 : 연 300만원 − 1,800만원 한도			

	상환기간 15년 이상			상환기간 10년 이상
	고정금리이고 비거치식	고정금리 또는 비거치식	기타	고정금리 또는 비거치식
	1,800만원	1,500만원	500만원	300만원

구분	계산방법
그 밖의 소득공제	• 개인연금저축 • 소기업 · 소상공인 공제부금 • 주택마련저축공제 • 중소기업창업투자조합 출자 등 소득공제 • 신용카드 등 사용금액 • 우리사주조합 출연금 • 고용유지중소기업 근로자 • 장기집합투자증권저축
과세표준	근로소득금액 − 인적공제 − 연금보험료공제 − 특별소득공제 − 그 밖의 소득공제

과세표준	기본세율
1,200만원 이하	과세표준의 6%
1,200만원 초과 4,600만원 이하	72만원＋(1,200만원 초과금액의 15%)
4,600만원 초과 8,800만원 이하	582만원＋(4,600만원 초과금액의 24%)
8,800만원 초과 1억5천만원 이하	1,590만원＋(8,800만원 초과금액의 35%)
1억5천만원 초과 3억원 이하	3,760만원＋(1억5천만원 초과금액의 38%)
3억원 초과 5억원 이하	9,460만원＋(3억원 초과금액의 40%)
5억원 초과	17,460만원＋(5억원 초과금액의 42%)

구분	계산방법
산출세액	과세표준×기본세율

세액감면 및
세액공제
	• 중소기업 취업자 소득세 감면 : 15~34세 이하 청년, 60세 이상인 사람 장애인, 경력단절여성이 중소기업에 취업하는 경우 취업일로부터 3년간(청년 5년간) 근로소득세 70%(청년 90%, 150만원 한도)감면
	• 근로소득세액공제 : 산출세액 130만원 이하분 55%, 초과분 30% 공제(74만원, 66만원, 50만원 한도)
	• 자녀세액공제 : 기본공제대상(7세 이상, 7세미만 취학아동) 자녀1명 15만원, 2명 30만원, 3명이상(30만원＋2명 초과 1명당 30만원), 출생 · 입양 : 첫째 30만원, 둘째 50만원, 셋째이상 70만원
	• 연금계좌세액공제 : 퇴직연금 · 저축연금 납입액의 12%(총급여액 5천5백만원 이하는 15%)
	• 특별세액공제
	  − 보험료 세액공제(세액공제율 : 12%, 장애인전용보장성보험은 15%)
	  − 의료비 세액공제(세액공제율 : 15%, 난임시술비는 20%)
	  − 교육비 세액공제(세액공제율 : 15%)
	  − 기부금 세액공제(법정기부금 · 우리사주조합기부금 · 지정기부금 세액공제율 15%, 1천만원 초과분 30%)(정치자금기부금 세액공제율 10만원 이하 100/110, 10만원 초과 15%, 3천만원 초과분 25%)

구분	계산방법
세액감면 및 세액공제	• 표준세액공제 : 특별소득공제 · 특별세액공제 · 월세세액공제를 신청하지 아니한 경우 연 13만원을 세액공제 • 납세조합공제 • 주택자금차입금이자세액공제 • 외국납부세액공제 • 월세액 세액공제
결정세액	산출세액 − 세액감면 · 세액공제
기납부세액	주(현)근무지의 기납부세액과 종(전)근무지의 결정세액의 합계액
차감징수세액	결정세액 − 기납부세액 (결정세액 > 기납부세액 → 추가납부, 결정세액 < 기납부세액 → 환급)

4. 일용근로소득의 원천징수

일용근로자에게 지급하는 급여는 지급시 다음의 산식에 따라 계산된 세액을 원천징수하는 것으로 납세의무가 종결되므로 연말정산 및 종합소득세 신고대상에 해당하지 아니한다.

일용근로소득의 결정세액 계산

일용근로 총지급액 = 일용근로 급여 지급액 − 비과세소득
일용근로 소득금액 = 일용근로 총지급액 − 근로소득공제(일 15만원)
산출세액 = 일용근로 소득금액 × 세율(6%)
결정세액 = 산출세액 − 근로소득 세액공제(55%)

• 결정세액이 1,000원 미만인 경우 소액부징수로 소득세를 원천징수하지 않음.
• 일당 일용근로 총지급액이 187천원(결정세액 999원) 이하인 경우 소액부징수.
• 일용근로소득을 지급하는 자는 그 지급일이 속하는 분기의 마지막 달의 다음 달 10일까지 지급명세서를 원천징수 관할 세무서장에게 제출하여야 한다(1년에 4번).

기본문제

01 다음 중 근로소득의 연말정산과 관련하여 인적공제의 추가공제에 해당하지 않는 항목은 무엇인가?

① 경로우대공제　　　　　　　　　② 장애인공제
③ 본인공제　　　　　　　　　　　④ 한부모공제

02 급여에서 매달 공제하는 근로소득세는 근로소득간이세액표를 적용한다. 간이세액표 적용시 고려할 사항은 무엇인가?

① 공제대상 가족의 수 ② 본인의 의료비
③ 부양가족의 교육비 ④ 직계존속의 기부금

03 다음 중 근로소득에서 제외되는 소득은 무엇인가?

① 봉급 ② 상여금
③ 각종 수당 ④ 실비변상적인 급여

04 연말정산 관련 신고서류 중 세무서에 제출하지 않아도 되는 서류는 무엇인가?

① 근로소득지급조서 ② 소득자료제출 집계표
③ 원천징수이행상황신고서 ④ 소득자별 근로소득원천징수부

05 다음은 종합소득공제에 관한 설명이다. 옳지 않은 것은 무엇인가?

① 직계비속이 당해 연도 중 20세가 된 경우에도 당해 연도에는 기본공제를 적용한다.
② 배우자가 거주자와 생계를 같이 하지 않은 경우에는 기본공제를 적용받을 수 없다.
③ 당해 연도 중 장애가 치유외어 당해 연도 말에는 장애인이 아닌 경우에도 장애인 공제를 적용받을 수 있다.
④ 근로자가 연말정산 시 공제서류를 제출하지 않은 경우에도 본인에 대한 기본공제는 적용받을 수 있다.

06 다음 보기의 연말정산 계산절차가 순서대로 바르게 연결된 것은 무엇인가?

가. 결정세액 계산	나. 총급여액 계산
다. 산출세액 계산	라. 근로소득금액 계산
마. 과세표준 계산	바. 징수 또는 환급세액 계산

① 나 → 라 → 마 → 다 → 가 → 바 ② 나 → 라 → 마 → 가 → 다 → 바
③ 라 → 나 → 마 → 가 → 다 → 바 ④ 가 → 나 → 다 → 라 → 마 → 다

07 다음 중 소득세에 대한 설명으로 적절하지 않은 것은 무엇인가?

① 개인의 소득을 과세대상으로 하는 국세이다.

② 근로소득자는 원천징수하고 연말정산을 통하여 납세의무를 이행한다.

③ 이자소득, 배당소득, 사업소득, 근로소득 등은 개인별로 종합하여 과세할 수 있다.

④ 종합소득이 있는 자는 1월 1일부터 12월 31일까지의 소득을 합산하여 다음해 6월 말까지 신고 및 납부를 하여야 한다.

기출
문제

ERP 정보관리사
회계, 인사 2급

CHATPER

1

회계2급(기출)

🔍 실무 주요 출제 포인트

1. 회계입력방식 : 사용자(사원)의 전표입력방식에 대한 권한 설정

미결	전표 입력 후 승인권자로부터 **승인을 받아야만** 승인전표가 될 수 있는 권한
승인	전표 입력 시 자동승인, 전표를 수정 · 삭제하고자 할 경우 "**승인해제**"를 해야 함
수정	전표 입력 시 자동승인, 승인해제를 하지 않아도 전표 수정 · 삭제가 가능함

※ 전표상태가 '미결'로 처리되는 경우

① 대차차액이 발생한 경우

② 결산자료입력에서 결산대체 분개가 자동 생성된 경우

③ 이익잉여금처분계산서에서 손익대체 분개가 자동 생성된 경우

④ ~~기간비용현황에서 기간비용 대체 전표가 자동 생성된 경우~~

⑤ ~~편성된 예산 금액을 초과하여 입력한 경우~~

※ 전표상태가 '미결' : 전표입력은 되어 있으나, 승인× → 재무제표에 반영×(결산 불가)

  전표상태가 '승인' : 전표입력＋승인 → 재무제표에 반영(결산 가능)

2. 조회권한 : DATA 권한레벨 결정

미사용	프로그램을 사용할 수 없음. 사원선택을 할 수 없음
회사	회사의 모든 DATA를 입력 및 조회 가능
사업장	사업장의 하위 정보에 대해서만 입력과 조회가 가능
부서	부서의 하위 정보만 입력 및 조회 가능
사원	사원에 대한 정보만 입력 및 조회 가능

3. 거래처등록

구분		등록내용
일반거래처	1. 일반	일반거래처(세금계산서, 계산서 등 수수)
	2. 무역	무역회사
	3. 주민	개인(주민등록번호 기재분)
	4. 기타	1~3 이외 거래처
금융거래처	5. 금융기관	보통예금, 당좌예금 금융기관
	6. 정기예금	정기예금 통장
	7. 정기적금	정기적금 통장
	8. 카드사	카드 **매출**시 신용카드**가맹점**
	9. 신용카드	**구매**용도의 법인신용카드

- 전자세금계산서 발급기한 : 다음 달 10일까지
- 전자세금계산서 전송기한 : 다음 날까지

4. 매입매출전표 관련서식

매출전표			매입전표		
코드	유형	서식	코드	유형	서식
11	과세	세금계산서합계표, 매입매출장, 부가세신고서	21	과세	세금계산서합계표, 매입매출장, 부가세신고서
12	영세	세금계산서합계표, 매입매출장, 부가세신고서	22	영세	세금계산서합계표, 매입매출장, 부가세신고서
13	면세	계산서합계표, 매입매출장, 부가세신고서	23	면세	계산서합계표, 매입매출장, 부가세신고서
14	건별	매입매출장, 부가세신고서	24	불공	매입세액불공제내역, 세금계산서합계표, 매입매출장, 부가세신고서
15	종합	(간이), 부가세신고서	25	수입	세금계산서합계표, 매입매출장, 부가세신고서
16	수출	매입매출장, 부가세신고서	26	의제	의제매입세액공제신청서, 매입매출장, 부가세신고서
17	카드	신용카드발행집계표, 매입매출장, 부가세신고서	27	카드	신용카드등수취명세서, 매입매출장, 부가세신고서

매출전표			매입전표		
코드	유형	서식	코드	유형	서식
18	면세 카드	신용카드발행집계표, 매입매출장, 부가세신고서	28	현금 영수증	현금영수증수취명세서, 매입매출장, 부가세신고서
19	면세 건별	매입매출장, 부가세신고서			
31	현금	신용카드발행집계표, 매입매출장, 부가세신고서			
32	현금 면세	매입매출장, 부가세신고서			
33	매입자발행 세금계산서	세금계산서합계표, 매입매출장, 부가세신고서	29	매입자발행 세금계산서	세금계산서합계표, 매입매출장, 부가세신고서

01 다음 중 ERP 도입의 예상효과로 적절하지 않은 것은 무엇인가?

① 고객 서비스 개선
② 표준화, 단순화, 코드화
③ 통합 업무 시스템 구축
④ 사이클 타임(Cycle Time) 증가

02 다음 중 ERP의 선택기준으로 볼 수 없는 것은 무엇인가?

① 커스터마이징의 최대화
② 자사에 맞는 패키지 선정
③ 현업 중심의 프로젝트 진행
④ TFT는 최고의 엘리트 사원으로 구성

03 ERP의 특징으로 가장 바르지 않은 것은 무엇인가?

① 상호분리된 시스템 구축
② 실시간 정보처리 체계 구축
③ 다국적, 다통화, 다언어 지원
④ 파라미터 지정에 의한 프로세스의 정의

04 다음은 ERP의 특징을 설명한 것이다. 특징과 설명을 연결한 것으로 적절하지 않은 것은 무엇인가?

① Open Multi-vendor : 특정 H/W 업체에만 의존하는 open 형태를 채용, C/S형의 시스템 구축이 가능하다.
② 통합업무시스템 : 세계유수기업이 채용하고 있는 Best Practice Business Process를 공통화, 표준화 시킨다.
③ Parameter 설정에 의한 단기간의 도입과 개발이 가능 : Parameter 설정에 의해 각 기업과 부문의 특수성을 고려할 수 있다.
④ 다국적, 다통화, 다언어 : 각 나라의 법률과 대표적인 상거래 습관, 생산방식이 시스템에 입력되어 있어서 사용자는 이 가운데 선택하여 설정할 수 있다.

05 다음 중 재무제표에 해당하지 않는 것은?

① 재무상태표
② 손익계산서
③ 주석
④ 주기

06 다음은 제조업을 영위하는 ㈜생산성의 손익계산서에 포함된 내용이다. 판매비와 관리비는 얼마인가?

• 매출액	6,000,000원	• 매출원가	3,500,000원
• 복리후생비	200,000원	• 광고선전비	350,000원
• 임대료	500,000원	• 이자비용	350,000원
• 개발비	350,000원	• 판매사원퇴직급여	200,000원
• 판매창고임차료	310,000원	• 단기매매증권처분이익	330,000원

① 1,060,000
② 1,410,000
③ 1,760,000
④ 2,090,000

07 다음 중 일반 기업회계기준에 의해 빈 칸에 들어갈 것으로 적절한 것은?

매출액 － 매출원가 － 판매비와관리비 = (   )

① 영업이익
② 법인세비용차감전순이익
③ 매출원가
④ 영업외수익

08 다음 중 인식 시에 차변의 비용을 인식하게 되는 계정과목은?

① 선수이자
② 선급비용
③ 미지급금
④ 미지급비용

09 다음의 거래를 분개하는 경우 발생할 수 없는 계정과목은?

10월 20일
외상매출금 5,000,000원 중 1,000,000원은 당점이 발행한 당좌수표를 받았으며, 잔액은 동점이 발행한 어음으로 받았다.
10월 21일
외상매입금 1,000,000원을 수표를 발행하여 지급하였다.
10월 22일
상품 5,000,000원을 매출하고 외상으로 하였다.

① 당좌예금
② 대손상각비
③ 외상매입금
④ 받을어음

10 다음 중 결산수정분개로 옳지 않은 것은?

① 소모품계정의 정리　　　　　　　② 현금과부족계정의 정리
③ 선급비용, 선수수익의 정리　　　　④ 가지급금, 가수금 차기이월

11 다음 중 현금및현금성자산으로 구분할 수 없는 것은?

① 당좌예금　　　　　　　　　　　② 수입인지
③ 보통예금　　　　　　　　　　　④ 우편환 증서

12 다음 중 재무상태표에서 통화대용증권으로 분류될 수 없는 항목은?

① 우편환증서　　　　　　　　　　② 송금수표
③ 타인발행수표　　　　　　　　　④ 보통예금

13 다음의 자료에서 당좌자산은 얼마인가?

매도가능증권 ₩500,000	토지 ₩5,000,000	영업권 ₩3,000,000
미수금 ₩3,000,000	단기매매증권 ₩1,000,000	개발비 ₩500,000
받을어음 ₩700,000	재고자산 ₩2,000,000	자본금 ₩3,500,000

① ₩3,700,000　　　　　　　　　② ₩4,500,000
③ ₩4,700,000　　　　　　　　　④ ₩6,700,000

14 다음은 재고자산에 대해 실지재고조사법을 실시하는 기업의 재무제표 계정의 내용이다. 이 기업의 매출총이익을 올바르게 나타낸 것은?

매출액 ₩600,000	기초재고자산 ₩200,000	당기매입액 ₩500,000
기말재고자산 ₩300,000	매출채권 ₩250,000	매입채무 ₩400,000

① ₩200,000　　　　　　　　　　② ₩300,000
③ ₩400,000　　　　　　　　　　④ ₩500,000

15 다음 중 감가상각 방법에 해당되지 않는 것은?

① 정액법　　　　　　　　　　　　　② 정률법
③ 직접법　　　　　　　　　　　　　④ 생산량비례법

16 다음은 결산 시, 감가상각에 대한 내용이다. 올바르게 분개한 것은?

- ㈜생산은 2019년 4월1일에 자동차를 ₩32,000,000에 취득하였다.
- 자동차의 내용연수는 5년이고 잔존가액은 ₩2,000,000이다.
- 회계연도 결산은 12월 말일이고 감가상각방법은 정액법이며 결산 시에 감가상각비를 계상한다.

① 차변) 감가상각비 ₩4,000,000　대변) 감가상각누계액　₩4,000,000
② 차변) 감가상각비 ₩4,500,000　대변) 감가상각누계액　₩4,500,000
③ 차변) 감가상각비 ₩6,000,000　대변) 감가상각누계액　₩6,000,000
④ 차변) 감가상각비 ₩6,400,000　대변) 감가상각누계액　₩6,400,000

17 다음은 ㈜광화문의 사채발행 내용이다. 사채의 발행금액은?

- 발행일 : 2018년 1월 1일　　　　　 · 상환일 : 2019년 12월 31일
- 액면금액 : ₩1,000,000　　　　　　· 액면이자율 : 연리 10%
- 발행당시의 시장이자율 : 12%　　　· 이자지급횟수 : 연 1회
- 단, 2년 만기에 시장이자율이 10%일 경우, 연금의 현재가치계수와 현재가치계수는 각각
  1.7355, 0.8264이고 시장이자율이 12%일 경우, 연금의 현재가치계수와 현재가치계수는 각각
  1.6901, 0.7972이다.

① ₩966,210　　　　　　　　　　　② ₩977,100
③ ₩999,950　　　　　　　　　　　④ ₩1,000,000

18 다음의 자료를 근거로 회계처리를 할 경우, 감자차익은 얼마인가?

- 감자주식 수 : 100주
- 주당 액면가액 : ₩5,000
- 주식구입 현금지급액 : ₩350,000

① 50,000원　　　　　　　　　　　② 100,000원
③ 150,000원　　　　　　　　　　　④ 500,000원

19 다음 중 영업외비용에 해당하지 않는 것은?

① 단기매매증권처분손실   ② 단기매매증권평가손실
③ 외환환산손실   ④ 연구비

20 다음 자료를 활용하여 상품을 매출하는 ㈜한국의 당기 상품매출원가를 계산하면 얼마인가?

• 기초상품재고액	15,000,000원	• 기말상품재고액	5,000,000원
• 당기상품매입액	7,000,000원	• 매입운임	300,000원
• 매입에누리	200,000원		

① 16,000,000원   ② 16,500,000원
③ 17,000,000원   ④ 17,100,000원

01 다음 중 iCUBE를 활용하여 마스터 데이터를 입력하는 순서를 올바르게 나열된 것은?

① 회사등록 → 부문등록 → 사업장등록 → 부서등록 → 사원등록
② 회사등록 → 사업장등록 → 부문등록 → 부서등록 → 사원등록
③ 회사등록 → 사업장등록 → 부서등록 → 부문등록 → 사원등록
④ 회사등록 → 부서등록 → 사업장등록 → 부문등록 → 사원등록

02 ㈜유명의 사원등록에 대한 설명으로 옳지 않은 것은?

① ERP를 운용할 수 있는 사원은 총 3명이다.
② 입사일과 달리 퇴사일 입력은 시스템관리자만 입력할 수 있다.
③ 최수영 사원은 회계전표 입력 시 전표상태가 '미결'로 반영된다.
④ 암호는 ERP로그인시 사용되며, 로그인 사원 본인이 직접 설정한다.

03 ㈜유명은 개업한지 2년 된 제조회사이며, 올해 ERP를 처음 도입하여 전기분 재무제표 입력하고 있다. 다음 중 전기의 기말재공품재고액을 입력하는 곳은 어디인가?

① 초기이월관리 - 재고이월등록
② 초기이월관리 - 회계초기이월등록 - 1.재무상태표
③ 초기이월관리 - 회계초기이월등록 - 2.손익계산서
④ 초기이월관리 - 회계초기이월등록 - 3.500번대 원가

04 ㈜유명은 ERP를 이용하여 사원별로 경비를 관리하고 있다. 다음 중 [보기]의 전표입력을 확인하고 해당 내역을 조회하기에 가장 적합한 장부는?

[보기]
전표입력 : 2019년 1월 31일 37번 전표
조회내용 : 2019년 1월에 청구된 직원의 경비 지급을 위해서 사원별로 경비 청구금액 조회

① 계정별원장   ② 거래처원장
③ 총계정원장   ④ 관리내역현황

05 김은찬 사원의 전표입력 조회권한은 무엇인가?

① 회사   ② 사업장
③ 부서   ④ 사원

06 2019년 1월 한 달 동안 ㈜유명에 입금 및 출금된 현금은 얼마인가?

① 입금 – 1,000,000원, 출금 – 2,395,000원
② 입금 – 1,500,000원, 출금 – 2,395,000원
③ 입금 – 2,460,000원, 출금 – 3,350,000원
④ 입금 – 3,460,000원, 출금 – 2,395,000원

07 ㈜유명은 전년도 장부를 마감 후 2019년도로 이월하였다. 다음 중 전년도에서 이월한 외상매출금의 거래처별 내역이 일치하지 않은 것은?

① ㈜성호기업 – 7,466,000원   ② ㈜주안실업 – 4,490,000원
③ ㈜한동테크 – 20,814,000원   ④ ㈜형광공업 – 30,461,000원

08 ㈜유명은 월 결산을 하려고 한다. 다음 중 [보기]의 기말정리사항을 입력 후 2019년 1월말 결산 시 매출총이익은 얼마인가?

> **[보기]**
> 1. 기말재고 : 상품 10,000,000원
> 2. 고정자산등록의 자료를 결산에 반영하며, 그 외 기말정리사항은 없다.

① 30,797,000원   ② 40,000,000원
③ 51,000,000원   ④ 94,500,000원

09 ㈜유명은 2019년 1월 31일 결산 시 외상매출금에 대해 1%의 대손충당금을 설정하려고 한다. 다음 중 회계처리가 옳은 것은?

① 대손충당금 1,334,810 / 매출채권 1,334,810
② 대손상각비 1,334,810 / 대손충당금 1,334,810
③ 대손상각비 1,616,500 / 대손충당금 1,616,500
④ 대손충당금 1,616,500 / 대손충당금환입 1,616,500

10 ㈜유명은 선급보험료에 대해서 기간비용을 관리하고 있다. ㈜유명이 2019년 1월말 결산 시 재무제표에 계상되어야할 선급비용 금액은 얼마인가?

① 509,578원
② 764,367원
③ 879,628원
④ 1,643,995원

11 다음 [보기]의 내용을 참고하여 고정자산 취득내역을 등록하고 감가상각비를 계산하면?

> **[보기]**
> • 자산유형 : 차량운반구
> • 자산명 : 카니루
> • 취득금액 : 35,000,000
> • 내용연수 : 5년
> • 코드 : 2080005
> • 취득일 : 2019.01.01
> • 상각방법 : 정액법
> • 경비구분 : 800번대

① 5,000,000원
② 6,000,000원
③ 7,000,000원
④ 8,000,000원

12 다음 중 ㈜유명에서 2019년에 신규로 구입한 자산은 무엇인가?

① 차량운반구 – 스파킹
② 비품 – 복사기
③ 비품 – 프린터기
④ 비품 – 노트북B

13 한아은행으로부터 2019년도에 수령한 어음 중 실제 발행한 어음은 몇 매인가?

① 3매
② 6매
③ 7매
④ 9매

14 ㈜유명은 ERP를 이용하여 자금수지계획을 세우고 있다. 2019년 1월 당사의 지출 예정금액은 얼마인가?(당사는 매월 발생되는 고정자금이 있으므로 고정자금을 포함한다.)

① 50,000,000원
② 57,200,000원
③ 64,900,000원
④ 72,200,000원

15 ㈜유명에서 2019년 1/4분기에 회계처리 된 매출유형 중 거래가 발생하지 않은 세무구분 유형은?

① 11.과세매출
② 13.면세매출
③ 14.건별매출
④ 17.카드매출

16 ㈜유명의 2019년도 제1기 예정 부가가치세 신고 시 면세수입금액은 얼마인가?

① 70,000,000원
② 150,000,000원
③ 334,500,000원
④ 414,500,000원

17 다음 [보기]의 거래에 대해 전표입력을 실행한 후, 2019년 1기 예정 부가가치세 신고 시 납부세액은 얼마인가?

> [보기]
> 2019년 1월 10일 ㈜성호기업에 상품 5,000,000(VAT별도)원을 외상으로 구입하고 전자세금계산서를 수취하였다.

① 12,300,000원
② 12,900,000원
③ 13,000,000원
④ 13,300,000원

18 전표입력을 확인하여 2019년 1기 예정 부가가치세 신고시 [매입]세금계산서합계표에 반영될 세무구분은 몇 개인가?

① 1개
② 2개
③ 3개
④ 4개

19 ㈜유명의 부가가치세 신고유형에 대한 설명으로 옳은 것은?

① 각 사업장별로 신고 및 납부한다.
② 사업자 단위과세자로 신고 및 납부를 모두 주사업장에서 한다.
③ 총괄납부 사업자로 주사업장에서 모두 총괄하여 신고 및 납부한다.
④ 총괄납부 종사업자로 신고는 각 사업장별하고 납부는 주사업장에서 총괄하여 납부한다.

20 ㈜유명은 2019년 1기 예정 부가가치세 신고 시 신용카드매출전표 등 수령명세서를 작성하여 신용카드 등 매입세액 금액을 공제를 받으려고 한다. 다음 중 신용카드 등 매입세액 금액은 얼마인가?

① 90,000원
② 390,000원
③ 420,000원
④ 3,900,000원

01 다음 중 ERP 도입의 성공요인이라고 볼 수 없는 것은 무엇인가?

① 사전준비를 철저히 한다.
② 현재의 업무방식을 그대로 고수한다.
③ 단기간의 효과위주로 구현하지 않는다.
④ 최고 경영진을 프로젝트에서 배제하지 않는다.

02 다음 중 ERP 도입의 예상효과로 보기 어려운 것은 무엇인가?

① 리드타임 증가　　　　　　　　② 결산작업의 단축
③ 고객서비스 개선　　　　　　　④ 통합 업무 시스템 구축

03 다음 중 ERP와 인공지능(AI), 빅데이터(BigData), 사물인터넷(IoT) 등 혁신기술과의 관계에 대한 설명으로 가장 적절하지 않은 것은 무엇인가?

① 현재 ERP는 기업 내 각 영역의 업무프로세스를 지원하고 단위별 업무처리의 강화를 추구하는 시스템으로 발전하고 있다.
② 제조업에서는 빅데이터 분석기술을 기반으로 생산자동화를 구현하고 ERP와 연계하여 생산계획의 선제적 예측과 실시간 의사결정이 가능하다.
③ 현재 ERP는 인공지능 및 빅데이터 분석기술과의 융합으로 전략경영 등의 분석도구를 추가하여 상위계층의 의사결정을 지원할 수 있는 지능형시스템으로 발전하고 있다.
④ ERP에서 생성되고 축적된 빅데이터를 활용하여 기업의 새로운 업무개척이 가능해지고, 비즈니스 간 융합을 지원하는 시스템으로 확대가 가능하다.

04 ERP 구축절차 중 모듈조합화, 테스트 및 추가개발 또는 수정 기능 확정을 하는 단계는 무엇인가?

① 구축단계　　　　　　　　　　② 구현단계
③ 분석단계　　　　　　　　　　④ 설계단계

05 다음 중 일반적으로 인정된 회계원칙(GAAP)에 대한 설명으로 옳지 않은 것은?

① 상계주의
② 발생주의
③ 취득원가주의
④ 수익실현의 원칙

06 다음 중 회계의 목적에 대한 설명으로 옳지 않은 것은?

① 경영자의 수탁책임에 대한 정보의 제공
② 회계감사 방법 및 절차에 대한 정보의 제공
③ 미래 현금흐름 예측에 대한 유용한 정보의 제공
④ 재무상태와 경영성과 및 현금흐름 등에 관한 정보 제공

07 다음의 [보기]는 무엇에 대한 설명인가?

[보기]
일정시점에 기업이 소유하고 있는 자산과 채권자에게 지급할 부채, 주주에게 지급해야 할 자본의
상태를 보고하는 보고서이다.

① 자본변동표
② 현금흐름표
③ 재무상태표
④ 손익계산서

08 [보기]를 보고 영업이익을 계산하면 얼마인가?

[보기]
매출액 ₩3,000,000
매출원가 ₩1,650,000
임대료 ₩150,000
매도가능증권평가이익 ₩200,000
기부금 ₩80,000
개발비 ₩250,000
대손상각비 ₩440,000

① 910,000원
② 1,100,000원
③ 1,350,000원
④ 1,650,000원

09 다음 중 현금흐름표에 관한 설명으로 옳지 않은 것은?

① 현금흐름표는 다른 재무제표와 달리 발생주의에 의해 작성되지 않는다.
② 현금흐름표는 특정기간의 현금흐름을 보여주는 보고서이다.
③ 영업상 어려움으로 인한 자금의 차입은 영업활동에 의한 현금흐름에 해당한다.
④ 상품의 구매에 의한 현금흐름은 영업활동에 의한 현금흐름에 해당한다.

10 다음의 [보기]를 참고할 때 당기의 재무보고에 미치는 영향은?

[보기] 결산 시에 미지급된 급여 ₩5,000,000을 계상하지 않았다.

	자산	부채	자본
①	과소계상	과소계상	과소계상
②	과대계상	과소계상	과대계상
③	영향없음	과소계상	과대계상
④	과소계상	과대계상	영향없음

11 다음 중 손익발생여부에 따라 분류된 회계상 거래가 아닌 것은?

① 교환거래   ② 손익거래
③ 대체거래   ④ 혼합거래

12 다음 중 자산이 증가하는 거래를 분개할 때 나타날 수 있는 항목은?

① 수익계정의 발생   ② 부채계정의 감소
③ 자본계정의 감소   ④ 비용계정의 발생

13 다음 중 분개에 관한 설명으로 옳지 않은 것은?

① 분개를 할 때 차변에 기록하는 금액과 대변에 기록하는 금액이 항상 일치하는 것은 아니다.
② 차입금의 증가는 대변에 기록하고 감소는 차변에 기록한다.
③ 분개를 기록한 장부를 분개장이라고 한다.
④ 현금의 증가는 차변에 기록하고 감소는 대변에 기록한다.

문제 **14**. 오류 (전원 정답 처리)

15 다음 [보기]와 관련하여 적절하게 회계처리를 한 것은?

> **[보기]**
> 회계기간 중 장부상 현금은 ₩350,000, 현금시재액은 ₩400,000으로 확인되었다.

	차 변			대 변	
①	현금	₩50,000		현금과부족	₩50,000
②	현금과부족	₩50,000		현금	₩50,000
③	현금	₩50,000		잡이익	₩50,000
④	잡손실	₩50,000		현금	₩50,000

16 [보기]의 자료를 이용하여 계산한 20X9년말 재무상태표에 표시될 대손충당금액은 얼마인가?

> **[보기]**
> 1. 20×9년 중 거래처 중 (주)동안의 매출채권 20,000원이 회수 불가능한 것으로 확정되었다.
> 2. 20×9년 말 회사는 보유하고 있던 2,000,000원의 매출채권 중에서 3%가 회수불가능 할 것으로 판단하였다.

① 0원 ② 20,000원
③ 40,000원 ④ 60,000원

17 [보기]에 의해 측정된 (주)생산성의 2019년 12월31일 기계장치에 대한 장부금액으로 적절한 것은?

> **[보기]**
> 취득일 : 2018년 1월1일 취득원가 : ₩20,000,000
> 잔존가액 : ₩5,000,000 내용연수 : 10년
> 상각방법 : 정액법

① ₩12,000,000 ② ₩17,000,000
③ ₩18,000,000 ④ ₩20,000,000

18 다음 중 [보기]의 회사채 발행에 대해 올바르게 설명한 것은?

[보기]
㈜생산성은 회사채를 발행하려고 한다. 회사채의 액면금액은 ₩1,000,000이고 액면이자율은 10%이다. 시장이자율은 7%로 형성되어 있다.

① 액면발행을 하여야 한다.　　　② 할인발행을 하여야 한다.
③ 할증발행을 하여야 한다.　　　④ 발행을 포기하여야 한다.

19 [보기]에 의해 적립될 이익준비금을 계산하면 얼마인가?

[보기]
자본금 : ₩10,000,000
당기순이익 : ₩2,000,000
이익준비금 : 상법상 최소 한도액만 적립
주주배당금 : 15%(현금배당 10%, 주식배당 5%)

① ₩100,000　　　② ₩150,000
③ ₩200,000　　　④ ₩300,000

20 다음 [보기]의 내용에 따라 매출원가를 계산하면 얼마인가?

[보기]
• 매출액 ₩20,000,000　　• 기초재고액 ₩5,000,000
• 당기매입액 ₩10,000,000　• 기말재고액 ₩2,000,000
• 매출할인 ₩700,000　　　• 매입할인 ₩1,000,000
• 매입에누리 ₩500,000

① ₩10,800,000　　② ₩11,000,000
③ ₩11,500,000　　④ ₩13,000,000

01 당사에서 설정한 예산통제 구분은 무엇인가?

① 결의부서
② 사용부서
③ 프로젝트
④ 예산관리 안 함

02 다음 중 당사의 계정과목 설정에 대한 설명으로 틀린 것은?

① 여비교통비(판관비) 계정의 예산을 월별 통제하고 있다.
② 11100.대손충당금 계정은 10800.외상매출금 계정의 차감 계정이다.
③ 전표입력 시 10301.보통예금 계정의 금융거래처 코드는 필수 입력 사항이다.
④ 접대비(판관비) 계정을 세분화하여 관리하기 위해 세목을 등록하여 사용하고 있다.

03 다음 회계관리 메뉴 중 김종민 사원이 사용가능한 메뉴가 아닌 것은?

① 계정별원장
② 거래처원장
③ 전표승인해제
④ 일자별자금계획입력

04 다음 중 2019년 3월에 전액 현금으로 지출한 판매비와 관리비의 계정과목은?

① 접대비
② 사무용품비
③ 여비교통비
④ 차량유지비

05 당사는 2018년 전표 마감 후 2019년으로 잔액을 이월했다. 다음 중 거래처별 외상매입금 이월금액으로 옳은 것은?

① ㈜형광공업 - 5,500,000원
② ㈜신흥전자 - 17,280,000원
③ 유신상사㈜ - 22,000,000원
④ ㈜한동테크 - 36,623,000원

06 다음 중 2019년에 상품 매출이 가장 저조한 월은 언제인가?

① 4월　　　　　　　　　　　　② 5월
③ 6월　　　　　　　　　　　　④ 7월

07 다음 비품 자산 중 2019년에 재경부에서 영업부로 자산 변동이 발생된 것은?

① 책상　　　　　　　　　　　② 냉장고
③ 수납장　　　　　　　　　　④ 데스크탑

08 다음 [보기]의 신규 취득한 자산을 등록하고 해당 자산의 2019년 감가상각비를 계산하면 얼마인가?

[보기]
자산유형 : 비품	자산코드 : 21200009	자산명 : 에어컨
취 득 일 : 2019.07.01	취득금액 : 2,000,000원	
상각방법 : 정률법	내용연수 : 5년	경비구분 : 800번대

① 200,000원　　　　　　　　　② 451,000원
③ 1,549,000원　　　　　　　　④ 1,800,000원

09 다음 [보기]는 당사의 본점의 건물과 관련하여 2019년 12월에 발생한 거래내역이다. 이에 대한 회계전표를 입력하고 2019년 12월 말 건물의 금액을 조회하면 얼마인가?

[보기]
– 거래내용 1 : 12월 15일 본사 건물에 추가 설치한 냉·난방장치 30,000,000원
– 거래내용 2 : 12월 15일 본사 건물 도색 비용 5,000,000원
※ 거래내용 2건 모두 한아은행 보통예금에서 이체했다.

① 300,000,000원　　　　　　　② 330,000,000원
③ 335,000,000원　　　　　　　④ 360,000,000원

10 당사는 반기 결산을 하는데 2019년 6월 말 결산 시 소모품 기말 재고액은 2,000,000원이다. 장부의 금액을 확인한 후 이와 관련된 6월 말 결산 수정 분개로 옳은 것은?(단, 소모품 취득은 자산으로 처리하고 사용은 판관비로 처리했다.)

① (차) 소 모 품 2,000,000원 (대) 소모품비 2,000,000원
② (차) 소모품비 2,000,000원 (대) 소 모 품 2,000,000원
③ (차) 소 모 품 8,000,000원 (대) 소모품비 8,000,000원
④ (차) 소모품비 8,000,000원 (대) 소 모 품 8,000,000원

11 다음 [보기]의 거래내용을 전표입력한 후 2019년 3월에 예산이 편성된 재경부 판관비의 전체 예산 집행률은 몇 %인가?(집행방식 : 승인집행, 부가세는 고려하지 않는다.)

> **[보기]**
> 거래내용 : 2019년 3월 4일 한국식당에서 재경부 회식비 800,000원을 신안카드(매입)으로 결제했다.

① 45%   ② 72%
③ 79%   ④ 80%

12 다음 중 2019년 7월 재경부에 편성된 예산을 초과하여 집행한 계정과목은 무엇인가?(집행방식 : 승인집행)

① 소모품비   ② 교육훈련비
③ 사무용품비   ④ 차량유지비

13 당사는 매월 고정적으로 지출되는 자금을 관리하고 있다. 다음 보기 중 2019년 3월에 고정적으로 지출되는 자금 과목은 무엇인가?

① 일반경비   ② 이자상환
③ 사무실임차료   ④ 인건비

14 당사가 2019년에 수령한 지급어음 중 결제된 어음은 몇 매인가?

① 0매   ② 2매
③ 5매   ④ 7매

15 ㈜큐브 사업장의 관할세무서는 어디인가?

① 구로세무서   ② 서초세무서
③ 송파세무서   ④ 용산세무서

16 당사의 2019년 1기 예정 부가가치세 신고서를 조회한 후 3월 31일 회계 처리로 옳은 것은?

① (차) 부가세예수금 13,035,000원   (대) 부가세대급금 65,050,000원
     (차) 미　수　금 52,015,000원

② (차) 부가세대급금 13,035,000원   (대) 부가세예수금 65,050,000원
     (차) 미　수　금 52,015,000원

③ (차) 부가세예수금 65,050,000원   (대) 부가세대급금 13,035,000원
                                           (대) 미 지 급 금 52,015,000원

④ (차) 부가세대급금 65,050,000원   (대) 부가세예수금 13,035,000원
                                           (대) 미 지 급 금 52,015,000원

17 (주)큐브는 영업용 승용차(배기량 : 900cc)에 주유하고 주유대금을 법인카드로 결제했다. 본 거래와 관련하여 부가가치세 신고 시 첨부해야 할 서식을 [보기]에서 모두 고르시오.

> **[보기]**
> ㉠ 신용카드매출전표등수령명세서   ㉡ 매입세액불공제내역
> ㉢ 건물등감가상각자산취득명세서   ㉣ 세금계산서합계표

① ㉠   ② ㉠, ㉡
③ ㉠, ㉢, ㉣   ④ ㉠, ㉡, ㉢, ㉣

18 다음 [보기]의 거래내용을 전표입력한 후 당사의 2019년 1기 확정 부가세 신고 시 고정자산 매입세액은 총 얼마인가?

> **[보기]**
> 거래내용 : 2019년 4월 20일 ㈜한동테크로부터 기계장치 2,200,000원(VAT 포함)를 외상으로 구입하고 전자세금계산서를 수취했다.

① 3,000,000원   ② 3,200,000원
③ 3,400,000원   ④ 3,600,000원

19 당사의 2019년 2기 확정 부가가치세 신고 시 매입에 대한 예정신고 누락분의 세액은 총 얼마인가?

① 1,100,000원   ② 1,500,000원
③ 2,600,000원   ④ 4,100,000원

20 당사의 2019년 1기 확정 매출처별 세금계산서합계표에 대한 설명으로 옳지 않은 것은?

① 주민등록번호로 발행한 세금계산서가 있다.
② ㈜주안실업에 발행한 세금계산서는 총 5매이다.
③ 모든 매출 세금계산서의 세무구분은 '11.과세매출'이다.
④ 전자세금계산서분(11일 이내 전송분)의 매출처는 4곳이다.

01 다음 중 ERP 도입의 예상 효과로 적절하지 않은 것은 무엇인가?

① 사이클 타임 증가　　　　　　　② 고객 서비스 개선
③ 통합 업무 시스템 구축　　　　　④ 최신 정보기술 도입

02 다음 중 클라우드 ERP의 특징 혹은 효과에 대하여 설명한 것이라 볼 수 없는 것은 무엇인가?

① 안정적이고 효율적인 데이터관리
② IT자원관리의 효율화와 관리비용의 절감
③ 원격근무 환경 구현을 통한 스마트워크 환경 정착
④ 폐쇄적인 정보접근성을 통한 데이터 분석기능

03 ERP 구축의 성공요인으로 가장 적절하지 않은 것은?

① 지속적인 ERP 교육 실시　　　　② IT 중심으로만 프로젝트만 추진
③ 경험과 지식을 겸비한 인력으로 구성　④ 경영자와 전체 임직원의 높은 관심 및 참여

04 다음 중 기업에서 ERP시스템을 도입할 때의 고려사항으로 가장 적절한 것은 무엇인가?

① 시스템 도입 TFT는 IT분야의 전문가들로만 구성해야 한다.
② 구축방법론에 의해 체계적으로 프로젝트를 진행해야 한다.
③ 단기적이고 가시적인 성과만을 고려하여 ERP 패키지를 도입한다.
④ 도입하려는 기업과 유사한 매출규모를 가진 기업에서 사용하는 패키지를 선정한다.

05 다음 재무상태표와 손익계산서에 대한 설명 중 옳지 않은 것은?

① 손익계산서는 일정기간동안 기업의 경영성과를 나타내는 보고서이다.
② 손익계산서는 동태적 보고서로서 차변에는 비용항목, 대변에는 수익항목이 표기된다.
③ 재무상태표는 정태적 보고서로서 차변에는 자산항목이 표시되고 자금의 조달을 설명하며 대변은 부채와 자본항목이 표시되고 자금의 운용을 설명한다.
④ 재무상태표는 일정시점 기업의 재무상태표를 나타내는 보고서이다.

06 다음 중 계정과목 설명이 적절하지 않은 것은?

① 미수금 : 일반적인 상거래 이외 거래에서 발생한 채권
② 선수금 : 상품이나 원재료를 매입하기 위하여 미리 지급하는 계약금
③ 예수금 : 소득세, 원천세, 부가가치세 등 일시적 예수액을 회계처리할 때 이용되는 계정
④ 가지급금 : 현금을 지급하였으나 회계 처리할 계정과목이나 금액이 확정되지 않은 경우에 일시적으로 사용되는 계정

07 다음 중 자산분류와 관련하여 그 성격이 다른 하나는?

① 상품
② 비품
③ 제품
④ 원재료

08 그림의 (주)양촌테크의 재무상태 변동내용에 따라 기초의 부채금액을 계산하면 얼마인가?

구분	기초	기말
자산	145,000원	180,000원
부채	?	100,000원
기중 변동내역		주식발행 20,000원
		현금배당 5,000원

① 70,000원
② 80,000원
③ 90,000원
④ 100,000원

09 다음 재무제표 중 일정기간을 중심으로 기업의 경영성과 정보를 불특정 다수의 이해관계자들에게 전달하는 보고서는?

① 재무상태표
② 손익계산서
③ 자본변동표
④ 현금흐름표

10 다음 중 투자활동으로 인한 현금흐름에 해당하는 것은?

① 자기주식 처분
② 차입금의 상환
③ 공장건물의 처분
④ 제품의 현금매출

11 다음 중 재무활동 내용만을 나타내는 재무제표는?

① 주석   ② 손익계산서
③ 현금흐름표   ④ 자본변동표

12 다음 중 회계상의 거래에 해당하지 않는 것은?

① 법률서비스를 제공하고 수수료를 받았다.
② 토지를 구입하기로 계약하면서 계약금을 납부하였다.
③ 전화기를 구입하였다.
④ 정기적금을 가입하기로 약정하였다.

13 [보기]의 거래를 회계처리한 경우 차변 내용으로 적절한 것은?

[보기]
㈜진주 A사원이 업무와 관련하여 교통비 12,000원을 현금으로 지출하고 현금영수증을 수령하여 제출하였다.

① 자산의 감소 - 현금   ② 비용의 발생 - 여비교통비
③ 부채의 감소 - 미지급금   ④ 수익의 발생 - 외상매출금

14 [보기]의 거래 내용을 보고 12월 31일 결산 수정분개로 대변에 기록될 내용으로 옳은 것은?

[보기]
2019년 9월 1일 사무용품 1,000,000원을 현금으로 구입하다.
        (사무용품은 구입시점에서 자산 처리함)
2019년 12월 31일 결산시까지 소모품사용액은 250,000원이다.

① 소모품비 250,000원   ② 소모품 250,000원
③ 소모품비 750,000원   ④ 소모품 750,000원

15 다음 중 설명이 틀린 것은 어느 것인가?

① 자산의 증가와 부채의 증가는 서로 결합될 수 있다.
② 일정기간의 경영성과를 나타내는 것이 손익계산서이다.
③ 보관 중이던 상품이 화재로 소실된 경우도 회계상의 거래에 속한다.
④ 비유동자산은 회계연도 말부터 1년 이내에 현금화되거나 실현될 것으로 예상되는 자산이다.

16 다음 중 현금및현금성자산으로 분류할 수 없는 것은?

① 지폐
② 배당금지급통지표
③ 수입인지
④ 당좌예금

17 다음 중 일반기업회계기준상 금융자산에 대한 설명으로 틀린 것은?

① 단기간 내에 매매차익 목적으로 취득한 유가증권은 단기매매증권으로 분류한다.
② 채무증권은 단기매매증권으로 분류가 안 되면 만기보유증권으로만 분류가 가능하다.
③ 단기매매증권 취득 시 매입수수료는 당기비용으로 처리한다.
④ 만기보유증권 취득 시 매입수수료는 취득원가에 가산한다.

18 [보기]의 자료를 기초로 2019년 결산시(12월31일)에 계상하여야 할 감가상각비는 얼마인가?

> **[보기]**
> 취득시점 : 2018년 1월 1일   취득원가 : 20,000,000원
> 내용연수 : 10년   정률 : 20%(감가상각방법은 정률법 적용)

① 감가상각비 : 3,000,000원
② 감가상각비 : 2,600,000원
③ 감가상각비 : 3,200,000원
④ 감가상각비 : 3,600,000원

19 다음 중 유동부채에 관한 설명으로 옳지 않은 것은?

① 원재료를 매입하고 대금을 나중에 지급하기로 하면 외상매입금으로 처리한다.
② 복리후생비를 1년 내에 지급하기로 하면 미지급금에 처리한다.
③ 상품을 판매하기 전에 미리 계약금으로 받는 금액은 선수수익으로 처리한다.
④ 급여에 대해 소득세를 원천징수하여 잠시 보관하고 있는 경우 예수금으로 처리한다.

20 다음은 자본에 대한 분류이다. 연결이 잘못된 것은?

① 자본잉여금 - 자기주식
② 자본조정 - 주식할인발행차금
③ 기타포괄손익누계액 - 해외사업환산손익
④ 이익잉여금 - 이익준비금

01 다음 중 전표입력 시 승인전표로 입력되고, 전표 승인해제 작업 없이 승인전표를 수정 및 삭제 할 수 있는 사원은?

① 김은찬   ② 전윤호
③ 성병진   ④ 김종민

02 당사가 ERP에서 사용하고 있는 다국어 재무제표 언어는 무엇인가?

① 영어   ② 일본어
③ 중국어   ④ 사용안함

03 다음 중 복리후생비(판관비)의 계정설정에 대한 설명으로 옳지 않은 것은?

① 81101.복리후생비 - 식대를 부서별로 관리할 수 있다.
② 81100.복리후생비 계정과목은 전표입력이 불가하다.
③ 81103.복리후생비 - 경조사비는 예산을 1개월 단위로 통제한다.
④ 복리후생비의 모든 세목은 전표 입력 시 차변에 증빙을 필수로 입력해야한다.

04 당사의 2019년 상반기 중에서 상품매출액이 가장 높은 달은 언제인가?

① 2월   ② 3월
③ 4월   ④ 5월

05 당사는 지출증빙을 관리하기 위해 전표입력 시 증빙을 입력하고 있다. 2019년 1월 한 달간 법인 신용카드로 사용한 금액은 얼마인가?

① 80,000원   ② 100,000원
③ 300,000원   ④ 480,000원

06 당사의 전기 재무자료 중 기말상품재고액은 얼마인가?

① 7,000,000원
② 8,000,000원
③ 9,000,000원
④ 10,000,000원

07 2019년 6월말 반기결산 시 매출채권 중 받을어음에 대해 1%의 대손충당금을 설정하려고 한다. 이에 대한 회계처리로 옳은 것은?

① 차) 대손상각비 2,320,000원 　　대) 받을어음 　2,320,000원
② 차) 대손상각비 2,320,000원 　　대) 대손충당금 2,320,000원
③ 차) 대손상각비 2,803,000원 　　대) 받을어음 　2,803,000원
④ 차) 대손상각비 2,803,000원 　　대) 대손충당금 2,803,000원

08 다음 [보기]의 결산정리사항을 입력한 다음 2019년 1월말 결산시 상품매출원가는 얼마인가?

[보기]	상품기말재고액 : 6,000,000원 그 외 기말정리사항은 없다.

① 42,000,000원
② 44,000,000원
③ 48,000,000원
④ 54,000,000원

09 다음 중 2019년 6월의 모든 미결전표를 승인처리한 후 2019년 6월말 기준 거래처별 외상매입금 잔액으로 옳지 않은 것은?

① (주)중원 - 9,650,000원
② 유신상사(주) - 72,325,000원
③ 정우실업(유) - 197,895,000원
④ (주)신흥전자 - 304,700,000원

10 다음 [보기]의 자산변동자료를 입력한 후 21200005.복사기 자산의 2019년 감가상각비는 얼마인가?

[보기]	
1. 자산유형 : 비품	2. 자산 : 21200005.복사기
3. 자산변동일자 : 2019년 5월 1일	4. 자산변동구분 : 전액폐기

① 333,340원 ② 500,006원
③ 666,672원 ④ 833,338원

11 2019년 8월 한 달간 현금 입금액과 출금액은 얼마인가?

① 입금액 : 6,000,000원, 출금액 : 8,265,000원
② 입금액 : 8,000,000원, 출금액 : 5,060,000원
③ 입금액 : 35,160,000원, 출금액 : 31,285,000원
④ 입금액 : 41,160,000원, 출금액 : 39,550,000원

12 당사의 받을어음 중 2019년 4월에 만기되는 어음의 금액은?

① 10,000,000원 ② 20,000,000원
③ 30,000,000원 ④ 40,000,000원

13 다음 중 예산관리 프로세스로 옳은 것은?

① 예산신청 > 예산편성 > 예산조정 ② 예산신청 > 예산조정 > 예산편성
③ 예산편성 > 예산신청 > 예산조정 ④ 예산편성 > 예산조정 > 예산신청

14 다음 중 재경부의 2019년 11월 예산 중 집행률이 가장 낮은 예산과목은? (집행방식은 승인집행으로 조회한다.)

① 복리후생비 ② 여비교통비
③ 지급임차료 ④ 사무용품비

15 입력된 자료를 확인하여 2019년 1기 예정 부가가치세 신고 시 매입처별세금계산서합계표에 반영될 세무구분은 몇 개인가?

① 1개 ② 2개
③ 3개 ④ 4개

16 2019년 2기 부가가치세 확정신고 시 매출세금계산서를 누락하여 수정신고를 하려고 한다. 수정신고서 작성 후 수정신고 때 실제로 납부(환급)할 세액은 얼마인가? (누락된 전표는 입력되어 있고, 수정신고서 작성일자는 2020년 2월 1일이다.)

① 200,000원 납부   ② 200,000원 환급
③ 715,000원 납부   ④ 715,000원 환급

17 다음 중 2019년 2기 부가가치세 예정신고 때 계산서 매출이 발생한 거래처는?

① ㈜성호기업   ② ㈜주안실업
③ ㈜한동테크   ④ ㈜형광공업

18 다음 중 건물등감가상각자산취득명세서를 전표에서 불러올 때 해당하는 세무구분이 아닌 것은?

① 21.과세매입   ② 22.영세매입
③ 23.면세매입   ④ 24.매입불공

19 2019년 2기 부가가치세 예정신고 시 공제 가능한 매입세액은 얼마인가?

① 3,500,000원   ② 5,365,000원
③ 8,865,000원   ④ 49,635,000원

20 당사의 2019년 1기 예정 부가세신고서에 첨부될 서식이 아닌 것은?

* 본 문제는 시뮬레이션 문제로서 [실기메뉴]의 메뉴를 활용하여 문제에 답하시오.

① 수출실적명세서   ② 신용카드발행집계표
③ 매입처별세금계산서합계표   ④ 공제받지못할매입세액명세서

01 다음 중 ERP를 성공적으로 구축하기 위한 요건으로 가장 거리가 먼 것은 무엇인가?

① 업무 단위별로 추진하지 않는다.
② 현재의 업무 방식을 벗어나지 않는다.
③ 커스트마이징은 가급적 최소화 시킨다.
④ IT 업체 중심으로 프로젝트를 진행하지 않는다.

02 다음 중 ERP 도입 효과로 가장 적합하지 않은 것은 무엇인가?

① 불필요한 재고를 없애고 물류비용을 절감할 수 있다.
② 업무의 정확도가 증대되고 업무 프로세스가 단축된다.
③ 의사결정의 신속성으로 정보공유의 시간적 한계가 있다.
④ 업무시간을 단축할 수 있고 필요인력과 필요자원을 절약할 수 있다.

03 다음 [보기] 내용은 ERP 구축절차 4단계 중 어느 단계에 해당하는가?

[보기] 데이터 전환 및 시험 가동

① 구현단계   ② 구축단계
③ 설계단계   ④ 분석단계

04 다음 중 클라우드 ERP와 관련된 설명으로 가장 적절하지 않은 것은 무엇인가?

① 클라우드를 통해 ERP 도입에 관한 진입장벽을 높일 수 있다.
② IaaS 및 PaaS 활용한 ERP를 하이브리드 클라우드 ERP라고 한다.
③ 서비스형 소프트웨어 형태의 클라우드로 ERP을 제공하는 것을 SaaS ERP라고 한다.
④ 클라우드 ERP는 고객의 요구에 따라 필요한 기능을 선택·적용한 맞춤형 구성이 가능하다.

05 다음 중 일반기업회계기준상 회계정보의 질적 특성 중 신뢰성에 해당하는 내용이 아닌 것은?

① 이전의 예측치에 대해서 확인 및 수정이 가능하다.
② 경제적 자산과 이에 대한 변동에 대해 충실하게 표현한다.
③ 동일한 사건에 대해 동일한 측정방법을 적용할 경우 동일 또는 유사한 결론에 도달한다.
④ 어느 한편에 치우치지 않은 중립성을 가진다.

06 [보기]의 거래를 회계처리할 경우 적절한 계정과목은?

> **[보기]**
> 3월 7일 업무용 컴퓨터를 구입하고, 대금은 월말에 지급하기로 했다.

① 상품   ② 외상매입금
③ 미지급금   ④ 선급금

07 다음 중 포괄손익계산서의 유용성으로 볼 수 없는 것은?

① 미래현금흐름의 예측   ② 과세소득의 기초자료 활용
③ 기업경영활동의 성과 측정   ④ 소유자 지분에 대한 정보 제공

08 [보기]는 무엇에 대한 설명인가?

> **[보기]**
> 가. 상품의 판매활동과 기업의 경영관리 활동에서 발생하는 비용
> 나. 매출원가에 속하지 않는 비용
> 다. 대손상각비, 접대비 등

① 매출원가   ② 영업외비용
③ 판매비와관리비   ④ 법인세비용

09 회사는 2019년 10월 1일 차량보험에 가입하였고 보험료 2,400,000원을 납부하였다. 보험은 매년 갱신되며 1년분 보험료를 선납하는 조건이다. 회계기간이 2019년 1월 1일부터 2019년 12월 31일인 경우 2019년 결산 시 당기 보험료로 계상할 금액은 얼마인가?

① 200,000원   ② 600,000원
③ 1,800,000원   ④ 2,400,000원

10 다음 중 회계상 거래인 것은?

① 종업원 채용   ② 자동차 구입계약
③ 배상책임 법률자문   ④ 홍수로 인한 상품의 유실

11 다음 중 현금및현금성자산으로 구분할 수 없는 것은?

① 당좌예금   ② 수입인지
③ 보통예금   ④ 자기앞수표

12 [보기]는 어떤 기업의 대손 관련 거래이다. 12월 31일 결산일 해당 기업이 수행해야 할 회계처리의 대변항목으로 올바른 것은?(단, 기초 대손충당금은 100,000원이다.)

> **[보기]**
> 7월 1일
> 거래처의 도산으로 외상매출금 60,000원이 회수불능이 되었다.
>
> 12월 31일
> 외상매출금 기말 잔액 5,000,000원에 대해 1%의 대손을 추산하다.

① 외상매출금 60,000원   ② 대손충당금환입 60,000원
③ 대손상각비 10,000원   ④ 대손충당금 10,000원

13 [보기]에 대해 올바르게 분개한 것은?

[보기]
어떤 기업은 실지재고조사법을 적용하고 있다. 기중에 이 기업은 ₩5,000,000의 원재료를 외상으로 매입하였다. 매입에 소요된 운송비는 ₩200,000, 보험료는 ₩100,000으로 확인되었다.

	차 변	대 변
①	상품 ₩5,000,000	외상매입금 ₩5,000,000
②	매입 ₩5,300,000	외상매입금 ₩5,300,000
③	매입 ₩5,000,000	외상매입금 ₩5,000,000
④	상품 ₩5,300,000	외상매입금 ₩5,300,000

14 [보기]는 어떤 건물에 대한 자료이다. 자료를 이용하여 2019년 12월 31일 건물에 대한 장부금액을 계산한 것으로 옳은 것은?

[보기]
- 취득일 : 2018년 1월 1일   - 취득원가 : 20,000,000원
- 잔존가치 : 1,000,000원   - 내용연수 : 5년
- 상각방법 : 정액법

① 3,800,000원   ② 7,600,000원
③ 10,000,000원   ④ 12,400,000원

15 다음 중 부채에 대한 설명으로 옳지 않은 것은?

① 유동성장기부채는 유동부채로 분류한다.
② 부채는 1년을 기준으로 유동부채와 비유동부채로 분류한다.
③ 외상매입금은 일반적 상거래 이외에서 발생한 지급기일이 도래한 확정채무를 말한다.
④ 사채는 비유동부채로 분류된다.

16 [보기]는 퇴직급여충당부채 관련 자료이다. 결산 시 전 임직원이 퇴직한다고 가정할 경우 지급해야 할 퇴직금 총액은 얼마인가?

> **[보기]**
> 〈기초〉 퇴직급여충당부채 15,000,000원
> 〈기중〉 퇴직한 종업원에게 지급한 퇴직금 10,500,000원
> 〈기말〉 (차)퇴직급여 7,000,000원 (대)퇴직급여충당부채 7,000,000원

① 4,500,000원   ② 7,000,000원
③ 10,500,000원   ④ 11,500,000원

17 [보기]의 이월결손금 보전을 올바르게 분개한 것은?

> **[보기]**
> 이월결손금 ₩2,000,000을 보전하기 위해 발행주식수 1,000주(액면가 ₩5,000)를 500주로 병합하였다.

	차 변		대 변	
①	자본금 ₩2,000,000		이월결손금	₩2,000,000
②	자본금 ₩5,000,000		이월결손금	₩2,000,000
			자본금	₩3,000,000
③	자본금 ₩2,500,000		이월결손금	₩2,000,000
			자기주식처분이익	₩500,000
④	자본금 ₩2,500,000		이월결손금	₩2,000,000
			감자차익	₩500,000

18 다음 중 자본조정으로 분류할 수 없는 것은?

① 주식발행초과금   ② 주식매입선택권
③ 주식할인발행차금   ④ 자기주식처분손실

19 다음 계정과목 중 영업이익 계산과정에서 제외되어야 하는 것은?

① 매출원가
② 대손상각비
③ 건물의 감가상각비
④ 매출채권 처분손실

20 [보기]의 자료를 활용하여 당기 상품매출원가를 계산하면 얼마인가?

[보기]
- 기초상품재고액 20,000,000원
- 기말상품재고액 3,000,000원
- 당기상품매입액 10,000,000원
- 매입운임 500,000원
- 매입에누리 300,000원

① 17,000,000원
② 17,200,000원
③ 27,000,000원
④ 27,200,000원

01 당사가 사용하고 있는 전표출력 기본양식은 무엇인가?

① 3번양식　　　　　　　　　　　② 5번양식
③ 6번양식　　　　　　　　　　　④ 9번양식

02 다음 중 거래처 구분에 대한 설명으로 옳지 않은 것은?

① 기타 - 일반, 무역, 주민 이외의 거래처
② 무역 - 무역거래와 관련된 수출 및 수입 거래처
③ 일반 - 세금계산서 및 계산서 등 교부대상 거래처
④ 카드사 - 구매대금의 결제를 위해 교부받은 신용카드

03 당사는 업무용승용차 관련비용 명세서를 작성하기 위해 차량비용 전표입력 시 관리항목 'L1. 차량번호'를 등록하고자 한다. 다음 중 전표입력 시 차량번호를 등록할 수 없는 계정과목은?

① 81200.여비교통비　　　　　　　② 81800.감가상각비
③ 82100.보험료　　　　　　　　　④ 82200.차량유지비

04 2019년 6월에 현금지출이 가장 많았던 판매관리비 계정과목은?

① 접대비　　　　　　　　　　　　② 소모품비
③ 여비교통비　　　　　　　　　　④ 차량유지비

05 당사는 거래처를 지역별로 분류하여 관리한다. 2019년 6월 30일 현재 지역별 외상매입금 잔액으로 옳지 않은 것은?

① 기타 - 22,000,000원　　　　　② 성북구 - 6,823,000원
③ 관악구 - 78,000,000원　　　　④ 강남구 - 87,745,000원

06 당사는 제품판매 거래에 대해 전표입력 시 사원 관리항목을 등록하여 관리한다. 다음 중 영업 사원별 판매실적을 집계하려고 할 때 가장 적합한 장부는 무엇인가?

① 일월계표
② 총계정원장
③ 계정별원장
④ 관리항목원장

07 당사는 2019년 1월말 결산을 하려고 한다. 다음 [보기]의 기말정리사항 입력 후 2019년 1월말 결산 시 당기순이익은 얼마인가?

> **[보기]**
> • 기말재고 : 상품 400,000,000원
> • 고정자산등록의 자료를 반영하고, 그 외 기말정리사항은 없다.

① 당기순손실 20,796,976원
② 당기순손실 24,365,000원
③ 당기순이익 20,796,976원
④ 당기순이익 24,365,000원

08 당사는 2019년 1월말 결산시 받을어음에 대해 2%의 대손충당금을 설정하려고 한다. 다음 중 회계처리로 옳은 것은?

① 대손상각비 500,000 / 대손충당금 500,000
② 대손상각비 2,500,000 / 대손충당금 2,500,000
③ 대손충당금 500,000 / 대손충당금환입 500,000
④ 대손충당금 2,500,000 / 대손충당금환입 2,500,000

09 다음 [보기]의 고정자산 취득내역을 등록하고 해당 자산의 감가상각비를 계산하면 얼마인가?

> **[보기]**
> • 자산유형 : 비품
> • 자산코드 : 21200009
> • 자산명 : 전화기
> • 취득일 : 2019년 4월 5일
> • 취득금액 : 500,000원
> • 상각방법 : 정률법
> • 내용연수 : 5년
> • 경비구분 : 500번대

① 75,000원
② 100,000원
③ 169,125원
④ 225,500원

10 당사의 2019년 12월말 기간비용 결산시 재무제표에 계상될 선급비용은 얼마인가?

① 3,978,312원
② 4,032,728원
③ 7,988,960원
④ 16,000,000원

11 다음 [보기]의 거래내역을 입력한 다음 2019년 6월 한달 동안 재경부에 집행된 전체 예산 집행율은 얼마인가? (집행방식 : 승인집행)

[보기]
2019년 6월 11일 한국식당에서 재경부 회식을 하고 회식비 500,000원을 신안카드(매입)로 결제 했다. (부가세는 고려하지 않는다.)

① 81%
② 82%
③ 83%
④ 84%

12 2019년 3월 31일 현재 계정 구분별 가용자금 금액으로 옳지 않은 것은?

① 외화예금 – 36,000,000원
② 현금 – 128,405,000원
③ 당좌예금 – 261,522,000원
④ 보통예금 – 853,209,300원

13 당사는 2019년 5월의 자금수지계획을 세우려 한다. 다음 중 5월의 수입 및 지출예정 자금과목이 아닌 것은?

① 인건비
② 제세공과금
③ 받을어음추심
④ 사무실임차료

14 당사는 지출증빙을 관리하기 위해 전표입력 시 증빙을 입력하고 있다. 2019년 1년간 각 증빙별 합계 금액으로 옳지 않은 것은?

① 계산서 – 250,000원
② 현금영수증 – 500,000원
③ 세금계산서 – 643,730,000원
④ 신용카드(개인) – 5,500,000원

15 당사의 부가가치세신고 관할 세무서는 어디인가?

① 동작   ② 마포
③ 송파   ④ 종로

16 당사의 부가가치세신고 방식에 대한 설명으로 옳은 것은?

① 각 사업장별로 신고 및 납부한다.
② 사업자 단위과세 사업자로 신고 및 납부를 모두 ㈜한국생산 본점에서 한다.
③ 총괄납부 사업자로 ㈜한국생산 본점에서 모두 총괄하여 신고 및 납부한다.
④ 총괄납부 사업자로 신고는 각 사업장별하고 납부는 ㈜한국생산 본점에서 총괄하여 납부한다.

17 2019년 2기 확정 부가가치세 신고 시 매출분에 포함된 예정신고누락분의 거래처는 어디인가?

① ㈜성호기업   ② ㈜주안실업
③ ㈜한동테크   ④ ㈜형광공업

18 다음 [보기]의 거래내역을 입력한 다음 2019년 1기 확정 부가가치세 신고시 납부할 세액은?

> **[보기]**
> 2019년 5월 30일 나라상사㈜에 면세 상품을 20,000,000원에 외상으로 판매하고 전자계산서를 발급했다.

① 15,990,000원   ② 17,990,000원
③ 19,990,000원   ④ 21,990,000원

19 다음 [보기]의 세무구분 중 '의제매입세액공제신청서'에 반영되는 세무구분을 모두 고르시오.

> **[보기]**
> ㉠ 21.과세매입   ㉡ 22.영세매입   ㉢ 23.면세매입
> ㉣ 24.매입불공제   ㉤ 25.수입   ㉥ 26.의제매입세액등

① ㉢, ㉥   ② ㉣, ㉥
③ ㉠, ㉢, ㉥   ④ ㉠, ㉡, ㉢, ㉥

20 2019년 2기 예정 부가가치세 신고 시 고정자산 매입세액은 얼마인가?

① 500,000원 　　　　　　　　② 1,500,000원
③ 2,000,000원 　　　　　　　④ 2,500,000원

01 다음 중 ERP의 기능적 특징으로 볼 수 없는 것은 무엇인가?

① 투명 경영의 수단으로 활용
② 단일국적, 단일통화, 단일언어 지원
③ 경영정보제공 및 경영조기경보 체계구축
④ 중복 업무의 배제 및 실시간 정보처리체계

02 ERP 구축절차 중 TFT결성, 현재 시스템 문제파악, 경영전략 및 비전도출 등을 하는 단계는 다음 중 무엇인가?

① 구축단계   ② 구현단계
③ 분석단계   ④ 설계단계

03 다음 중 ERP 도입의 성공전략으로 바르지 않은 것은 무엇인가?

① 현재의 업무방식을 그대로 고수하지 말아야 한다.
② 최고경영진이 참여하는 프로젝트로 진행해야 한다.
③ ERP 구현 후 진행되는 BPR에 대비하면서 도입하여야 한다.
④ 업무상의 효과보다 소프트웨어의 기능성 위주로 적용대상을 판단하지 말아야 한다.

04 ERP 도입 시 고려해야 할 사항으로 가장 적절하지 않은 것은?

① 경영진의 강력한 의지   ② 임직원의 전사적인 참여
③ 자사에 맞는 패키지 선정   ④ 경영진 중심의 프로젝트 진행

05 다음 중 일반기업회계기준상 빈 칸에 들어갈 것으로 적절한 것은?

매출액 - 매출원가 = (   )

① 매출총이익   ② 법인세비용차감전순이익
③ 매출원가   ④ 영업외수익

06 다음 계정과목 중 영업이익 계산과정에서 제외되어야 할 것만 열거한 것은?

| ㄱ. 매출원가 | ㄴ. 종업원의 복리후생비 | ㄷ. 이자비용 |
| ㄹ. 건물의 감가상각비 | ㅁ. 기부금 | ㅂ. 단기매매증권평가손실 |

① ㄱ, ㄷ, ㅁ
② ㄴ, ㅁ, ㅂ
③ ㄷ, ㄹ, ㅂ
④ ㄷ, ㅁ, ㅂ

07 다음 중 계정과목 설명이 적절하지 않은 것은?

① 선수금 : 거래처로부터 주문받은 제품이나 상품 등을 일반적 상거래에서 발생한 대가로 미리 받은 계약금
② 미지급금 : 일반적인 상거래 이외 거래에서 발생한 채권
③ 채무면제이익 : 기업이 부담할 채무에 대해 채권자의 채권포기로 인해 기업이 얻는 이익
④ 가지급금 : 현금 등의 지출함에 있어서 금액과 계정과목이 확정되지 않은 경우 임시적으로 처리하는 가계정

08 다음 거래 내용을 보고 12월 31일 결산 이후 손익계산서 상 소모품비로 계상될 금액은 얼마인가?

> 2019년 9월 1일 사무용품 1,100,000원을 현금으로 구입하다
> (구입시점에서 소모품비로 처리함)
> 2019년 12월 31일 결산시까지 소모품사용액은 750,000원이다.

① 250,000원
② 350,000원
③ 750,000원
④ 1,100,000원

09 다음 중 결산 순서가 옳게 표시된 것은?

| 1. 거래의 발생 | 2. 시산표 작성 |
| 3. 총계정원장 기록 | 4. 재무제표 작성 |

① 1 → 3 → 2 → 4
② 1 → 2 → 3 → 4
③ 1 → 2 → 4 → 3
④ 1 → 3 → 4 → 2

10 다음 [보기] 내용을 보고 현금 및 현금성 자산 금액으로 옳은 것은?

> **[보기]**
> 1. 당좌예금 : 300,000원
> 2. 타인발행수표 : 150,000원
> 3. 자기앞수표 : 390,000원
> 4. 보통예금 : 250,000원
> 5. 수입인지 : 50,000원

① 840,000원
② 940,000원
③ 1,090,000원
④ 1,140,000원

11 다음 자료를 이용하여 ㈜보스턴이 당기에 보고해야 할 단기매매증권처분손익을 계산하면 얼마인가?

> ㈜보스턴은 ㈜뉴욕이 발행한 주식 100주(주당 액면가액 5,000원, 전기 초에 주당 6,000원에 취득) 전부를 당기 중에 주당 7,500원에 처분하였다. (단, 해당 주식의 전기말 공정가액은 주당 7,900원이다.)

① 단기매매증권처분손실 40,000원
② 단기매매증권처분이익 150,000원
③ 단기매매증권처분손실 50,000원
④ 단기매매증권처분이익 190,000원

12 다음 거래에 대한 회계처리 중 올바른 것은?

> 10월 1일
> 거래처 A의 파산으로 받을어음 3,000,000원이 회수불능이 되었다. (단,10월 1일 현재 대손충당금 잔액은 2,000,000원임)

	차변	대변
①	대손충당금 2,000,000원 대손상각비 1,000,000원	받을어음 3,000,000원
②	대손충당금 3,000,000원	받을어음 3,000,000원
③	받을어음 3,000,000원	대손충당금 3,000,000원
④	대손충당금 2,000,000원	받을어음 2,000,000원

13 다음 중 일반적인 재무제표의 계정과목 분류가 옳지 않은 것은?

① 재공품 : 무형자산
② 건설중인자산 : 유형자산
③ 퇴직급여충당부채 : 비유동부채
④ 단기매매증권평가손익 : 영업외손익

14 다음 자료를 이용하여 2019년 10월 1일 처분시점의 차량운반구 장부가액은 얼마인가?

> **2018년 1월 1일**
> 영업부 차량운반구를 ₩30,000,000에 현금으로 구입하였다. (내용연수는 10년, 잔존가치는 ₩0,
> 정액법을 적용하여 감가상각을 하며, 결산일은 12월 31일임)
>
> **2019년 10월 1일**
> 영업부 차량운반구를 현금 ₩20,000,000을 받고 중고차 매매상에게 매각하였다.

① 20,750,000원
② 23,000,000원
③ 24,750,000원
④ 30,000,000원

15 다음 중 재무상태표에서 통화대용증권으로 분류될 수 없는 항목은?

① 우편환증서
② 송금수표
③ 타인발행수표
④ 미지급금

16 다음 자료에서 이익잉여금으로 분류할 수 있는 것은 몇 개인가?

> 주식발행초과금, 감자차익, 이익준비금, 미교부주식배당금,
> 주식할인발행차금, 자기주식처분손실, 자기주식

① 1개
② 2개
③ 3개
④ 4개

17 ㈜생산성의 2019년 1월 1일 자본금은 10,000,000원(주식수10,000주, 액면가 1,000원)이다. 2019년 6월 1일 주당 1,100원에 5,000주를 유상증자하였다. 기말자본금은 얼마인가?

① 10,000,000원
② 14,000,000원
③ 15,000,000원
④ 15,500,000원

18 [보기]에 의해 적립될 이익준비금을 계산하면 얼마인가?

> **[보기]**
>
> 자본금 : ₩20,000,000 당기순이익 : ₩2,000,000
> 이익준비금 : 상법상 최소 한도액만 적립 배당률 : 15%(현금배당 10%, 주식배당 5%)

① ₩100,000 ② ₩150,000
③ ₩200,000 ④ ₩300,000

19 다음 중 손익계산서 상 영업외비용으로 분류할 수 없는 계정과목은?

① 원가성이 없는 재고자산감모손실 ② 기부금
③ 재해손실 ④ 생산직 사원급여

20 다음 [보기]의 내용에 따라 매출원가를 계산하면 얼마인가?

> **[보기]**
> • 매출액 ₩20,000,000 • 기초재고액 ₩7,000,000
> • 당기매입액 ₩10,000,000 • 기말재고액 ₩2,000,000
> • 매출할인 ₩700,000 • 매입할인 ₩1,000,000
> • 매입에누리 ₩500,000

① ₩10,800,000 ② ₩11,000,000
③ ₩11,500,000 ④ ₩13,500,000

01 ㈜유명 당사가 사용하고 있는 ERP의 회계모듈 관련 시스템환경설정에 대한 설명으로 옳지 않은 것은?

① 예산을 사용부서 기준으로 사용하고 있다.
② 전표출력 기본 양식은 4번 양식을 사용하고 있다.
③ 전표입력 시 과거 유사한 전표를 [전표복사] 기능을 사용하여 입력할 수 있다.
④ 전표 분개 시 차변/대변 분개만 사용 가능하고 입금/출금 간편 분개는 사용 불가하다.

02 ㈜유명 당사는 2019년에 최초 ERP를 도입하여 2018년 기말 재무제표 자료를 2019년 기초에 모두 입력하여 사용하고 있다. ㈜유명 본점의 2019년 회계초기 자료에 대한 설명으로 옳지 않은 것은?

① 상품은 프로젝트별로 잔액관리를 하고 있었다.
② 2018년 기말 차량운반구의 감가상각누계액은 9,004,330원 이었다.
③ 2018년 기말 ㈜한동테크 거래처의 외상매출금 잔액은 90,814,000원이었다.
④ 2018년 기말 보통예금 잔액은 신안은행 : 1,000,000,000원, 한아은행 : 428,900,000원 이었다.

03 김종민 사원의 〈A.회계관리〉 모듈 거래처원장 조회 권한으로 옳은 것은?

① 회사
② 사업장
③ 부서
④ 사원

04 ㈜유명 본점의 2019년 1분기까지의 현금및현금성자산 잔액은 얼마인가?

① 86,000,000원
② 1,050,497,000원
③ 1,092,203,600원
④ 3,590,469,685원

05 다음 [보기]의 내용을 참고하여 고정자산 추가등록을 수행하고 물음에 답하시오.

[보기]
회계단위 : ㈜유명 본점   자산유형 : 차량운반구
자산코드 : 2080004   자산명 : 카니발(5514)
추가등록사항 : 2019년10월1일 전액 양도처리
자산코드 : 2080004, 자산명 : 카니발(5514)의 2019년 당기 감가상각비는 얼마인가?

① 5,000,000원   ② 5,500,000원
③ 6,000,000원   ④ 6,500,000원

06 ㈜유명 본점은 ERP를 통해 사용부서별로 사무용품비(판관비)를 관리하고 있다. 전년대비 당기 한 해 동안 사무용품비(판관비)가 가장 많이 증가한 부서로 옳은 것은?

① 생산부   ② 영업부
③ 재경부   ④ 구매자재부

07 ㈜유명 본점의 2019년 3월 말 결산 시 소모품의 기말 재고액은 6,500,000원이다. 장부의 금액을 확인 후 이와 관련된 2019년 3월말 결산 수정분개로 가장 옳은 것은? (단, 소모품은 취득 시 자산처리 하였다.)

① 차변) 소모품 4,000,000원   대변) 소모품비 4,000,000원
② 차변) 소모품비 4,000,000원   대변) 소모품 4,000,000원
③ 차변) 소모품 6,500,000원   대변) 소모품비 6,500,000원
④ 차변) 소모품비 6,500,000원   대변) 소모품 6,500,000원

08 ㈜유명 본점은 수령한 어음 중 2019년04월03일 어음번호 0042019040300001을 나라상사 ㈜ 거래처에게 발행하였다. 어음번호 0042019040300001 관련하여 부분결제처리 된 금액을 제외하고 만기 시 지급해야 할 잔액은 얼마인가?

① 11,000,000원   ② 21,000,000원
③ 29,000,000원   ④ 33,000,000원

09 다음 중 ㈜유명 본점의 2019년 한 해 동안 직원급여(판매관리비)가 가장 많이 발생한 분기는?

① 1/4분기 　　　　　　　　　　　② 2/4분기
③ 3/4분기 　　　　　　　　　　　④ 4/4분기

10 ㈜유명 본점은 거래처를 지역별로 분류하여 지역별 매출액을 관리하고 있다. 당기 한 해 동안 제품매출액이 가장 적은 지역은 어디인가?

① 광주 　　　　　　　　　　　② 부산
③ 서울 　　　　　　　　　　　④ 춘천

11 2019년 상반기동안 재경부에서 사용한 예산 중 집행율이 가장 큰 계정과목은? (단, 집행방식은 승인집행으로 조회)

① 복리후생비 　　　　　　　　　② 여비교통비
③ 통신비 　　　　　　　　　　　④ 수도광열비

12 ㈜유명은 업무용승용차 관련비용 특례 규정에 따라 차량별로 비용을 관리하고 있다. 다음 중 업무용승용차관련비용명세서에서 전표에 입력된 관련 계정 금액을 자동으로 불러오기 위한 계정과목별 관리항목 설정이 올바르지 않은 것은?

① 81700.세금과공과금 　　　　　② 81900.지급임차료
③ 82000.수선비 　　　　　　　　④ 82200.차량유지비

13 ㈜유명 본점은 선입선출법 기준으로 거래처별 채권년령을 관리하고 있다. 2019년 06월 30일 기준으로 6개월 전까지 ㈜성호기업 거래처의 외상매출금 채권년령 내역 중 2019년 02월 채권이 아직 미회수된 금액은 얼마인가?

① 22,000,000원 　　　　　　　② 30,000,000원
③ 32,166,000원 　　　　　　　④ 77,000,000원

14 ㈜유명 본점의 2019년 8월 한 달 동안 현금지출이 가장 많았던 판매관리비 계정과목은 무엇인가?

① 81100.복리후생비
② 81200.여비교통비
③ 81400.통신비
④ 82200.차량유지비

15 다음 [보기]의 거래내역을 전표입력 후 2019년 1기 확정 부가세 신고기간동안 부가세신고서를 작성한 내용으로 가장 옳은 것은?(단, 입력한 전표와 연관된 답을 산출할 것)

[보기]
㈜유명 본점은 2019년06월26일 일반과세자인 우리소프트(주) 거래처에게 원재료(공급가 1,000,000원, 세액 100,000원)를 매입 후 사업용신용카드인 신안카드로 결재하였다.
(단, 카드결재 대금은 미지급금으로 처리할 것)

① 그 밖의 공제매입세액 부분에 세액 350,000원이 반영된다.
② 공제받지못할 매입세액 부분에 세액 3,500,000원이 반영된다.
③ 세금계산서 수취분 일반매입 부분에 세액 10,200,000원이 반영된다.
④ 세금계산서 수취분 고정자산매입 부분에 세액 3,000,000원이 반영된다.

16 ㈜유명 본점의 2019년 2기 부가세 예정신고 기간 동안의 신용카드발행집계표/수취명세서 서식에 대한 설명으로 옳지 않은 것은?

① 신용카드 매출 거래가 없었다.
② 현금영수증으로 매입한 내역은 존재하지 않는다.
③ 신용카드로 매입한 내역은 모두 사업용신용카드로 결제하였다.
④ 신용카드로 매입한 내역 중 고정자산 매입관련 세액은 100,000원이다.

17 ㈜유명 본점의 2019년 1기 부가세 예정신고기간동안 첨부대상이 아닌 부속명세서는? (단, 부가세 신고서는 사전에 마감처리 되어 있다)

① 수출실적명세서
② 매출처별세금계산서합계표
③ 공제받지못할매입세액명세서
④ 건물등감가상각자산취득명세서

18 ㈜유명 본점의 2019년 2기 확정 부가세 신고기간동안 부동산임대공급가액명세서의 도민실업 (주) 거래처에 해당하는 간주임대료 회계처리를 2019년 12월 31일자로 수행하고, 2019년 한 해 동안 간주공급에 해당하는 세무구분 14.건별매출의 세액 합으로 옳은 것은? (단, 비용은 판매관리비 계정을 사용하고 끝전은 원단위 절사처리 하며 전표는 승인기준으로 조회할 것)

① 456,000원　　　　　　　　　　　② 512,712원

③ 10,000,000원　　　　　　　　　　④ 184,430,000원

19 다음 [보기]의 거래를 전표입력 후 2019년 2기 예정 부가세신고기간에 공제받지 못한 매입세액은 얼마인가? (단, 프로젝트별 공통매입세액 안분은 하지 않는다.)

[보기]
㈜유명 본점은 2019년 07월 03일 면세사업과 관련된 원재료를 구입하고 매입전자세금계산서를 수취하였다. 대금은 한아은행 보통예금 계좌에서 전액 이체하였다.
매입처 : ㈜ 중원　　　공급가액 : 9,000,000원　　　세액 : 900,000원

① 900,000원　　　　　　　　　　② 3,500,000원

③ 4,400,000원　　　　　　　　　　④ 9,000,000원

20 ㈜유명 본점의 2019년 2기 부가세 확정 신고시 매입에 대한 예정신고 누락분의 금액은 얼마인가?

① 150,000원　　　　　　　　　　② 300,000원

③ 2,800,000원　　　　　　　　　　④ 3,000,000원

01 다음 중 ERP의 도입 목적에 해당한다고 볼 수 없는 것은 무엇인가?

① 재고관리 능력의 향상
② 시스템 표준화를 통한 데이터 일관성 유지
③ 폐쇄형 정보시스템 구성으로 자율성, 유연성 극대화
④ 클라이언트/서버 컴퓨팅 구현으로 시스템 성능 최적화

02 다음 중 ERP 도입시 구축절차에 따른 방법에 대한 설명으로 가장 적합한 것은 무엇인가?

① 분석단계에서는 패키지 기능과 To-BE 프로세스와의 차이를 분석한다.
② 설계단계에서는 AS-IS를 파악한다.
③ 구축단계에서는 패키지를 설치하고 커스터마이징을 진행한다.
④ 구현단계에서는 시험가동 및 시스템평가를 진행한다.

03 다음 중 ERP의 발전과정으로 가장 적절한 것은 무엇인가?

① MRP Ⅱ → MRP Ⅰ → ERP → 확장형ERP
② ERP → 확장형ERP → MRP Ⅰ → MRP Ⅱ
③ MRP Ⅰ → ERP → 확장형ERP → MRP Ⅱ
④ MRP Ⅰ → MRP Ⅱ → ERP → 확장형ERP

04 ERP에 대한 설명으로 적절하지 않은 것은?

① 프로세스 중심의 업무처리 방식을 갖는다.
② 개방성, 확장성, 유연성이 특징이다.
③ 의사결정방식은 Bottom-Up 방식이다.
④ 경영혁신 수단으로 사용된다.

05 다음 중 재무회계에 관한 설명으로서 가장 적절하지 않은 것은?

① 기업의 외부 정보이용자에게 유용한 정보를 제공하는 것을 주된 목적으로 한다.
② 일정시점의 경영성과를 나타내는 보고서는 손익계산서이다.
③ 일반적으로 인정된 회계기준을 보고기준으로한다.
④ 재무제표에는 재무상태표, 손익계산서, 자본변동표, 현금흐름표, 주석이 있다.

06 [보기]의 거래를 회계처리할 경우 적절한 계정과목은?

> **[보기]**
> 3월 7일 업무용 컴퓨터를 구입하고, 대금은 월말에 지급하기로 했다.

① 상품   ② 외상매입금
③ 미지급금   ④ 선급금

07 다음은 무엇에 대한 설명인가?

> • 일정기간동안 발생한 자본의 변동을 보고하는 재무제표
> • 자본금, 자본잉여금, 자본조정, 기타포괄손익누계액, 이익잉여금으로 구성

① 자본변동표   ② 현금흐름표
③ 손익계산서   ④ 재무상태표

08 전표는 분개장의 대용으로 거래를 최초로 기록하고 관련부서에 전달할 수 있도록 일정한 양식을 갖춘 용지를 말한다. 기말의 결산정리분개 중 감가상각비의 계상에 적용되는 전표는 어느 것인가?

① 대체전표   ② 입금전표
③ 출금전표   ④ 입출금전표

09 다음 자료를 근거로 2019년도 결산 후 재무상태표 상 미지급비용로 산정될 금액은 얼마인가?

> 가. 2019년 12월 31일 결산 조정 전 합계잔액시산표 상 미지급비용 잔액 200,000원이다.
> 나. 2019년 12월 31일 결산정리사항으로 이자비용 미계상분이 50,000원이다.

① 50,000원
② 150,000원
③ 200,000원
④ 250,000원

10 다음은 "기업 고유의 사업목적 이외의 자산을 판매하고 회수되지 않은 금액" 계정과목으로 적절한 것은?

① 외상매출금
② 가지급금
③ 미수금
④ 선급금

11 다음 내용을 보고 12월 31일 결산시점의 분개로 차변 계정과목과 금액으로 적절한 것은?

> **10월 1일**
> 영업부에서 사용하는 차량에 대한 보험료 2,000,000원을 보통예금계좌에서 이체하고 전액 보험료로 회계처리하였다.
>
> **12월 31일**
> 결산시점에 보험료 미경과분 1,500,000원을 계상하다.

① 보험료 2,000,000원
② 보험료 500,000원
③ 선급비용 1,500,000원
④ 선급비용 500,000원

12 다음 보기의 내용을 회계처리할 경우 가장 적절한 계정과목은?

> **[보기]**
> 거래처에 상품을 주문하고 상품 대금의 일부를 계약금으로 미리 지급하는 경우 그 금액

① 예수금
② 선수금
③ 선수수익
④ 선급금

13 다음의 자료에서 당좌자산은 얼마인가?

• 매도가능증권 ₩500,000	• 토지 ₩5,000,000
• 영업권 ₩3,000,000	• 미수금 ₩2,000,000
• 단기매매증권 ₩1,000,000	• 개발비 ₩500,000
• 받을어음 ₩700,000	• 재고자산 ₩2,000,000
• 자본금 ₩3,500,000	

① ₩3,700,000   ② ₩4,500,000

③ ₩4,700,000   ④ ₩6,700,000

14 다음은 단기간 매매차익을 목적으로 보유하고 있는 단기매매증권에 대한 내용이다. 2019년 12월 31일 결산시점의 단기매매증권평가손익을 계산하면 얼마인가?

> **2017년 9월 1일**
> 단기간 매매차익을 목적으로 A주식 10,000주를 @₩1,000(액면 @₩5,000)에 현금으로 취득하다.
>
> **2018년 12월 31일**
> 현재 보유 중인 A주식의 공정가치를 @₩950으로 평가하다.
>
> **2019년 12월 31일**
> 현재 보유 중인 A주식의 공정가치를 @₩1,100으로 평가하다.
> (단, 다른 조건은 없음으로 가정함)

① 단기매매증권평가손실 500,000   ② 단기매매증권평가이익 1,500,000

③ 단기매매증권평가손실 1,500,000   ④ 단기매매증권평가이익 1,000,000

15 다음 중 기말재고자산 단가를 결정하는 방법은?

① 이동평균법   ② 계속기록법

③ 총액법   ④ 실지재고조사법

16 다음 중 감가상각의 대상이 아닌 것은?

① 토지   ② 구축물

③ 비품   ④ 기계장치

17 다음은 ㈜광화문의 사채발행 내용이다. 사채의 발행금액은?

- 발행일 : 2018년 1월 1일
- 액면금액 : ₩1,000,000
- 발행당시의 시장이자율 : 12%
- 상환일 : 2019년 12월 31일
- 액면이자율 : 연리 10%
- 이자지급횟수 : 연 1회

단, 2년 만기에 시장이자율이 10%일 경우, 연금의 현재가치계수와 현재가치계수는 각각 1.7355, 0.8264이고 시장이자율이 12%일 경우, 연금의 현재가치계수와 현재가치계수는 각각 1.69, 0.79이다.

① ₩959,000
② ₩977,100
③ ₩999,950
④ ₩1,000,000

18 다음 중 자본조정항목으로 분류할 수 있는 계정과목은 무엇인가?

① 감자차익
② 이익준비금
③ 주식발행초과금
④ 자기주식처분손실

19 다음 계정과목 중 영업이익 계산과정에서 제외되어야 하는 것은?

① 매출원가
② 대손상각비
③ 건물의 감가상각비
④ 매출채권 처분손실

20 다음 자료에 의해 상품매출원가를 계산하면 얼마인가?

- 기초상품재고액 7,000,000원
- 매입에누리 750,000원
- 당기상품매출액 7,000,000원
- 당기상품매입액 4,000,000원
- 기말상품재고액 5,000,000원
- 매출에누리 150,000원

① 5,250,000원
② 6,000,000원
③ 6,850,000원
④ 7,000,000원

01 당사는 ERP를 도입하고 회계와 관련된 시스템 환경설정을 마쳤다. 다음 중 당사의 부가세 신고 유형에 대한 설명으로 옳은 것은?

① 각 사업장별로 신고 및 납부한다.
② 주사업장에서 신고와 납부를 일괄로 한다.
③ 납부는 각 사업장별로, 신고는 주사업장에서 일괄로 한다.
④ 신고는 각 사업장별로, 납부는 주사업장에서 일괄로 한다.

02 다음 중 김은찬 사원의 전표입력방식에 대한 설명으로 옳은 것은? (직접 전표를 입력하는 경우이며, 대차차액은 없는 것으로 가정한다.)

① 본인이 작성한 전표만 수정 및 삭제가 가능하다.
② 전표 입력 후 승인권자로부터 승인을 받아야만 장부 및 재무제표에 반영된다.
③ 전표 입력 후 자동으로 승인되며, 전표 수정 및 삭제 시 승인해제를 해야 한다.
④ 전표 입력 후 자동으로 승인되며, 전표 수정 및 삭제 시 승인해제를 하지 않아도 된다.

03 당사의 계정과목등록 설정을 확인하고, 전표입력 시 자동으로 유가증권명세서를 작성할 수 있는 계정과목은 무엇인가?

① 10301.보통예금
② 10500.정기예 · 적금
③ 10700.단기매매증권
④ 90200.유가증권이자

04 (주)큐브는 '자가201902200002' 어음을 2019년 4월 30일에 부분 결제하였다. '자가201902200002' 어음의 부분 결제 후 잔액은 얼마인가?

① 0원
② 8,000,000원
③ 22,000,000원
④ 30,000,000원

05 ㈜큐브는 2019년 1년간의 지출증빙서류검토표를 작성하려고 한다. 다음 중 각 증빙별 합계금액으로 옳지 않은 것은?

① 계산서 : 250,000원
② 현금영수증 : 500,000원
③ 세금계산서 : 529,230,000원
④ 신용카드(법인) : 3,500,000원

06 (주)큐브는 월 결산을 하는데 2019년 1월 말 결산 시 소모품 기말 재고액은 3,000,000원이다. 장부의 금액을 확인한 후 이와 관련된 1월 말 결산 수정 분개로 옳은 것은? (단, 소모품 취득은 자산으로 처리하고 사용은 판관비로 처리했다.)

① (차) 소 모 품 3,000,000원   (대) 소모품비 3,000,000원
② (차) 소모품비 3,000,000원   (대) 소 모 품 3,000,000원
③ (차) 소 모 품 5,000,000원   (대) 소모품비 5,000,000원
④ (차) 소모품비 5,000,000원   (대) 소 모 품 5,000,000원

07 2019년 10월 한 달 동안 (주)큐브에 입금 및 출금된 현금은 얼마인가?

① 입금액 :   3,000,000원,   출금액 :   5,300,000원
② 입금액 :   10,000,000원,   출금액 :   9,990,000원
③ 입금액 : 189,175,000원,   출금액 : 65,545,000원
④ 입금액 : 199,175,000원,   출금액 : 75,535,000원

08 (주)큐브는 6개월 이상 채권이 회수되지 않은 거래처를 파악하고자 한다. 선입선출법에 따라 외상매출금 잔액을 확인할 경우 2019년 6월 30일 현재 6개월 이상 채권이 회수가 되지 않는 거래처는 어디인가?

① ㈜성호기업
② ㈜주안실업
③ ㈜한동테크
④ ㈜형광공업

09 (주)큐브는 2019년 1분기 결산 시 받을어음에 대해 2%의 대손충당금을 설정하려고 한다. 다음 중 회계처리로 옳은 것은?

① (차) 대손상각비 1,500,000원   (대) 대손충당금   1,500,000원
② (차) 대손상각비 1,500,000원   (대) 대손충당금환입 1,500,000원

③ (차) 대손상각비 3,500,000원 　　　　(대) 대손충당금 　3,500,000원
④ (차) 대손상각비 3,500,000원 　　　　(대) 대손충당금환입 3,500,000원

10 다음 [거래내용]을 전표입력 후 해당 기간비용 [거래내용]에 대한 2019년 12월 말 년 결산 분개로 옳은 것은?

> **[거래내용]**
> 2019년 4월 1일 (주)큐브 건물의 화재보험료를 우리화재보험에게 2,000,000원에 계약하고 한아 은행 계좌에서 이체했다.
> (자산계정으로 분개, 대체계정은 82100.보험료, 계약기간은 2019/04/01~2020/03/31, 계산방법은 양편넣기)

① (차) 보험료 497,400원 　　　　　　(대) 선급비용 497,400원
② (차) 보험료 1,502,600원 　　　　　(대) 선급비용 1,502,600원
③ (차) 보험료 －497,400원
　　(차) 선급비용 497,000원
④ (차) 보험료 －1,502,600원
　　(차) 선급비용 1,502,600원

11 당사는 예산을 사용부서별로 관리하고 있다. 다음 중 2019년 7월 한달 동안 재경부에 편성된 예산을 초과하여 집행한 계정과목은 무엇인가? (집행방식은 승인집행으로 조회한다.)

① 82200.차량유지비 　　　　　　　② 82500.교육훈련비
③ 82900.사무용품비 　　　　　　　④ 83000.소모품비

12 (주)큐브는 2019년 3월 1일 단기 매매차익을 목적으로 매입한 주식(주식20190301)을 2019년 12월 31일에 주식 200주를 1주당 9,000원에 매각한다면 본 거래와 관련한 단기매매증권 처분손익 효과는 얼마인가? (단, 처분 시 수수료는 10,000원이다.)

① 70,000원 손실 　　　　　　　　② 80,000원 손실
③ 70,000원 이익 　　　　　　　　④ 80,000원 이익

13 다음 [보기]의 기말정리사항을 입력한 다음 (주)큐브의 2019년 1월 말 매출총손익은 얼마인가?

> **[보기]**
> • 기말재고 - 상품 : 50,000,000원
> • 그 외 기말 정리사항은 없다.

① 259,000,000원 손실
② 264,650,000원 손실
③ 259,000,000원 이익
④ 264,650,000원 이익

14 2019년에 (주)큐브의 재경부에서 영업부로 이동한 자산은 무엇인가?

① 21200003.데스크탑
② 21200004.노트북
③ 21200005.수납장
④ 21200008.냉장고

15 (주)큐브는 부동산임대업을 하고 있어 부가세신고시 간주임대료를 포함하여 신고하려고 한다. 2019년 1기 예정 신고시 다음 [부동산임대내역]의 자료를 입력한 후 보증금이자(간주임대료)는 얼마인가? (단, 보증금이자(간주임대료) 계산시 소수점 이하는 절사한다.)

> **[부동산임대내역]**
> • 동 : 4211040000.강원도 춘천시 남산면
> • 층 : 지상 1층
> • 호수 : 101
> • 상호(성명) : (주)성호기업
> • 면적 : 140m²
> • 용도 : 사무실
> • 임대기간 : 2019/01/01~2019/12/31
> • 보증금 : 50,000,000원
> • 월세 : 1,000,000원
> • 관리비 : 100,000원
> (이자율은 1.8%로 계산한다.)

① 221,917원
② 300,000원
③ 3,000,000원
④ 3,521,917원

16 (주)큐브의 2019년 1기 확정신고 기간에 신고할 고정자산매입세액은 얼마인가?

① 270,000원
② 3,000,000원
③ 8,700,000원
④ 15,000,000원

17 (주)큐브의 아래 [회계전표]의 전자세금계산서를 언제까지 발급해야하는가? (단, 발급 기한일이 공휴일 또는 토요일인 때에는 해당일의 다음날로 연장한다.)

> **[회계전표]**
> • 전표일자 : 2019/06/25 　　　　• 전표번호 : 00001

① 2019년 6월 25일　　　　　　② 2019년 6월 30일
③ 2019년 7월 10일　　　　　　④ 2019년 7월 31일

18 (주)큐브의 부가세 신고시 해당하는 주업종 코드는 무엇인가?

① 723000.서비스(사업관련)업 / 자료처리업
② 724000.서비스(사업관련)업 / 온라인정보제공업
③ 722000.서비스(사업관련)업 / 소프트웨어자문개발공급
④ 721000.서비스(사업관련)업 / 컴퓨터설비자문 및 소프트웨어자문 개발공급

19 당사의 2019년 2기 확정 부가가치세 신고서를 조회한 후 12월 31일 회계 처리로 옳은 것은?

① (차) 부가세예수금　9,140,000원　　　(대) 부가세대급금 25,100,000원
　　(차) 미　수　금 15,960,000원
② (차) 부가세대급금 18,070,000원　　　(대) 부가세예수금 54,060,000원
　　(차) 미　수　금 35,990,000원
③ (차) 부가세예수금 25,100,000원　　　(대) 부가세대급금　9,140,000원
　　　　　　　　　　　　　　　　　　　(대) 미 지 급 금 15,960,000원
④ (차) 부가세대급금 54,060,000원　　　(대) 부가세예수금 18,070,000원
　　　　　　　　　　　　　　　　　　　(대) 미 지 급 금 35,990,000원

20 (주)큐브는 2019년 7월 10일 아이텔레콤(주)으로부터 상품 7,000,000원을 수입하는 과정에서 인천세관 세관장에게 부가세 700,000원을 현금으로 납부하였다. 위 거래내역 전표입력 후 (주)큐브의 2019년 2기 예정 신고시 납부 또는 환급받을 부가세액은 얼마인가?

① 33,185,000원 환급　　　　　② 32,485,000원 환급
③ 33,185,000원 납부　　　　　④ 32,485,000원 납부

01 다음 중 차세대 ERP의 비즈니스 애널리틱스(Business Analytics)에 관한 설명으로 가장 적절하지 않은 것은 무엇인가?

① 비즈니스 애널리틱스는 구조화된 데이터(structured data)만을 활용한다.
② ERP시스템 내의 방대한 데이터 분석을 위한 비즈니스 애널리틱스가 ERP의 핵심요소가 되었다.
③ 비즈니스 애널리틱스는 질의 및 보고와 같은 기본적 분석기술과 예측 모델링과 같은 수학적으로 정교한 수준의 분석을 지원한다.
④ 비즈니스 애널리틱스는 리포트, 쿼리, 대시보드, 스코어카드뿐만 아니라 예측모델링과 같은 진보된 형태의 분석기능도 제공한다.

02 클라우드 서비스 사업자가 클라우드 컴퓨팅 서버에 ERP소프트웨어를 제공하고, 사용자가 원격으로 접속해 ERP소프트웨어를 활용하는 서비스를 무엇이라 하는가?

① IaaS(Infrastructure as a Service)
② PaaS(Platform as a Service)
③ SaaS(Software as a Service)
④ DaaS(Desktop as a Service)

03 다음 중 ERP에 대한 설명으로 가장 적절하지 않은 것은 무엇인가?

① ERP가 구축되어 성공하기 위해서는 경영자의 관심과 기업 구성원 전원의 참여가 필요하다.
② ERP는 투명경영의 수단으로 활용이 되며 실시간으로 경영현황이 처리되는 경영정보제공 및 경영조기경비체계를 구축한다.
③ ERP란 기업 내에서 분산된 모든 자원을 부서 단위가 아닌 기업전체의 흐름에서 최적관리가 가능하도록 하는 통합시스템이다.
④ 기업은 ERP를 도입함으로써 기업 내 경영활동에 해당되는 생산, 판매, 재무, 회계, 인사관리 등의 활동을 각 시스템별로 개발·운영하여 의사결정시 활용한다.

04 다음 중 'Best Practice' 도입을 목적으로 ERP 패키지를 도입하여 시스템을 구축하고자 할 경우 가장 바람직하지 않은 방법은 무엇인가?

① BPR과 ERP 시스템 구축을 병행하는 방법
② ERP 패키지에 맞추어 BPR을 추진하는 방법
③ 기존 업무처리에 따라 ERP 패키지를 수정하는 방법
④ BPR을 실시한 후에 이에 맞도록 ERP 시스템을 구축하는 방법

05 다음 재무제표 중 일정기간을 중심으로 기업의 정보를 불특정 다수의 이해관계자들에게 전달하는 보고서가 아닌 것은?

① 현금흐름표 ② 재무상태표
③ 손익계산서 ④ 자본변동표

06 다음 재무제표 중 일정기간동안 기업의 경영성과를 불특정 다수의 이해관계자들에게 전달하는 보고서는 무엇인가?

① 재무상태표 ② 손익계산서
③ 자본변동표 ④ 현금흐름표

07 다음은 제조업을 영위하는 ㈜생산성의 손익계산서에 포함된 내용이다. 판매비와 관리비는 얼마인가?

• 매출액 6,000,000원	• 매출원가 3,500,000원
• 판매운송비 400,000원	• 광고선전비 350,000원
• 임대료 500,000원	• 이자비용 350,000원
• 개발비 350,000원	• 판매사원퇴직급여 200,000원
• 판매창고임차료 310,000원	• 단기매매증권처분이익 330,000원

① 1,260,000원 ② 1,410,000원
③ 1,760,000원 ④ 2,090,000원

08 다음 보기를 이용하여 매출총이익을 계산하면 그 금액은 얼마인가?

> • 상품매출액 2,000,000원   • 상품매입액 900,000원
> • 매출할인 70,000원   • 매입에누리 80,000원
> • 매입환출 10,000원   • 기초상품재고액 500,000원
> • 기말상품재고액 250,000원

① 870,000원   ② 1,060,000원
③ 1,930,000원   ④ 2,000,000원

문제 **9.** 삭제

10 다음 보기는 무엇에 대한 설명인가?

> 장부 기록을 자산이나 부채, 자본, 수익, 비용의 변동을 가져오는 거래가 발생 시점과 관계없이
> 실제 현금이 들어오고 나갈 때를 기준으로 기록하는 것이다.

① 저가주의   ② 보수주의
③ 발생주의   ④ 현금주의

11 [보기]의 거래 내용을 보고 12월 31일 결산 수정분개로 대변에 기록될 내용으로 옳은 것은?

> 2020년 9월 1일 사무용품 2,000,000원을 현금으로 구입하다.
> (사무용품을 구입시점에 소모품 계정으로 처리함)
> 2020년 12월 31일 결산시까지 소모품사용액은 950,000원이다.

① 소모품비 950,000원   ② 소모품 950,000원
③ 소모품비 1,050,000원   ④ 소모품 1,050,000원

12 다음 [보기]와 관련하여 적절하게 회계처리를 한 것은?

> 회계기간 중 장부상 현금은 ₩330,000, 현금시재액은 ₩400,000으로 확인되었다.

차 변		대 변	
① 현금	₩70,000	현금과부족	₩70,000
② 현금과부족	₩70,000	현금	₩70,000
③ 현금	₩70,000	잡이익	₩70,000
④ 잡손실	₩70,000	현금	₩70,000

13 다음 [보기]의 자료를 이용하여 계산한 20X9년말 재무상태표에 표시될 대손충당금액은 얼마인가?

> 1. 20×9년 중 거래처 중 (주)생산성의 매출채권 20,000원이 회수 불가능한 것으로 확정되었다.
> 2. 20×9년 말 회사는 보유하고 있던 3,000,000원의 매출채권 중에서 3%가 회수불가능 할 것으로 판단하였다.

① 0원   　　　　　　　　② 20,000원
③ 40,000원   　　　　　　　④ 90,000원

14 다음 중 재고자산의 수량결정방법에 해당하는 것은?

① 후입선출법   　　　　　　② 계속기록법
③ 총평균법   　　　　　　　④ 선입선출법

15 2020년 12월 31일 결산 이후 비품 장부가액은 얼마인가?

> • 비품 취득원가 10,000,000원　　• 취득시기 2019년 1월 1일
> • 잔존가치 1,000,000원　　　　　• 내용연수 5년
> • 정액법 적용

① 1,800,000원   　　　　　② 3,600,000원
③ 6,400,000원   　　　　　④ 10,000,000원

문제 **16.** 삭제

17 다음의 자료를 근거로 회계처리를 할 경우, 감자차익은 얼마인가?

- 감자주식 수 : 200주
- 주당 액면가액 : ₩5,000
- 주식구입 현금지급액 : ₩500,000

① 50,000   ② 100,000
③ 150,000   ④ 500,000

18 다음 중 기업회계기준상 판매비와관리비에 해당하지 않는 계정과목은?

① 접대비   ② 복리후생비
③ 재해손실   ④ 광고선전비

19 다음 내용을 보고 제조업을 영위하는 기업의 영업외비용으로 분류할 수 있는 것은 몇 개인가?

급여, 기타의 대손상각비, 선급비용, 이자비용, 기부금, 접대비, 미지급비용

① 2개   ② 3개
③ 4개   ④ 5개

20 다음 자료를 활용하여 상품을 매출하는 ㈜한국의 당기 상품매출원가를 계산하면 얼마인가?

- 기초상품재고액 20,000,000원   • 기말상품재고액 5,000,000원
- 당기상품매입액 7,000,000원   • 매입운임 300,000원
- 매입에누리 200,000원

① 16,000,000원   ② 16,500,000원
③ 17,000,000원   ④ 22,100,000원

01 다음 중 부가가치세관리 메뉴를 사용할 수 있는 권한을 가진 사원은 누구인가?

① 김은찬
② 김종민
③ 성병진
④ 전윤호

02 성병진 사원의 회계입력방식에 대한 설명으로 옳은 것은?

① ERP를 운영하지 않는 일반사원이다.
② 전표입력 시 승인전표가 생성되며 미결전표만 수정이 가능하다.
③ 전표입력 시 승인전표가 생성되며 미결, 승인전표 모두 수정이 가능하다.
④ 전표입력 시 미결전표가 생성되며 승인권자가 승인해야 장부에 반영된다.

03 당사의 회계 관련 시스템환경설정으로 옳지 않은 것은?

① 자산은 월할상각 방식으로 상각한다.
② 중국어 재무제표를 조회 및 출력할 수 있다.
③ 전표의 관리항목인 사용부서별로 예산을 통제한다.
④ 전표를 출력할 때 4번 양식을 기본양식으로 사용한다.

04 (주)유명 본점의 2020년 3월 거래내역의 판매관리비 지출건 중 전액 현금으로 결제하지 않은 계정과목은 무엇인가?

① 통신비
② 수도광열비
③ 여비교통비
④ 차량유지비

05 (주)유명 본점은 거래처를 지역별로 분류하여 매출액을 관리하고 있다. 2020년 한 해 동안 제품매출액이 가장 많은 지역은 어디인가?

① 광주
② 부산
③ 서울
④ 춘천

06 (주)유명 본점은 선급보험료에 대해서 기간비용을 관리하고 있다. 2020년 1월말 결산 시 기간비용에 대한 선급잔액은 얼마인가?

① 763,654원　　　　　　　　　　② 885,976원
③ 7,350,370원　　　　　　　　　④ 9,000,000원

07 (주)유명 본점의 2020년 하반기 중에서 상품매출액이 가장 높은 달은 언제인가?

① 8월　　　　　　　　　　　　② 9월
③ 10월　　　　　　　　　　　 ④ 11월

08 (주)유명 본점은 2020년 3월말 결산시 외상매출금에 대해 1%의 대손충당금을 설정하려고 한다. 다음 중 회계처리로 옳은 것은?

① (차)대손상각비　793,900원　　　 / 　(대)대손충당금　793,900원
② (차)대손상각비　3,390,000원　　 / 　(대)대손충당금　3,390,000원
③ (차)대손충당금　793,900원　　　 / 　(대)대손충당금환입　793,900원
④ (차)대손충당금　3,390,000원　　 / 　(대)대손충당금환입　3,390,000원

09 (주)유명 본점은 2020년 1월말 결산을 하려고 한다. 다음 [보기]의 기말정리사항 입력 후 2020년 1월말 결산 시 당기순이익은 얼마인가?

> • 기말재고 : 상품 100,000,000원
> • 고정자산등록의 자료를 반영하고, 그 외 기말정리사항은 없다.

① 당기순손실　866,013,000원
② 당기순손실　868,994,489원
③ 당기순이익　866,013,000원
④ 당기순이익　868,994,489원

10 (주)유명 본점은 2020년 1월의 자금계획을 세우려고 한다. 자금반영 후 수입 및 지출예정 금액으로 옳은 것은?

① 수입 : 　　　　0원, 　지출 : 55,200,000원
② 수입 : 　　　　0원, 　지출 : 57,200,000원
③ 수입 : 50,000,000원, 　지출 : 57,200,000원
④ 수입 : 50,000,000원, 　지출 : 64,900,000원

11 (주)유명 본점은 ERP를 이용하여 사원별로 경비를 관리하고 있다. 다음 [보기]의 누락된 경비를 전표입력 후 2020년 1월에 발생한 모든 직원의 경비 미지급비용은 얼마인가?

> 1) 사원 : 성병진
> 2) 경비 항목별 금액 : 식대 100,000원, 유류비 300,000원
> ※ 전표는 2020년 1월 31일에 일괄 미지급비용으로 거래처는 "직원경비"로 처리한다.

① 180,000원
② 250,000원
③ 400,000원
④ 830,000원

12 (주)유명 본점은 재무제표 제출 시 현금 등의 자산을 "현금 및 현금성자산"으로 통합하여 보고하고자 한다. 2020년 3월말 현금 및 현금성자산 잔액은 얼마인가?

① 107,215,000원
② 2,380,172,100원
③ 5,562,673,585원
④ 6,739,373,585원

13 (주)유명 본점은 아래 [보기]의 자산을 취득했다. 취득한 자산을 등록한 후 2020년 1년간 손익계산서에 반영될 감가상각비는 얼마인가?

> • 자산유형 : 21200.비품
> • 자산코드/명 : 21200008.냉장고
> • 취득일 : 2020/03/01
> • 취득원가 : 3,000,000원
> • 상각방법 : 정률법
> • 내용연수 : 5년
> • 경비구분 : 800번대

① 2,905,159원
② 35,777,659원
③ 36,905,159원
④ 44,622,156원

14 (주)유명 본점이 한아은행으로부터 2020년도에 수령한 어음 중 실제 발행한 어음은 몇 매인가?

① 0매　　　　　　　　　　　　　② 2매
③ 3매　　　　　　　　　　　　　④ 6매

15 (주)유명 본점의 부가가치세 신고시 관할세무서는 어디인가?

① 마포세무서　　　　　　　　　② 서초세무서
③ 잠실세무서　　　　　　　　　④ 종로세무서

16 당사는 총괄납부사업자 방식으로 부가세신고를 한다. (주)유명 본점에서 2020년 2기 확정신고 기간에 총괄납부사업자 납부할 세액은 얼마인가?

① 335,000 납부　　　　　　　　② 335,000 환급
③ 1,665,000 납부　　　　　　　④ 1,665,000 환급

17 (주)유명 본점은 부동산임대업을 하고 있어 부가세신고시 간주임대료를 포함하여 신고하려고 한다. 2020년 1기 예정 신고시 다음 [부동산임대내역]의 자료를 입력한 후 보증금이자(간주임대료)는 얼마인가? (단, 보증금이자(간주임대료) 계산시 소수점 이하는 절사한다.)

[부동산임대내역]
- 동 : 1111065000.서울특별시 종로구 혜화동　　• 층 : 지상 1층
- 호수 : 101　　　　　　　　　　　　　　　　• 상호(성명) : ㈜성호기업
- 면적 : 140m²　　　　　　　　　　　　　　　• 용도 : 사무실
- 임대기간 : 2020/01/01~2020/12/31　　　　• 보증금 : 50,000,000원
- 월세 : 1,000,000원　　　　　　　　　　　　• 관리비 : 100,000원
- (이자율은 1.8%로 계산한다.)

---

① 223,770원　　　　　　　　　　② 300,000원
③ 3,300,000원　　　　　　　　　④ 3,523,770원

18 (주)유명 본점의 2020년 1기 확정 부가세신고기간의 첨부대상이 아닌 부속명세서는?

① 수출실적명세서
② 매출처별세금계산서합계표
③ 공제받지못할매입세액명세서
④ 건물등감가상각자산취득명세서

19 (주)유명 본점의 2020년 2기 부가세 확정 신고시 매입에 대한 예정신고 누락분의 세액은 얼마인가?

① 0원
② 80,000원
③ 280,000원
④ 300,000원

20 (주)유명 본점의 입력된 자료를 확인하여 2020년 1기 예정 신고시 매입처별세금계산서합계표에 반영될 세무구분은 몇 개인가?

① 1개
② 2개
③ 3개
④ 4개

01 ERP 도입을 고려할 때 선택기준으로 적절하지 않은 것은?

① 자사에 맞는 패키지를 선정한다.
② 경영진이 확고한 의지를 가지고 진행한다.
③ 현업 중심의 프로젝트를 진행한다.
④ 업무 효율성 향상이 중요하므로 수익성 개선은 고려하지 않는다.

02 ERP의 특징으로 가장 바르지 않은 것은 무엇인가?

① 상호분리된 시스템 구축
② 실시간 정보처리 체계 구축
③ 다국적, 다통화, 다언어 지원
④ 파라미터 지정에 의한 프로세스의 정의

03 다음 중 확장된 ERP시스템의 SCM 모듈을 실행함으로써 얻는 장점으로 가장 적절하지 않은 것은 무엇인가?

① 공급사슬에서의 가시성 확보로 공급 및 수요변화에 대한 신속한 대응이 가능하다.
② 정보투명성을 통해 재고수준 감소 및 재고회전율(inventory turnover) 증가를 달성할 수 있다.
③ 공급사슬에서의 계획(plan), 조달(source), 제조(make) 및 배송(deliver) 활동 등 통합 프로세스를 지원한다.
④ 마케팅(marketing), 판매(sales) 및 고객서비스(customer service)를 자동화함으로써 현재 및 미래 고객들과 상호작용할 수 있다.

04 다음 중 ERP 구축 전에 수행되는 단계적으로 시간의 흐름에 따라 비즈니스 프로세스를 개선해 가는 점증적 방법론은 무엇인가?

① BPI(Business Process Improvement)
② BPR(Business Process Re-Engineering)
③ ERD(Entity Relationship Diagram)
④ MRP(Material Requirement Program)

05 다음 중 회계상 거래가 발생할 때마다 장부에 동일한 금액을 차변과 대변으로 나누어 기록하는 방법은?

① 복식부기　　　　　　　　　② 단식부기
③ 연식부기　　　　　　　　　④ 삼식부기

06 다음 중 영업활동을 통한 현금흐름에 해당하는 사항으로 맞는 내용은?

① 재화와 용역의 구입에 따른 현금유출
② 유형자산 처분에 따른 현금유입
③ 제 3자에 대한 대여금
④ 주식이나 기타 지분상품의 발행에 따른 현금유입

07 다음 중 영업이익에 영향을 미치지 않는 계정과목은?

① 접대비　　　　　　　　　　② 이자비용
③ 판매사원 급여　　　　　　　④ 교육훈련비

08 2020년 1월 1일 1,300,000원을 출자하여 설립된 (주)생산성의 2020년 12월 31일 재무상태표의 자산·부채 계정과목이 아래와 같을 때, 2020년 당기순이익은 얼마인가? (단, 당기순이익 이외의 자본변동은 없었다.)

• 현금 300,000원	• 외상매입금 300,000원
• 상품 600,000원	• 미지급금 250,000원
• 외상매출금 600,000원	• 건물 800,000원
• 선급금 300,000원	• 단기차입금 220,000원

① 300,000원　　　　　　　　② 350,000원
③ 530,000원　　　　　　　　④ 550,000원

09 다음 중 일반 기업회계기준에 의해 빈 칸에 들어갈 것으로 적절한 것은?

> • 매출액 - 매출원가 = 매출총이익
> • 매출총이익 - 판매비및일반관리비 = (   )

① 영업이익
② 법인세비용차감전순이익
③ 매출원가
④ 영업외수익

10 다음은 무엇에 대한 설명인가?

> 모든 거래는 어떤 계정의 차변과 다른 계정의 대변에 같은 금액이 기입되므로 아무리 많은 거래 가 기입되더라도 차변의 합계금액과 대변의 합계금액은 항상 일치하게 된다.

① 총액표기
② 거래의 8요소
③ 대차평균의 원리
④ 전표제도

11 다음 거래 내용 중 관련 없는 계정과목은?

> 가. ㈜생산성은 상품 5,000,000원을 매출하고 대금은 외상으로 30일 뒤에 받기로 하였다.(부가세 는 생략)
> 나. ㈜생산성은 사용중이던 업무용 승용차(취득원가 15,000,000원)를 7,000,000원에 처분하고 대금은 어음으로 받았다.(처분시점의 감가상각누계액은 5,500,000원 있음. 부가세는 생략)
> 다. ㈜생산성은 본사 회계부에서 사용할 비품(선풍기 5대, 개당 100,000원)을 매입하고 대금은 현금으로 지급하였다.(부가세 생략)

① 외상매출금
② 미수금
③ 비품
④ 유형자산처분이익

12 [보기]의 거래 내용을 보고 12월 31일 결산 수정분개로 대변에 기록될 내용으로 옳은 것은?

2020년 9월 1일 사무용품 3,000,000원을 현금으로 구입하다.
(사무용품은 구입시점에서 자산 처리하며, 구입 전 사무용품 재고는 없다.)
2020년 12월 31일 결산시까지 소모품사용액은 1,000,000원이다.

① 소모품　　　800,000원　　　　② 소모품비　　900,000원
③ 소모품　　1,000,000원　　　　④ 소모품비　1,100,000원

13 다음 중 유동자산으로 구분할 수 없는 것은?

① 선급금　　　　　　　　　　② 반제품
③ 매도가능증권　　　　　　　④ 미수수익

14 다음 자료 중 현금및현금성자산을 계산하면 얼마인가?

- 현금 1,000,000원　　　　　　・우표 35,000원
- 송금환 50,000원　　　　　　・보통예금 2,500,000원
- 당좌예금 3,000,000원　　　　・수입인지 200,000원
- 받을어음 900,000원

① 5,500,000원　　　　　　　　② 6,500,000원
③ 6,550,000원　　　　　　　　④ 6,785,000원

15 다음 거래 자료를 기반으로 한 분개로 옳은 것은?

2월 7일 외상매출금 500,000원이 거래처 파산으로 회수불능 채권으로 확정되었다.
(대손충당금 잔액은 110,000원 있음)

	차변	대변
①	대손충당금 110,000원	외상매출금 110,000원
②	대손상각비 390,000원	외상매출금 390,000원
③	대손충당금 390,000원	외상매출금 390,000원
④	대손충당금 110,000원	외상매출금 500,000원
	대손상각비 390,000원	

16 다음 자료를 기반으로 기초상품재고액을 계산하면 얼마인가?

• 총매출액 2,000,000원	• 매출총이익 700,000원
• 기말상품재고액 500,000원	• 당기상품매입액 610,000원

① 1,190,000원   ② 1,300,000원
③ 1,500,000원   ④ 1,810,000원

17 다음 설명으로 적절한 계정과목은?

회사가 보유하고 있는 외화자산을 회수할 때 원화로의 회수액이 외화자산의 장부가액보다 작은 경우 처리하는 계정과목

① 외환차익   ② 외화환산손실
③ 외환차손   ④ 외화환산이익

18 다음 자료에 의해서 자본총계를 계산하면 얼마인가?

• 현금 200,000원	• 단기대여금 110,000원
• 단기차입금 50,000원	• 비품 150,000원
• 감가상각누계액 50,000원	• 보통예금 60,000원
• 미지급금 80,000원	• 미수금 90,000원
• 지급어음 50,000원	

① 320,000원   ② 350,000원
③ 370,000원   ④ 380,000원

19 [보기]에 의해 적립될 이익준비금을 계산하면 얼마인가?

• 자본금 : ₩50,000,000	• 당기순이익 : ₩2,000,000
• 이익준비금 : 상법상 최소 한도액만 적립	• 주주배당금 : 15%
	(현금배당 10%, 주식배당 5%)

① ₩300,000   ② ₩400,000
③ ₩500,000   ④ ₩600,000

20 다음 중 비유동부채로 구분할 수 있는 것은?

① 미지급비용　　　　　　　② 지급어음
③ 선수수익　　　　　　　　④ 임대보증금

01 당사의 예산통제구분은 무엇인가?

① 결의부서   ② 사용부서
③ 자금과목   ④ 프로젝트

02 다음 중 회계관리 모듈의 부가가치세관리 메뉴를 사용할 수 있는 권한을 가진 사원은 누구인가?

① 김은찬   ② 김종민
③ 성병진   ④ 전윤호

03 다음 중 신규 거래처등록시 거래처 구분에 대한 설명으로 옳지 않은 것은?

① 기타 - 일반, 무역, 주민 이외의 거래처
② 무역 - 무역거래와 관련된 수출 및 수입 거래처
③ 일반 - 세금계산서 및 계산서 등 교부대상 거래처
④ 카드사 - 구매대금의 결제를 위해 교부받은 신용카드

04 2019년에서 2020년으로 이월된 (주)유명 본점의 외상매출금 잔액이 가장 큰 거래처는?

① ㈜중원   ② ㈜주안실업
③ ㈜한동테크   ④ ㈜형광공업

05 (주)유명 본점의 2020년 상반기 중에서 상품매출액이 가장 높은 달은 언제인가?

① 2월   ② 3월
③ 4월   ④ 5월

06 다음 [보기] 자산의 관리를 담당하고 있는 관리부서는?

> 자산유형 : 비품
> 자산코드 : 21200004
> 자 산 명 : 책장

① 생산부   ② 영업부
③ 재경부   ④ 구매자재부

07 (주)유명 본점은 2020년 1월 31일 결산 시 받을어음에 대해 1%의 대손충당금을 설정하려고
한다. 다음 중 회계처리가 옳은 것은?

① 대손상각비 2,070,000원 / 대손충당금   2,070,000원
② 대손상각비 4,390,000원 / 대손충당금   4,390,000원
③ 대손충당금 2,070,000원 / 대손충당금환입 2,070,000원
④ 대손충당금 4,390,000원 / 대손충당금환입 4,390,000원

08 다음 중 예산관리 프로세스로 옳은 것은?

① 예산신청 > 예산편성 > 예산조정
② 예산신청 > 예산조정 > 예산편성
③ 예산편성 > 예산신청 > 예산조정
④ 예산편성 > 예산조정 > 예산신청

09 (주)유명 본점의 2020년 1월말 현금 및 현금성자산 잔액은 얼마인가?

① 107,215,000원   ② 2,380,172,100원
③ 2,473,579,100원   ④ 6,739,373,585원

10 다음 중 (주)유명 본점의 2020년 4월 거래내역에 대한 설명으로 옳은 것은?

① 판매관리비에 포함되는 직원급여 지출액은 9,000,000원이다.
② 판매관리비에 포함되는 사무용품비 지출액은 350,000원 이다.
③ 판매관리비에 포함되는 직원급여를 전액 현금으로 지출하였다.
④ 판매관리비에 포함되는 복리후생비를 전액 현금으로 지출하였다.

11 (주)유명 본점에서 2020년도에 수령한 어음 중 실제 발행한 어음은 몇 매인가?

① 3매   ② 6매
③ 7매   ④ 9매

12 다음 중 2020년 3월 재경부에 편성된 예산을 초과하여 집행한 계정과목은 무엇인가? (집행방식 : 승인집행)

① 통신비   ② 여비교통비
③ 사무용품비   ④ 차량유지비

13 (주)유명 본점은 매월 수입 및 지출에 대해 일자별자금계획을 수립하고 있다. 다음 중 2020년 12월 31일까지 매월 30일 고정적으로 지출되는 항목으로 등록된 자금과목은?

① 인건비   ② 임차료
③ 일반경비   ④ 차입금상환

14 (주)유명 본점의 2020년 3월 31일 현재 현금 계정의 가용자금 금액으로 옳은 것은?

① 9,500,000원   ② 104,820,000원
③ 107,215,000원   ④ 109,274,000원

15 (주)유명 본점의 2020년 1기 부가세 확정 신고시 매입에 대한 예정신고 누락분의 세액은 얼마인가?

① 280,000원   ② 300,000원
③ 480,000원   ④ 600,000원

16 다음 중 (주)유명 본점의 2020년 1기 부가세 확정 신고기간에 영세매출이 발생한 거래처는?

① ㈜중원   ② ㈜주안실업
③ ㈜한동테크   ④ (주)형광공업

17 (주)유명 본점의 2020년 1기 예정 부가세 신고시 고정자산매입세액은 총 얼마인가?

① 300,000원
② 2,000,000원
③ 2,300,000원
④ 3,000,000원

18 (주)유명 본점의 2020년 1기 예정 부가가치세 신고와 관련하여 매출 세금계산서합계표에 대한 설명으로 옳지 않은 것은?

① 매출처수는 총 4곳이다.
② 전자세금계산서 외의 매수는 1매이다.
③ (주)주안실업에게 5매의 매출전자세금계산서를 발송하였다.
④ (주)한동테크에게 2매의 매출전자세금계산서를 발송하였다.

19 (주)유명 본점의 입력된 자료를 확인하여 2020년 1기 예정 신고시 매입처별세금계산서합계표에 반영될 세무구분은 몇 개인가?

① 1개
② 2개
③ 3개
④ 4개

20 (주)유명 본점의 부가가치세 신고시 관할세무서는 어디인가?

① 마포세무서
② 서초세무서
③ 잠실세무서
④ 종로세무서

CHATPER

2

인사2급(기출)

01 ERP의 특징 중 기술적 특징에 해당하지 않는 것은 무엇인가?

① 4세대 언어(4GL)활용
② 다국적, 다통화, 다언어 지원
③ 관계형 데이터베이스(RDBMS) 채택
④ 객체지향기술(Object Oriented Technology) 사용

02 다음 ERP에 대한 설명 중 가장 맞지 않는 것은 무엇인가?

① 신속한 의사결정을 지원하는 경영정보시스템이다.
② 기능 최적화에서 전체 최적화를 목표로 한 시스템이다.
③ 인사, 영업, 구매, 생산, 회계 등 기업의 업무가 통합된 시스템이다.
④ 모든 사용자들은 사용권한 없이도 쉽게 기업의 정보에 접근할 수 있다.

03 ERP 구축 시 고려해야 할 사항이 아닌 것은 다음 중 무엇인가?

① 전사적 참여 유도
② 커스트마이징의 최소화
③ 의사결정권을 가진 경영진의 확고한 의지
④ IT 업체의 철저한 주도하에 프로젝트 진행

04 다음 중 ERP 도입 효과로 가장 적합하지 않은 것은 무엇인가?

① 불필요한 재고를 없애고 물류비용을 절감할 수 있다.
② 업무의 정확도가 증대되고 업무 프로세스가 단축된다.
③ 의사결정의 신속성으로 정보공유의 시간적 한계가 있다.
④ 업무시간을 단축할 수 있고 필요인력과 필요자원을 절약할 수 있다.

05 다음 중 직무순환의 취지에 대한 설명으로 바른 것은?

① 난이도가 높은 과업을 부여함
② 종업원에게 다양한 직무를 수행하도록 함
③ 하나의 직무를 직무시간 교대를 통해 수행함
④ 종업원 한명이 수행하는 과업의 절대량을 늘림

06 다음 중 인력부족의 대응방안으로 적절하지 않은 것은?

① 단기적으로 초과근로를 활용함
② 부수적인 업무는 외주에 의존하여 부족한 인력을 대체함
③ 하나의 풀타임 업무를 둘 이상의 파트타임 업무로 전환함
④ 기간계약고용 또는 시간제고용으로 탄력적인 인력 고용함

07 다음 선발도구의 합리적 조건 중 선발시험의 문항내용이 측정대상인 직무성과의 관련성을 잘 나타내고 있는가를 측정하는 것은?

① 신뢰성   ② 내용타당성
③ 대체형식방법   ④ 기준관련 타당성

08 다음 보기에서 설명하는 인력계획의 미래예측기법은?

[보기]
ABC 전자(주)는 향후 조직 구성을 계획하는데 있어 각 분야의 전문가 30명을 선정하여 그들로부터 자문을 받아 이를 종합하여 미래 상황을 예측하고 대응하고 있다.

① 선형계획   ② 델파이기법
③ 회귀분석법   ④ 브레인스토밍

09 다음 채용관리의 중요성에 대한 설명으로 적합하지 않은 것은?

① 공정하고 투명한 채용관리를 통해 기업이미지 향상
② 채용을 통해 조직에 새로운 문화 형성 및 변화를 줄 수 있음
③ 인적자원 역량을 축적하여 지속적인 경쟁우위를 창출해야 함
④ 훌륭한 인재를 확보하기 위해 비공개 수시 채용을 확대해야 함

10 다음 보기의 설명에 적합한 것은?

> **[보기]**
> 특정의 직무수행에 필요한 전문지식이나 실천적 기능을 습득·숙달시키는 과정으로 단기적 기능 향상에 중점을 두는 개념이다.

① 교육
② 훈련
③ 개발
④ 이동

11 다음 인사고과의 기본 원칙과 실시원칙의 설명에 적합하지 않은 것은?

① 납득성의 원칙
② 직무기준의 원칙
③ 고과 소급의 원칙
④ 고과 오류 경향의 배제의 원칙

12 다음 교육훈련의 실시계획에서 가장 첫 번째 단계는?

① 교육훈련의 대상 선정
② 교육훈련의 내용 선정
③ 교육훈련의 필요성 발견
④ 교육훈련의 담당자 선정

13 다음 중 임금수준결정에서 하한선이 되는 요인은?

① 노동시장 요인
② 기업의 지불능력
③ 종업원의 생계비수준
④ 동종업 타사의 임금수준

14 다음 보기에서 근로기준법에서 정한 임금지급의 4가지 원칙 중 위배되는 것은?

[보기]
가방공장 사장인 A는 1달 동안 근무한 근로자 B에게 임금 대신 가방을 지급하였다.

① 직접불의 원칙
② 통화불의 원칙
③ 전액불의 원칙
④ 정기불의 원칙

15 다음 보기에서 설명하는 임금제도는?

[보기]
동일시간 동일임금 지급의 원칙에 따라 근로자의 작업량 또는 근로시간에 비례하여 임금을 지급하는 제도

① 고정급제
② 변동급제
③ 기타임금제
④ 특수임금제

16 다음 보기에서 A씨가 혜택을 받은 사회보험은?

[보기]
다니던 중소기업의 부도로 어느 날 실직을 한 A씨는 경제적으로 어려움에 처하게 되었다. 하지만 다른 직장을 알아보는 동안 실업급여라도 받을 수 있었기 때문에 최소한의 생활을 유지하며 새로운 직업을 구할 수 있었다.

① 고용보험
② 국민건강보험
③ 국민연금보험
④ 산업재해보상보험

17 산재보험에 대한 설명으로 적절한 것은?

① 사업주와 근로자 모두가 보험가입자가 된다.
② 산재보험 가입대상은 모든 사업장과 정부기관이다.
③ 산재근로자와 그 가족의 생활을 보장하기 위하여 기업이 책임을 지는 의무보험이다.
④ 일반 근로자의 경우 산재보험에 소요되는 보험료는 원칙적으로 사업주가 전액 부담한다.

18 다음 보기에서 설명하고 있는 근로시간제도는?

[보기]
근로시간관리 중 일정범위의 근로시간 중에서 기업의 업무성격 및 내용 등의 여러 요인을 고려하여 개별근로자가 매일의 출퇴근 시간을 근로자의 자주적인 결정에 의하여 원하는 대로 근무시간을 조정할 수 있는 제도

① 연장 근로시간제
② 인정 근로시간제
③ 간주 근로시간제
④ 선택적 근로시간제

19 다음 중 사용자가 할 수 있는 쟁의행위에 해당하는 것은?

① 파업
② 태업
③ 생산관리
④ 직장폐쇄

20 다음 중 근로자가 일정한 기일마다 근무시간이 바뀌어지는 근무시간제도는?

① 교대근무제
② 원격 근로시간제
③ 집중 근로시간제
④ 선택적 근로시간제

* 모든 문제는 시뮬레이션 문제로서 [실기메뉴]의 메뉴를 활용하여 문제에 답하시오.

01 당 회사의 기초 회사등록 정보를 확인하고, 〈2002.인사2급 회사A〉 등록 정보로 알맞은 것은 무엇인가?

① 회사 〈업태〉는 '서비스'이다.
② 회사 〈종목〉은 '소프트웨어'이다.
③ 설립 및 개업일은 '2000. 01. 02.'이다.
④ 2019년도 회계연도 회계기수는 '20기'이다.

02 당 회사의 기초 사업장 정보를 확인하고, 〈2000.인사2급 인천지점〉 사업장의 내역으로 알맞은 것은 무엇인가?

① 개업일은 '2001. 01. 02.'이다.
② 관할세무서는 '107.영등포'이다.
③ 신고관련 주업종코드는 '도매업'이다.
④ 신고관련 지방세신고지(행정동)은 '인천시청'이다.

03 당 회사의 기초 부서 등록정보를 확인하고, 다음 중 2019년도 기준 모든 부서의 내역으로 알맞지 않은 것은 무엇인가?

① 현재 사용하지 않는 부서는 총 2개이다.
② 현재 사용 중인 '1000' 사업장 소속 부서는 총 4개이다.
③ 현재 사용 중인 '2000' 사업장 소속 부서는 총 3개이다.
④ 현재 '1300.관리부'는 '1000' 사업장 소속 '관리부문'으로 사용한다.

04 당 회사의 각종 세법상 세율 및 과세/비과세 기준 등 기본요건을 확인하고, 2019년 귀속연도 〈소득공제〉'비과세 및 감면항목' 중 〈지급명세서〉 작성 대상 비과세 항목으로 알맞은 것은 무엇인가?

① 식사대
② 일직/숙직료
③ 비과세학자금
④ 자가운전보조금

05 당 회사의 2018년 12월 귀속 급/상여 지급일자 등록을 확인하고, 그 내역으로 알맞지 않은 것은 무엇인가?

① 급여와 상여를 분리하여 각각 지급한다.
② 급여작업 시, '지급직종및급여형태' 기준으로 대상자를 직접 선정한다.
③ '상여지급대상기간' 내 '입사자'와 '퇴사자'는 지급 대상자에서 제외한다.
④ 급여형태가 '월급'인 회사 본사 생산직 근로자는 상여 지급 대상자이다.

06 당 회사의 인사/급여 기준설정을 확인하고, 그 내역으로 알맞은 것은 무엇인가? (단, 환경설정 값은 변경하지 않는다.)

① 입사일 기준으로 사원의 근속기간을 적용한다.
② 모든 직종의 출결마감기준은 당월 1일로 동일하다.
③ 실제 당월일 기준으로 한 달 월일수를 산정하여 적용한다.
④ 당해연도 첫 상여세액 계산 시, 입사일 기준으로 계산을 진행한다.

07 다음 중 당 회사의 '2019년 인사발령(2019.01.31.)' 발령 대상자로 알맞지 않은 것은?

① 강민주   ② 엄현애
③ 이화선   ④ 정수연

08 당 회사는 2019년부터 모든 사업장에 대해 아래 [보기]와 같이 〈자격수당〉을 지급하기로 하였다. 다음 중 〈자격수당〉으로 '50,000원' 지급받는 사원은 누구인가? 단, 퇴사자는 제외한다.

[보기]
1. ERP정보관리사 2급 : 30,000원
2. 정보기술자격(ITQ) : 50,000원
3. ICDL 국제공인자격증 : 100,000원
4. 수당여부 : 해당
5. 복수의 자격증 취득 시, 수당금액이 가장 큰 자격증에 대해서만 적용

---

① 김윤정   ② 박국현
③ 이종현   ④ 홍명준

09 당 회사는 〈인천지점〉 사업장에 대해 '2019년 1월 26일' 기준으로 장기 근속자에게 〈특별근속수당〉을 지급하기로 하였다. 아래 [보기] 기준에 따라 지급 시, 근속수당을 지급받는 '인원'과 총 '지급액'으로 알맞은 것은 무엇인가? (단, 퇴사자는 제외하며, 미만일수는 버리고, 경력포함은 제외하며, 환경설정 기준은 변경하지 않는다.)

[보기]
1. 근속년수 : 10년 이상 장기근속
2. 지급수당 : 150,000원

① 0명 - 0원 ② 1명 - 150,000원
③ 2명 - 300,000원 ④ 3명 - 450,000원

10 당 회사는 모든 사업장을 대상으로 아래 [보기] 기준으로 사내 내부교육을 진행하였다. 해당 교육 대상자들의 평가를 확인하고, 평가 결과가 〈1등급〉인 교육 대상자는 누구인가?

[보기]
1. 교육명 : 400.임직원정기교육
2. 교육기간 : 2019.01.02. ~ 2019.01.04

① 김종욱 ② 박국현
③ 이서진 ④ 정영수

11 당 회사 '김화영' 사원에 대해 등록 된 인사정보를 확인하고, 그 내역으로 알맞지 않은 것은 무엇인가?

① 그룹입사일은 '2016.02.01.'이다.
② 2019년도 50% 중소기업취업감면 대상자이다.
③ 입사 후 2014.06.30.까지 수습적용 대상자였다.
④ 퇴직금 관련 중간(중도)정산을 받은 이력은 없다.

12 당 회사 '이종현' 사원에 대한 〈책정임금〉을 아래 [보기]와 같이 재계약 하고자 한다. '이종현' 사원의 〈책정임금〉을 직접 등록하고, 2019년 1월 귀속 '이종현' 사원의 급여작업을 진행하면 실제 지급한 금액은 얼마인가?

> **[보기]**
> 1. 계약시작년월 : 2019/01
> 2. 연봉 : 38,940,000원

① 2,960,390원   ② 3,037,390원
③ 3,245,000원   ④ 3,333,330원

13 당 회사는 일용직 사원에 대해 부서 별 지급형태를 구분하여 급여를 지급하고자 한다. 인사 담당자의 실수로 대상자가 누락되었다. 아래 [보기]를 기준으로 2019년 1월 귀속 일용직 대상자를 직접 추가하고 급여계산 시, 해당 지급형태 대상자들의 '신고비과세' 총액은 얼마인가? (단, 그 외 급여계산에 필요한 조건은 프로그램에 등록된 기준을 따른다.)

> **[보기]**
> 1. 지급형태 : 매일지급   2. 추가 지급대상 부서 : 자재부
> 3. 평일 9시간 근무 가정   4. 신고제외 비과세 : 7,000원

① 0원   ② 280,500원
③ 462,000원   ④ 616,000원

14 당 회사는 2018년 귀속 〈급여〉 지급항목의 계산식을 변경하고자 한다. 아래 [보기]와 같이 2018년 귀속 'P30.야간근로수당' 지급항목의 계산식을 직접 변경하고, 2018년 12월 귀속 〈급여〉구분 계산 시, 지급 대상자들의 총 '과세' 금액은 얼마인가? (단, 그 외 급여계산에 필요한 조건은 프로그램에 등록된 기준을 이용한다.)

> **[보기]**   1. 계산식 : (책정임금 월급 / 209) × 5

① 74,142,610원   ② 74,346,000원
③ 74,469,230원   ④ 74,630,000원

15 2019년 1월 귀속 근태내역을 확인하고, 아래 [보기]의 계산식을 이용하여 '최명수' 사원의 '연장근로수당'을 계산하면 얼마인가? (단, 프로그램에 등록된 기준을 따르며, 원단위 금액은 정상 표기한다.)

> [보기]
> 1. 연장근로수당 = (월급 / 209) × 총연장근무시간 × 1.5
> 2. 책정임금 '월급' 기준

① 302,610원   ② 577,710원
③ 742,770원   ④ 907,830원

16 당 회사는 일용직 사원에 대해 지급형태를 구분하여 급여를 지급한다. 아래 [보기] 기준으로 2019년 1월 귀속 일용직 급여 계산 시, 지급형태 대상자의 원천징수한 총 '소득세' 금액은 얼마인가? (단, 그 외 급여계산에 필요한 조건은 프로그램에 등록된 기준을 따른다.)

> [보기]
> 1. 지급형태 : 일정기간지급
> 2. 평일 8시간 근무 가정
> 3. 비과세 신고제외 : 8,000원

① 23,740원   ② 28,910원
③ 76,240원   ④ 84,670원

17 당 회사는 본사 사업장에 대해 수당 별 지급현황을 확인하고자 한다. 2018년 3분기 (2018.07.01.~2018.09.30.) 동안 'T00.소득세'를 가장 많이 원천징수 한 사원은 누구인가?

① 김용수   ② 박용덕
③ 이성준   ④ 한국민

18 당 회사는 부서 기준 2018년 상반기(2018.01.~2018.06.) 급상여 집계 현황을 〈항목별〉로 구분하여 확인하고자 한다. 2018년 상반기 동안 〈총무부〉 및 〈경리부〉 '상여' 지급항목의 집계액은 얼마인가?

① 총무부 : 2,063,390원 / 경리부 : 1,275,900원
② 총무부 : 3,600,000원 / 경리부 : 1,500,000원
③ 총무부 : 3,977,240원 / 경리부 : 1,754,220원
④ 총무부 : 4,839,840원 / 경리부 : 3,376,550원

19 당 회사는 전체 사업장 기준 2018년 11월 귀속 급여 데이터의 대장을 확인하고자 한다. 아래 [보기]를 기준으로 출력항목을 적용하여 출력물 인쇄 시, '지급내역' 출력항목으로 알맞지 않은 것은 무엇인가?

[보기]   1. 〈부서별 전체〉 기준으로 반영

① 근속수당   ② 자격수당
③ 야간근로수당   ④ 사회보험부담금

20 당 회사의 〈2100.국내영업부〉 부서 '박국현' 사원의 급/상여 지급액 등 변동사항을 확인하고자 한다. 2018년 11월 변동 상태에 대한 설명으로 알맞은 것은 무엇인가? (단, 모든 기준은 조회된 데이터를 기준으로 확인한다.)

[보기]
1. 기준년월 : 2018년 11월
2. 비교연월 : 2017년 11월
3. 사용자부담금 '포함'

① '사회보험부담금'은 증가하였다.
② 실제 지급 받는 금액은 증가하였다.
③ '국민연금' 및 '고용보험'은 감소하였다.
④ 실제 원천징수한 '소득세'는 감소하였다.

01 다음 중 ERP의 도입 목적에 해당한다고 볼 수 없는 것은 무엇인가?

① 재고관리 능력의 향상
② 시스템 표준화를 통한 데이터 일관성 유지
③ 폐쇄형 정보시스템 구성으로 자율성, 유연성 극대화
④ 클라이언트/서버 컴퓨팅 구현으로 시스템 성능 최적화

02 다음 중 ERP를 성공적으로 구축하기 위한 요건으로 가장 거리가 먼 것은 무엇인가?

① 업무 단위별로 추진하지 않는다.
② 현재의 업무 방식을 벗어나지 않는다.
③ 커스트마이징은 가급적 최소화 시킨다.
④ IT 업체 중심으로 프로젝트를 진행하지 않는다.

03 다음 중 ERP 선택 및 사용 시 유의점으로 가장 옳지 않은 것은 무엇인가?

① 도입하려는 기업의 상황에 맞는 패키지를 선택해야 한다.
② 데이터의 신뢰도를 높이기 위해 관리를 철저히 해야 한다.
③ 지속적인 교육 및 워크숍 등의 원활한 사용을 위한 노력이 필요하다.
④ 현 시점의 기업 비즈니스 프로세스를 유지할 수 있는 패키지를 선택해야 한다.

04 ERP를 구축할 때, 설계단계에 해당하지 않는 것은?

① To-BE 프로세스 도출
② GAP 분석
③ 인터페이스 문제 논의
④ TFT 구성

05 인적자원관리에 대한 설명으로 올바르지 않은 것은?

① 오늘날에는 인적자원관리 대신 인사관리의 개념으로 대체되어 가고 있다.
② 현대의 인적자원관리는 종업원들의 능력개발이나 육성을 통해 개인과 조직의 목표를 일치시켜 나가는 개발지향적인 성격을 지니고 있다.

③ 인적자원관리는 조직 및 개인의 목표를 달성하기 위하여 인적자원의 확보·개발·보상·유지·이직 및 통합을 여러 환경적 조건과 관련하여 계획, 조직, 지휘 및 통제하는 관리체계라 할 수 있다.

④ 인사관리란 기업의 능동적 구성요소인 인적자원으로서의 종업원의 잠재능력을 최대한 발휘하게 하여 그들 스스로가 최대한의 성과를 달성하도록 하며, 그들의 인간으로서의 만족을 얻게 하려는 일련의 체계적인 관리활동을 말한다.

06 다음 중 직무관련 용어에 대한 설명으로 올바르지 않은 것은?

① 과업 : 과업은 독립된 특정한 목표를 위하여 수행되는 하나의 명확한 작업 활동을 말한다.
② 직위 : 직위는 특정시점에서 특정조직의 한 종업원 개인에게 부여된 하나 또는 그 이상의 과업들의 집단을 말한다.
③ 직무 : 직책이나 직업상의 맡은 바 임무
④ 직군 : 직군은 일반적으로 직업이라고도 불리는데 이는 동일하거나 유사한 직군들의 집단을 말한다.

07 다음 중 직무평가요소의 직무평가기준인 숙련요소는?

① 관리감독, 기계설비, 원자재, 직무개선책임 등
② 위험도, 작업시간, 작업시간, 작업위험 등
③ 지식, 기술, 경험, 교육 등
④ 육체적, 정신적 등

08 다음 인적자원의 예측방법 중 수요예측 방법은?

① 시계열 분석의 추세분석   ② 기능목록
③ 마코브 분석   ④ 대체도

09 다음 [보기]에서 설명하는 것은?

[보기]
관리직이나 전문직 선발 시 많이 활용되고 있으며, 다수의 면접자가 한 사람의 피면접자를 상대로 하는 면접방식으로 피면접자에 대한 면접자의 면접결과에 대해 의견교환의 절차를 거쳐 광범위한 정보수집 및 정확한 평가를 할 수 있는 면접 유형을 말한다.

① 구조적면접   ② 비구조적면접
③ 집단면접   ④ 패널면접

10 다음 중 인사고과 방법에 대한 설명으로 올바르지 않은 것은?

① 중요사실기록법 : 기업목표 달성에 크게 영향을 미치는 중요한 사실들을 중점적으로 기록하고 검토하여 종업원의 직무태도와 업무수행 능력을 개선하도록 하는 방법이다.
② 자기신고법 : 종업원이 스스로 자신의 기술이나 지식 등의 자기능력과 원하는 직무와 직무환경, 교육훈련 등을 기술하여 정기적으로 보고하고 그것을 인력자원조사의 자료로 하는 방법이다.
③ 다면평가 : 피고과자를 제외한 직속상사, 동료, 부하직원 및 고객까지 다양한 측면에서 피고과자를 평가하는 방법이다
④ 목표관리법 : 종업원이 상사와 협의하여 작업목표량을 결정하고 그 성과를 부하와 상사가 같이 측정하여 인사고과의 자료로 활용하는 방법이다.

11 다음 중 감독자의 지도를 받거나 숙련공의 작업을 직접 보조하면서 지식과 기술을 습득하는 교육훈련 기법은?

① 도제훈련   ② 사례연구법
③ 직무순회법   ④ 역할연기법

12 다음 중 경력개발방법에 대한 설명으로 올바르지 않은 것은?

① 경력개발은 일정한 경력개발목표 및 경력경로에 따라 종업원 개인의 경력을 적극적으로 개발하고 활용하여 조직과 개인의 통합적인 목적달성에 기여하고 기업의 장기적 인재확보와 육성개발, 적정배치의 실현, 중업원의 동기부여와 조직의 활성화를 이룰 수 있는 인재개발시스템이다.
② 자기신고제도는 인재목록제도이라고도 하며 종업원의 직무수행능력을 평가하기 위한 개인별 능력평가표에 의해 장기·단기의 인력계획, 승진배치계획 내지 채용 계획에 이용하기 위하여 기업이 보유하고 있는 종업원의 기능종류 및 수준에 관한 재고표를 작성하고 종업원별로 갱신하여 기록하므로써 경력개발에 활용 할 수 있는 제도이다.
③ 능력개발 시스템제도는 종업원 개개인의 적성에 맞는 진로를 선택하여 자신의 능력을 개발시켜가는 과정에서 나타나는 직무순환과 연수참가나 자기계발을 위한 지식이나 기술을 습득하도록 하는 방법이다.
④ 멘토링은 기업에서 경험있는 관리자가 하급자에게 지도, 상담, 충고를 통하여 공통된 가치관이나 조직에 보편화된 지식을 제공함으로써 그들의 대인관계를 개발하고 경력관리에 도움을 주는 훈련방법이다.

13 다음 중 임금수준 결정요인으로 적합하지 않은 것은?

① 노동시장요인　　　　　　　　② 기업의 지불능력
③ 국민소득　　　　　　　　　　④ 근로자의 생계비

14 다음 [보기]에서 설명하는 것은?

> **[보기]**
> 자사의 주식을 매입 할 수 있는 선택권으로, 자금부족으로 인재의 충원이 어려운 벤처기업 등이
> 인재를 확보하기 위한 수단으로 도입된 임금제도를 말한다.

① 종업원지주제　　　　　　　　② 스캔론 플랜
③ 임금피크제　　　　　　　　　④ 스톡옵션

15 다음 중 [보기]에서 설명하는 용어는?

> **[보기]**
> 실업의 예방, 고용의 촉진 및 근로자의 직업능력의 개발과 향상을 꾀하고, 국가의 직업지도와
> 직업소개 기능을 강조하며, 근로자가 실업한 경우에 생활에 필요한 급여를 실시하여 근로자의
> 생활 안정과 구직활동을 촉진함으로써 경제·사회 발전에 이바지하려는 제도이다.

① 국민연금보험　　　　　　　　② 산업재해보상보험
③ 건강보험　　　　　　　　　　④ 고용보험

16 다음 중 [보기]에서 설명하는 소득세 과세방법은?

> **[보기]**
> 이자, 배당, 사업, 근로, 연금, 기타소득 등 소득 원천별로 각 소득을 합산하여 소득세 과세표준과
> 세액을 계산하는 방식을 말한다.

① 병합과세　　　　　　　　　　② 분류과세
③ 분리과세　　　　　　　　　　④ 종합과세

17 다음 중 원천징수대상 소득이 아닌 것은?

① 이자소득
② 퇴직소득
③ 특정사업소득
④ 국외 근로소득

18 다음 중 15세 이상 18세 미만 연소근로자의 기본적으로 근로기준법에 제시된 법적 근로시간 (당사자와 합의 이전)은 1일 및 1주 법정기준근로시간으로 가장 올바른 것은?

① 6시간, 34시간
② 7시간, 35시간
③ 8시간, 40시간
④ 10시간, 50시간

19 다음 중 공동교섭에 대한 설명으로 올바른 것은?

① 특정의 기업 또는 사업장 단위로 조직된 기업별 노동조합의 대표와 기업의 사용자대표 사이에 이루어지는 단체교섭방식
② 기업별 노동조합의 단위조합 또는 지부가 산업별의 상부노동단체와 공동으로 당해 기업의 사용자대표와 교섭하는 방식
③ 복수의 기업별 단위노동조합이나 지부가 지역별 또는 업종별로 집단을 구성하여 이에 대응하는 복수기업의 사용자대표와 집단적으로 단체교섭을 하는 방식
④ 전국적 또는 지역별·산업별 노동조합의 대표와 개별기업의 사용자대표 사이에 이루어지는 단체교섭방식

20 다음 경영참가유형 중 의사결정 참가 방법에 해당하는 것은?

① 종업원지주제
② 이윤분배제
③ 럭커플랜
④ 노사협의제

* 모든 문제는 시뮬레이션 문제로서 [실기메뉴]의 메뉴를 활용하여 문제에 답하시오.

01 당 회사의 〈사용자권한설정〉 시스템관리 모듈에 대한 이현우 사원의 설정 내역을 확인하고 관련된 설명으로 올바르지 않은 것은 무엇인가?

① [회사등록]메뉴의 조회권한은 '회사'이다.
② [부서등록]메뉴의 조회권한은 '회사'이다.
③ [사원등록]메뉴의 조회권한은 '사업장'이다.
④ [사용자권한설정]메뉴의 조회권한은 '사업장'이다.

02 다음 중 핵심 ERP 사용을 위한 기초 부서 정보를 확인하고, 내역으로 알맞지 않은 것은 무엇인가?

① 현재 사용 중인 '1000' 사업장 소속 부서는 총 4개이다.
② 현재 사용 중인 '2000' 부문 소속 부서는 총 3개이다.
③ '5100.자재부'는 '2000'번 사업장 소속, '5000'번 부문으로 관리된다.
④ '1000'번 부문에 속한 부서는 총 2개이다.

03 다음 중 핵심 ERP 사용을 위한 사업장 정보를 확인하고, 내역으로 알맞지 않은 것은 무엇인가?

① '1000.회사본사' 사업장의 관할세무서는 영등포이다.
② '1000.회사본사' 사업장의 업태는 제조·도매이다.
③ '2000.인천지점' 사업장의 개업연월일은 2000.05.01이다.
④ 당 회사의 모든 사업장은 이행상황신고 시, 반기신고를 진행한다.

04 2019년 귀속연도 각종 소득세 등 자동계산을 위한 세법적인 과세기준 및 세율 등의 기본요건을 확인하고, 〈근로소득〉 '기본세율조견표'의 과세표준 구간으로 알맞은 것은 무엇인가?

① 12,000,000 ~ 88,000,000
② 46,000,000 ~ 88,000,000
③ 88,000,000 ~ 300,000,000
④ 150,000,000 ~ 500,000,000

05 당 회사는 2019년 01월 [800.주임] 직급의 호봉을 아래 [보기]와 같이 일괄 등록하고자 한다. [800.주임] 직급의 호봉등록을 완료하고, 7호봉 기준의 '호봉합계'는 얼마인가?

> **[보기]**
> 1. 기본급 초기치 : 1,500,000원 (증가액 200,000원)
> 2. 직급수당 초기치 : 100,000원 (증가액 50,000원)

① 2,700,000원　　　　　　　　　② 2,850,000원
③ 3,100,000원　　　　　　　　　④ 3,600,000원

06 당 회사의 인사/급여 설정기준을 확인하고 관련된 설명으로 올바른 것은 무엇인가? 단, 환경설정 기준은 변경하지 않는다.

① 월일수 산정 시, 한달 정상일을 기준으로 한다.
② 이행상황신고서 집계 시, '귀속연월'에 일치하는 소득 데이터만 집계한다.
③ 입사자의 경우 지정한 '기준일수' 초과 근무 시 월 급여를 정상 지급한다.
④ 퇴사자의 경우 해당 월 근무 시 월 급여를 정상 지급한다.

07 당 회사는 2019년 4월 1일자로 부서이동을 진행할 예정이다. '2019년 상반기 부서이동' 발령 대상자가 아닌 사원은 누구인가?

① 김윤미　　　　　　　　　② 정수연
③ 오진형　　　　　　　　　④ 이성준

08 당 회사는 2019년 1월 귀속 기준의 유효한 어학시험 성적을 보유한 사원에게 수당을 지급하려고 한다. [보기]의 기준에 따라 어학시험 수당을 지급할 경우, 수당을 지급 받는 총 인원수와 총 지급금액은 얼마인가? (단, 퇴사자는 제외한다.)

> **[보기]**
> 1. 어학시험명 : E10.토익
> 2. 700점 이상 30,000원 지급

① 인원 2명 / 총지급액 60,000원　　　　② 인원 3명 / 총지급액 90,000원
③ 인원 5명 / 총지급액 150,000원　　　④ 인원 6명 / 총지급액 180,000원

09 당 회사 '박용덕' 사원의 정보로 올바르지 않은 것을 고르시오.

① 박용덕 사원은 국외소득 비해당 사원이다.
② 박용덕 사원은 파견근로자로 설정되어 있지 않다.
③ 박용덕 사원은 생산직총급여 비과세 대상자가 아니다.
④ 박용덕 사원은 감면유형은 조세조약상 소득세면제로 설정되어 있다.

10 당 회사는 전 사업장을 대상으로 매년 교육관리를 진행하고 있다. 교육기간(2018. 12. 01.~2018. 12. 06.)의 〈800.승진자 내부교육〉 대상자를 확인하고 교육평가 '상'이 아닌 대상자는 누구인가?

① 홍길동   ② 노희선
③ 박국현   ④ 이성준

11 당 회사는 본점 사업장의 장기 근속자에게 '2019년 2월 28일' 기준으로 〈근속수당〉을 지급하기로 하였다. 아래 [보기]를 기준으로 근속수당을 지급 시, 총 '지급액'은 얼마인가? (단, 퇴사자는 제외하며, 미만일수는 버리고, 모든 경력은 제외한다.)

> [보기] 1. 근속년수 9년 초과 : 50,000원
>   2. 근속년수 10년 초과 : 100,000원
>   3. 근속년수 15년 초과 : 150,000원

① 150,000원   ② 200,000원
③ 300,000원   ④ 450,000원

12 당 회사는 2019년 3월 귀속 '상여'를 지급하려고 한다. 아래 보기와 같이 직접 계산식을 적용한 뒤, 2019년 3월 귀속 (지급일자 2019.04.15.) '상여'계산 시 대상자들의 총 과세금액은 얼마인가? (단, 그 외 급여계산에 필요한 조건은 프로그램에 등록된 기준을 이용한다.)

> [보기] 1. 항목 : V00.상여
>   2. 계산식 : 책정임금 [월급]×0.5

① 7,808,330원   ② 7,920,500원
③ 8,808,300원   ④ 9,250,210원

13 당 회사는 2019년 3월 귀속 '급여' 소득을 지급하고자 한다. 아래 [보기]를 기준으로 〈급여〉 지급항목의 지급 요건을 직접 추가하고 〈급여계산〉 시, 해당 지급일의 '노희선' 사원의 '소득세 및 지방소득세' 금액은 각각 얼마인가? (단, 그 외 급여계산에 필요한 조건은 프로그램에 등록된 기준을 이용한다.)

> **[보기]**　1. 지급항목 : P50.자격수당
> 　　　　　2. 분류코드(014.자격별)
> 　　　　　3. '100.정보기술자격(ITQ)' (금액 : 35,000원) 추가

① 소득세 : 10,350원 / 지방소득세 : 1,030원
② 소득세 : 22,740원 / 지방소득세 : 2,270원
③ 소득세 : 23,700원 / 지방소득세 : 2,370원
④ 소득세 : 48,370원 / 지방소득세 : 4,830원

14 당 회사는 일용직 사원에 대해 지급형태를 구분하여 급여를 지급한다. 해당 지급일의 일용직 급여 대상자들의 급여 계산 시, '실지급액'은 총 얼마인가? (단, 그 외 급여계산에 필요한 조건은 프로그램에 등록된 기준을 따른다.)

> **[보기]**　1. 지급형태 : 매일지급 (2019.03.31. 지급일 1번)
> 　　　　　2. 평일 9시간 근무 가정
> 　　　　　3. 비과세 신고제외 : 5,000원

① 2,745,390원　　　　　　　　　② 3,033,450원
③ 5,530,560원　　　　　　　　　④ 5,778,840원

15 급여 담당자의 실수로 '김현용' 사원의 일용직 생산직비과세 적용이 되지 않은 채 급여계산이 진행되었다. 일용직사원정보를 직접 수정하고 [보기]에 따라 2019년 03월 귀속의 사원전체의 '비과세신고분'은 얼마인가? (단, 그 외 급여계산에 필요한 조건은 프로그램에 등록된 기준을 이용한다.)

> **[보기]**　1. 지급형태 : 일정기간지급 (2019.03.31. 지급일 2번)
> 　　　　　2. 평일 9시간 근무 가정

① 285,130원　　　　　　　　　② 320,880원
③ 581,130원　　　　　　　　　④ 604,380원

16 당 회사는 사원별 '지각, 조퇴, 외출시간'에 대해 급여에서 공제하고 지급하려고 한다. 아래 [보기]의 기준을 토대로 산정할 경우, 2019년 3월 귀속 '이종현' 사원의 지각, 조퇴, 외출시간에 따른 공제금액은 얼마인가? (단, 프로그램에 등록된 기준을 그대로 적용하며 원단위 절사한다.)

> **[보기]** 1. 책정임금 시급 : 2018/01 기준 이종현 사원의 시급
> 　　　　　 2. 공제금액 : (지각시간＋조퇴시간＋외출시간)×책정임금 시급

① 29,450원　　　　　　　　　　② 30,820원
③ 42,130원　　　　　　　　　　④ 50,270원

17 당 회사의 회사본사 사업장에 대한 2018년 귀속 지급총액 및 공제총액은 얼마인가? (단, 급여 지급구분만 해당하며, 사용자부담금은 포함한다.)

① 지급총액 : 535,959,533원 / 공제총액 : 63,299,410원
② 지급총액 : 553,206,403원 / 공제총액 : 63,299,410원
③ 지급총액 : 871,116,563원 / 공제총액 : 103,162,310원
④ 지급총액 : 895,742,313원 / 공제총액 : 103,162,310원

18 당 회사의 전체 사업장에서 2018년 4/4분기의 영업촉진수당 지급내역을 확인하고자 한다. 영업촉진수당 지급액을 가장 많이 지급받은 사원은 누구인가?

① 이호재　　　　　　　　　　　② 박국현
③ 이종현　　　　　　　　　　　④ 정수연

19 당 회사는 인천지점 사업장에 대해 2018년 10월 귀속 이체한 급/상여를 확인하고자 한다. 2018년 10월 귀속 은행별 이체현황에 대해 옳은 것은 무엇인가? (단, 무급자는 제외한다.)

① 국민 : 3,480,830원　　　　　　② 기업 : 4,344,870원
③ 신한 : 16,379,790원　　　　　④ 현금 : 20,129,340원

20 당 회사의 회사본사 사업장의 급/상여지급액 등 변동사항을 확인하고자 한다. [보기]에 따라 확인 시, 2018년 12월 변동 상태에 대한 설명으로 알맞은 것은 무엇인가? (단, 모든 기준은 조회된 데이터를 기준으로 확인한다.)

> **[보기]** 1. 기준년월 : 2018년 12월
> 2. 비교연월 : 2018년 10월
> 3. 사용자부담금 '포함'

① 총 인원이 증가하였다.
② 실제 지급 받는 금액은 증가하였다.
③ 건강보험료는 비교연월에 비해 감소하였다.
④ 실제 원천 징수한 소득세는 증가하였다.

01 다음은 ERP 도입 의의를 설명한 것이다. 가장 적절하지 않은 설명은 다음 중 무엇인가?

① 기업의 프로세스를 재검토하여 비즈니스 프로세스를 변혁시킨다.
② 공급사슬의 단축, 리드타임의 감소, 재고비용의 절감 등을 이룩한다.
③ 기업의 입장에서 ERP 도입을 통해 업무 프로세스를 개선함으로써 업무의 비효율을 줄일 수 있다.
④ 전반적인 업무 프로세스를 각각 개별 체계로 구분하여 관리하기 위해 ERP를 도입한다.

02 다음은 ERP의 특징을 설명한 것이다. 특징과 설명을 연결한 것으로 적절하지 않은 것은 무엇인가?

① Open Multi-vendor : 특정 H/W 업체에만 의존하는 open 형태를 채용, C/S형의 시스템 구축이 가능하다.
② 통합업무시스템 : 세계유수기업이 채용하고 있는 Best Practice Business Process를 공통화, 표준화 시킨다.
③ Parameter 설정에 의한 단기간의 도입과 개발이 가능 : Parameter 설정에 의해 각 기업과 부문의 특수성을 고려할 수 있다.
④ 다국적, 다통화, 다언어 : 각 나라의 법률과 대표적인 상거래 습관, 생산방식이 시스템에 입력되어 있어서 사용자는 이 가운데 선택하여 설정할 수 있다.

03 데이터 전환 및 시험 가동은 ERP 구축절차 4단계 중 어느 단계에 해당하는가?

① 구현단계
② 구축단계
③ 설계단계
④ 분석단계

04 클라우드 서비스 사업자가 클라우드 컴퓨팅 서버에 ERP소프트웨어를 제공하고, 사용자가 원격으로 접속해 ERP소프트웨어를 활용하는 서비스를 무엇이라 하는가?

① IaaS(Infrastructure as a Service)
② PaaS(Platform as a Service)
③ SaaS(Software as a Service)
④ DaaS(Desktop as a Service)

05 다음 중 인적자원관리의 주요 기능에 대한 내용으로 연결이 잘못된 것은?

① 확보기능 – 채용관리
② 개발기능 – 노사관계관리
③ 유지기능 – 이직관리
④ 보상기능 – 임금관리

06 다음 중 직무분석의 의의와 목적에 대한 설명으로 올바르지 않은 것은?

① 직무분석은 직무의 내용과 성질을 구체화하고, 그 직무를 수행함에 있어서 종업원에게 요구되는 숙련, 지식, 능력 및 책임 등의 직무요건을 결정하는 과정을 말한다.
② 직무분석은 기업 내 종업원이 담당하고 있는 각 직무의 성질 및 내용과 직무수행상의 필요요건에 관한 직무정보자료를 수집하고 분석하는 과정으로 그 결과를 직무기술서와 직무명세서로 작성된다.
③ 직무분석은 1차적으로는 직무명세서를 작성하기 위한 것이며, 이를 토대로 직무기술서를 작성하기 위한 자료를 얻기 위함이다.
④ 직무분석은 2차적으로는 직무기술서나 직무명세서를 중심으로 인사관리에 필요한 구성원의 모집, 선발, 오리엔테이션, 인사고과, 교육훈련, 조직체계획, 경력계획, 직무재설계 등을 하기 위함이며, 또한 직무평가를 통하여 임금관리를 위한 직무급체계를 설정하기 위한 자료를 획득하기 위한 목적을 지니고 있다.

07 다음 중 단순한 작업요소 한 가지만 작업하던 것을 몇 개의 작업요소 또는 수 개의 작업요소를 동시에 작업할 수 있도록 하여 단조로움을 제거하려는 목적으로 설계된 직무설계 방법은?

① 직무순환(Job Rotation)
② 직무기술서(Job Description)
③ 직무확대(Job Enlargement)
④ 직무충실화(Job Enrichment)

08 다음 인적자원의 수요예측 방법 중 정량적 통계적 방법은?

① 경영자 판단
② 회귀분석
③ 마코브분석
④ 노동자 판단

09 다음 중 사내모집을 통한 인적자원 채용과정에 대한 설명으로 올바르지 않은 것은?

① 사외모집에 비해 능력이나 인사평가가 어려움
② 기존 종업원에게 사기와 학습의욕을 높일 수 있음
③ 내부 임직원의 능력개발을 촉진함
④ 기존 종업원에게 동기부여를 함

10 다음 중 어떤 사람에 대한 평가에서 그가 속한 집단의 특성에 근거하여 판단하려는 경향을 말하는 인사고과 오류는?

① 후광효과 오류   ② 상동적 오류
③ 관대화 오류   ④ 중심화 오류

11 다음 중 승진정체현상 때문에 조직분위기가 정체되었을 때 직무내용의 실질적인 변화는 없지만 직위 또는 자격호칭에 변화를 주어 인사체증과 사기저하를 방지하는 것을 말하는 승진유형은?

① 발탁승진   ② 대용승진
③ 역직승진   ④ 조직변화승진

12 다음 중 종업원의 장래성을 체계적으로 예측하여 경력개발을 추진하는 경력개발기법은?

① 직능자격제도   ② 종합평가센터 제도
③ 기능목록제도   ④ 멘토링

13 다음 중 근로자의 임금이 일정 이상이어야 하는 제도로서 일정 수준이하의 임금이 최저한도까지 강제적으로 인상되고, 새로운 노동자를 고용하는 경우에도 일정 수준이하의 임금으로 채용할 수 없게 하는 임금수준 조정 제도는?

① 베이스 업(base up)   ② 승급
③ 승격   ④ 최저임금제도

14 다음 중 임금지급의 기본원칙으로 적합한 것은?

① 수시지급원칙   ② 간접지급원칙
③ 비정기지급원칙   ④ 전액지급원칙

15 다음 중 기준임금체계에 대한 설명으로 올바른 것은?

① 연공급은 개개인의 학력, 자격, 연령 등을 감안하여 근속년수에 따라 임금수준을 결정하는 임금체계로서 일반적으로 종업원의 생활을 유지, 보존 할 목적으로 종신고용을 전제로 하는 정기승급제도를 택한다.
② 자격급은 직무를 기준으로 임금을 결정하는 방식으로, 직무의 중요성과 곤란도 등에 따라 직무의 양과 질에 대한 상대적 가치를 평가하고, 그 결과에 따라 임금을 결정하는 것으로 직무분석과 직무평가가 선행되어야 한다.
③ 직무급은 직무 내 요소를 적용한 연공급이라는 의미에서 직무급과 연공급이 절충된 형태로써, 직무내용과 직무수행능력에 따른 임금체제로 직능의 등급화로 계급을 정하고, 세분하여 연공적 요소를 가미한 호봉의 등급을 정하는 것이 직능급이다.
④ 직능급은 기업 내 종업원의 자격취득기준을 정해 놓고 그 자격취득에 따라 임금지급의 차이를 두는 제도로 직무급과 연공급을 결합한 것으로 직능급을 좀 더 발전시킨 형태이다.

16 다음 중 정규 시간을 넘어서 근무한 자에 대하여 지급되는 수당은?

① 특수근무수당   ② 초과근무수당
③ 보직수당   ④ 특수작업수당

17 다음 중 근로자를 전인적 인간으로서 육체적, 정신적, 심리적 측면에서 균형 잡힌 삶을 추구할 수 있도록 지원하는 복리후생은?

① 카페테리어식(cafeteria-style) 복리후생   ② 라이프사이클(life-cycle) 복리후생
③ 홀리스틱(wholistic) 복리후생   ④ 법정복리후생

18 다음 중 어떤 근로일의 근로시간을 연장시키는 대신에 다른 근로일의 근로시간을 단축시킴으로써, 일정기간의 평균근로시간을 법정기준근로시간 내로 맞추는 근로시간제는?

① 탄력적 근로시간제   ② 선택적 근로시간제
③ 간주 근로시간제   ④ 재량 근로시간제

19 다음 중 사용자가 할 수 있는 쟁의 행위는?

① 생산통제(생산관리)　　　　　　② 태업
③ 피켓팅　　　　　　　　　　　　④ 직장폐쇄

20 다음 경영참여 방법 중 종업원지주제도, 스톡옵션제도를 통하여 경영에 참여하는 방법은?

① 이윤참가　　　　　　　　　　　② 자본참가
③ 경영의사결정참가　　　　　　　④ 소득참가

* 본 문제는 시뮬레이션 문제로서 [실기메뉴]의 메뉴를 활용하여 문제에 답하시오.

01 다음 중 핵심 ERP 사용을 위한 기초 사원등록 정보를 확인하고, 사용자 사원의 등록 내역으로 알맞지 않은 것은 무엇인가?

① 〈부서〉는 '3100.관리부'이다.
② 〈인사입력방식〉은 '미결'이다.
③ 〈회계입력방식〉은 '승인'이다.
④ 〈조회권한〉은 '회사'이다.

02 다음 중 핵심 ERP 사용을 위한 기초 부서 정보를 확인하고, 내역으로 알맞은 것은 무엇인가?

① 현재 사용 중인 '1000'번 사업장 소속 부서는 총 5개이다.
② '6100.경리부'는 사용기간이 설정되어 2019년 현재 사용이 불가하다.
③ '2200.해외영업부'는 '1000'번 사업장 소속, '1000'번 부문으로 관리된다.
④ 영업부문에 속한 부서는 총 2개이다.

03 당 회사의 인사/급여기준을 점검하려고 한다. [인사/급여환경설정]의 설정으로 알맞은 것은 무엇인가? (단, [인사/급여환경설정] 값은 변경하지 않는다.)

① 모든 직종의 출결마감기준이 동일하게 설정되어 있다.
② 월일수 산정 시, 설정된 한 달 정상일을 기준으로 한다.
③ 원천세 신고유형은 '사업자단위과세신고'로 집계하여 신고 납부한다.
④ 입사자의 경우 근무일수 관계없이 월 급여를 정상 지급한다.

04 당 회사는 '가족수당'을 급여지급항목으로 등록하여 매월 지급하고 있다. 2019년도 귀속 '가족수당' 지급항목에 대한 설정으로 알맞지 않은 것은 무엇인가?

① 휴직자에 대해 별도의 계산식이 설정되어 있다.
② 과세 대상이며, 월정급여에 포함한다.
③ 가족수당 대상의 가족관계에 따라 금액이 차등 지급된다.
④ 수습직의 경우 지급하지 않는다.

05 당 회사는 2019년 01월 [500.차장] 직급의 호봉을 아래 [보기]와 같이 일괄 등록하고자 한다. [500.차장] 직급의 호봉등록을 완료하고, 6호봉 기준의 '호봉합계'는 얼마인가?

> [보기]
> 1. 기본급 초기치 : 2,000,000원 (증가액 100,000원)
> 2. 호봉수당 초기치 : 120,000원 (증가액 40,000원)
> 3. 정률인상 적용 : 기본급 7%

① 2,675,000원   ② 2,995,000원
③ 3,583,000원   ④ 3,827,400원

06 당 회사의 재직 중인 사원들의 정보를 확인하고 알맞지 않은 것은 무엇인가?

① 노희선 사원은 생산직 연장근로 비과세 적용을 받는 것으로 설정되어 있다.
② 김화영 사원은 2019년 현재 중소기업취업감면 대상자로 급여에서 감면적용을 받는다.
③ 이현우 사원은 두루누리사회보험 80% 적용 신청자이다.
④ 김희수 사원은 학자금상환대상자이다.

07 당 회사는 발령호수 '20190401' 2019년 상반기 인사발령'을 진행하였다. 해당하는 사원의 발령내역을 확인하고 올바르지 않은 것은 무엇인가?

① '김수영' 사원은 '총무부'로 발령되었다.
② '2019년 04월 01일' 발령 적용 대상자는 총 5명이다.
③ '이승기' 사원은 발령 후, '현장직'으로 근무한다.
④ '박지성' 사원은 해당 발령이전에 '총무부'에서 '경리부'로 부서를 이동한 적이 있다.

08 당 회사 전체 사업장의 2019년 1분기 교육평가가 우수한 사원을 대상으로 포상을 지급하기로 하였다. 아래 [보기]를 확인하고 대상자 인원 수 및 지급금액으로 알맞은 것은 무엇인가?

> [보기] 교육평가 1등급 : 50,000원
> 교육평가 2등급 : 30,000원

① 인원 : 5명 / 금액 : 250,000원   ② 인원 : 10명 / 금액 : 360,000원
③ 인원 : 10명 / 금액 : 520,000원   ④ 인원 : 12명 / 금액 : 600,000원

09 회사는 창립기념일을 맞아 2019년 5월 25일 기준으로 1000. 회사본사 사업장의 만 10년 이상 장기근속자에 대해 특별근속수당을 지급하기로 하였다. 아래 [보기]를 기준으로 총 지급한 특별근속수당은 얼마인가? (단, 퇴사자는 제외하며, 미만일수는 표시하고, 이전 경력은 제외한다.)

> **[보기]** 10년 이상 : 50,000원
> 15년 이상 : 100,000원

① 150,000원   ② 250,000원
③ 350,000원   ④ 450,000원

10 당 회사는 2019년 5월 귀속 유효한 어학시험 점수에 대해 특별 수당을 지급하려고 한다. 아래 [보기]를 확인하고 5월 귀속 총 지급한 수당은 얼마인가? (단, 퇴사자는 제외한다.)

> **[보기]** 토익 750점 이상 30,000원
> 토익 800점 이상 50,000원

①   60,000원   ② 100,000원
③ 130,000원   ④ 160,000원

11 당 회사의 '김용수' 사원의 책정임금이 [보기]와 같이 변경되었다. 2019년 5월 귀속 〈급여계산〉을 진행하고, 김용수 사원의 5월 귀속 급여 '과세금액'과 '소득세'는 각각 얼마인가? (단, 그 외 급여계산에 필요한 조건은 프로그램에 등록된 기준을 이용한다.)

> **[보기]** 책정임금 계약시작연월 : 2019년 05월
> 연봉 : 3,750만원

① 과세 2,785,770원 / 소득세 91,690원
② 과세 2,894,720원 / 소득세 105,540원
③ 과세 3,090,000원 / 소득세 91,690원
④ 과세 3,215,000원 / 소득세 105,540원

12 2019년 5월 14일 퇴사한 '홍명준' 사원에 대해 아래 [보기] 조건을 설정한 후 〈급여계산〉 시 5월 귀속의 지급총액은 얼마인가? (단, 그 외 급여계산에 필요한 조건은 프로그램에 등록된 기준을 따른다.)

> **[보기]** 퇴사자 급여 계산 기준 : 월일 (20일)

① 1,325,010원   ② 1,425,390원
③ 1,575,550원   ④ 1,584,550원

13 당 회사는 사원 별 '지각/조퇴/외출시간'에 대해 급여에서 공제하고 있다. [보기]를 통해 '이성준' 사원의 2019년 4월 귀속 급여에서 차감될 공제금액은 얼마인가? 단, 프로그램에 등록된 기준을 그대로 적용하며, 원단위 금액은 절사한다.

> **[보기]** 공제 시급 : 6,300원
> 공제 금액 : (지각시간＋조퇴시간＋외출시간)×공제 시급

① 20,470원   ② 25,620원
③ 27,400원   ④ 29,180원

14 당 회사는 1000. 회사본사 사업장에 대해 2019년 3월 귀속 급/상여소득에 대한 은행별 이체 금액을 확인하고자 한다. 은행별 이체 금액으로 알맞지 않은 것은 무엇인가? (단, 무급자는 제외한다.)

① 신한 : 2,801,100원   ② 국민 : 14,366,260원
③ 현금 : 16,676,320원   ④ 기업 : 21,893,700원

15 당 회사 '인천지점' 사업장의 2019년 1/4분기 급여내역의 '과세 및 비과세총액'으로 올바른 것은 무엇인가? (단, 사용자부담금은 포함한다.)

① 과세총액 : 70,474,630원 / 비과세총액 : 2,545,210원
② 과세총액 : 71,542,720원 / 비과세총액 : 2,691,660원
③ 과세총액 : 72,224,630원 / 비과세총액 : 2,070,360원
④ 과세총액 : 73,147,300원 / 비과세총액 : 2,691,660원

16 당 회사는 일용직 사원에 대해 사원 별 지급형태를 구분하여 일용직 급여를 지급하고 있다. 아래 [보기]를 확인하여 2019년 5월 귀속 '매일지급' 지급일의 대상자를 직접 반영 후, 급여계산 시 해당 지급일의 '과세총액'은 얼마인가? (단, 급여계산에 필요한 조건은 프로그램에 등록된 기준대로 확인한다.)

> [보기] 1. 지급형태 : '매일지급'
>   2. 지급 대상자 : 기존 대상자에 '경리부' 대상자 추가
>   3. 평일 8시간 근무 가정

① 3,975,830원   ② 4,181,120원
③ 6,094,470원   ④ 6,313,600원

17 당 회사의 2019년 5월 귀속에 근무한 일용직 사원의 급여를 다음 [보기]와 같이 적용할 경우, 지급 내역으로 바르지 않은 것은 무엇인가? 단, 그 외 급여계산에 필요한 조건은 프로그램에 등록된 기준을 이용한다.

> [보기] 급여형태 : 일정기간지급
>   근무시간 : 평일 9시간 근무
>   비과세금액 : 6,000원

① 해당 지급일자의 실제 근무일수는 15일이다.
② 해당 지급일자의 일용직 지급인원은 모두 9명이다.
③ 해당 지급일자의 과세총액은 19,033,330원이다.
④ 해당 지급일자의 비과세신고분은 총 466,050원이다.

18 당 회사의 일용직 사원인 '이태풍'의 정보를 확인하고, 그 설명으로 알맞지 않은 것은 무엇인가?

① 급여형태는 '일급'을 적용받는다.
② 건강, 고용보험 적용 대상자이다.
③ 일자리 안정자금 신청 대상자이다.
④ 생산직 비과세 적용 대상자에 해당한다.

19 당 회사의 전체 사업장에 대하여 2019년 4월 귀속에 지급한 '급여'를 '직종별'로 집계할 경우, 건강보험 집계금액으로 옳은 것은 무엇인가?

① 사무직 : 1,128,230 / 생산직 445,050
② 사무직 : 1,128,230 / 생산직 525,960
③ 사무직 : 1,654,190 / 생산직 525,960
④ 사무직 : 2,191,160 / 생산직 598,950

20 당 회사의 '회사본사' 사업장의 2019년 1/4분기 P01.영업촉진비 지급내역을 확인하고자 한다. 영업촉진비를 가장 많이 지급받은 사원은 누구인가?

① 이종현   ② 박국현
③ 정수연   ④ 최신주

01 경영환경 변화에 대한 대응방안 및 정보기술을 통한 새로운 기회 창출을 위해 기업경영의 핵심과 과정을 전면 개편함으로써 경영성과를 향상시키기 위한 경영기법은 무엇인가?

① MRP(Material Requirement Program)
② MBO(Management by objectives)
③ JIT(Just In Time)
④ BPR(Business Process Re-Engineering)

02 다음 중 ERP 도입의 목적이라고 볼 수 없는 것은 무엇인가?

① 기업의 다양한 업무지원
② 고객만족 및 서비스 증진 효과
③ 조직원의 관리, 감독, 통제 기능 강화
④ 효율적 의사결정을 위한 지원기능

03 ERP 구축절차 중 TFT결성, 현재 시스템 문제파악, 경영전략 및 비전도출 등을 하는 단계는 다음 중 무엇인가?

① 구축단계 　　　　　　　　　　② 구현단계
③ 분석단계 　　　　　　　　　　④ 설계단계

04 다음 중 ERP 아웃소싱(Outsourcing)의 장점으로 가장 적절하지 않은 것은 무엇인가?

① ERP 아웃소싱을 통해 기업이 가지고 있지 못한 지식을 획득할 수 있다.
② ERP 개발과 구축, 운영, 유지보수에 필요한 인적자원을 절약할 수 있다.
③ IT아웃소싱 업체에 종속성(의존성)이 생길 수 있다.
④ ERP 자체개발에서 발생할 수 있는 기술력 부족의 위험요소를 제거할 수 있다.

05 다음 중 인적자원관리의 목표로 가장 적합한 것은?

① 합리적 자금조달 및 효율적 활용
② 고객의 만족감, 시장확대
③ 생산성향상, 인적자원유지, QWL
④ 생산성, 능률

06 다음 중 직무분석의 방법으로 적절하지 않은 것은?

① 질문지법
② 면접법
③ 서열법
④ 작업기록법

07 다음 중 직무평가의 방법이라고 할 수 없는 것은?

① 분류법 : 사전에 직무에 대한 등급을 정해놓고 직무가 어느 등급에 해당하는지 분류하는 평가 방법이다.
② 구조적 평가법 : 미리 준비된 구조화된 질문지를 사용하는 직무평가 방법이다.
③ 점수법 : 각 직무요소를 분해하여 평가요소별로 점수화하여 종합적으로 평가하는 방법이다.
④ 요소비교법 : 가장 기본이 되는 몇 개의 기준직무를 선정하여 기준직무의 평가요소별 가치를 임금액으로 환산하여 직무의 상대적 가치를 평가요소별로 비교하여 평가하는 방법이다.

08 다음 중 인적자원 부족 시 활용하는 방법은?

① 아웃소싱(하도급)
② 무급휴가제
③ 정리해고
④ 명예퇴직

09 다음 중 스트레스 면접에 대한 설명으로 올바른 것은?

① 대인적인 압박감이 많은 특수한 직장환경에서 직무를 수행 할 수 있는 능력이 있는지의 여부에 대한 정보를 얻는 방법
② 지원자에게 최대한 의사표시의 자유를 주고 그 가운데서 지원자에 대한 정보를 얻는 방법
③ 미리 준비된 질문항목에 따라 면접자가 피면접자에게 질문하여 정보를 얻는 방법
④ 다수의 면접자가 1명의 피면접자를 면접하여 정보를 얻는 방법

10 다음 중 상동적 오류에 대한 설명으로 올바른 것은?

① 고과대상자의 특정한 고과요소로부터 받은 호의적 또는 비호의적 인상이 다른 고과요소까지 영향을 미쳐 동일하게 평가하는 경향
② 피고과자를 평가함에 있어서 피고과자의 특성을 고과자 자신의 특성과 비교하여 평가할 경우에 생기는 오류
③ 여러 사람에 대한 평가에서 그가 속한 집단의 특성에 근거하여 판단하려는 경향
④ 과거 행위보다는 바로 최근의 행위가 영향을 받음으로서 평가에 미치는 오류

11 다음 중 교육훈련방법에 대한 설명으로 올바른 것은?

① 직장내 훈련(OJT) : 종업원을 일단 직무로부터 분리시켜서 일정기간 오로지 교육에만 열중케 하는 것으로써, 집단적으로 실행되는 것이 일반적이다.
② 직장외 훈련(OFF-JT) : 작업을 하는 과정에서 직무에 관한 지식과 기술을 습득하게 하는 훈련방식으로서, 훈련은 주로 감독자에 의해서 개별적으로 실시된다.
③ 관리자 훈련(M.T.PI) : 관리자는 경영활동에 대한 가장 기초적인 책임자로서 일선종업원의 작업을 지휘·감독하며 경영자와 일선종업원을 연결하는 중요한 역할을 한다. 따라서 관리자 훈련은 기업조직 내의 구성원 중에서 타인과 유대관계가 좋고 집단 내에서 지도력을 행사하는 총 감독자적 자질을 갖춘 대상자들에게 주로 리더십 훈련을 시키는 데 목적을 둔 훈련이다.
④ 경영자 훈련(C.C.S) : 경영자 훈련은 주로 기업 전반의 관점에서 전문적 지식, 계획능력, 종합적 판단력 등을 개발시키고 기업의 사회적 책임을 인식하면서 최고경영자로서 의사결정을 할 수 있도록 훈련 내용을 설계해야 하는 훈련이다.

12 다음 경력개발의 목적 중에서 사회적 측면에 대한 내용으로 올바른 것은?

① 종업원의 경력개발을 통해 인적자원을 효율적으로 확보할 수 있다.
② 경력개발을 통해 기업은 조직의 노하우를 체계적으로 축적하여 경쟁력을 제고시킬 수 있다.
③ 종업원의 기업조직에 대한 일체감을 제고시켜 기업 내 협동시스템 구축이 보다 원활해진다.
④ 종업원에게 자리에 대한 안정감을 주고 미래를 보다 의미있게 설계할 수 있게 해 준다.

13 다음 중 임금수준을 결정하는 기준 요인에 대한 설명으로 올바르지 않은 것은?

① 임금수준은 기업이 일정기간 종업원에게 지급 되는 평균입금, 즉 기업전체의 평균임금으로써 사회의 임금수준을 고려하여 결정된다.
② 임금은 근로자의 소득 원천이기 때문에 자신의 삶과 가족의 생계문제를 해결할 뿐만 아니라 다음의 노동력을 재생산할 수 있는 기반을 형성 하여야 하기 때문에 근로자들의 생계비는

임금산정의 최저기준일 뿐만 아니라 그들의 인간적인 삶을 보장해 줄 수 있는 임금수준을 결정하는 기초가 된다.

③ 기업의 지불능력을 벗어난 임금은 결과적으로 기업경영을 어렵게 하기 때문에 기업의 지급능력이 임금수준을 결정하는 기준이 된다.

④ 기업은 지속가능 해야 하는 조직이기 때문에 기업의 생산성을 고려한 기업의 지불능력 만이 임금수준을 결정하는 기준이 된다.

14 다음 중 근로자가 일정 근속연수 혹은 나이가 되면 정년을 보장하는 대신 임금이 일정한 규칙에 따라 감소하는 임금체계는?

① 임금피크제   ② 특수임금제
③ 종업원지주제   ④ 이윤순응임률제

15 다음 중 근로자와 그 가족의 생활수준 향상을 위해서 시행하는 간접적인 보상으로, 근로자의 건전한 노동력의 확보, 노동생산성의 향상, 근로생활의 안정화와 질 향상 등을 위하여 임금 이외의 간접적인 보상으로서 부가급부라고도 하는 것은?

① 기준외 임금   ② 복리후생
③ 상여급   ④ 초과근무수당

16 다음 4대 사회보험 중 가입자, 사용자 및 국가로부터 일정액의 보험료를 받고, 이를 재원으로 하여 노령연금, 장애연금 등을 지급함으로써 국민의 생활 안정과 복지 증진을 도모하는 제도는?

① 국민연금   ② 고용보험
③ 건강보험   ④ 산업재해보상보험

17 산림소득, 퇴직소득 등의 경우와 같이 오랜 시간 누적되어온 소득을 합산해서 과세표준을 계산한다면 누진세율로 말미암아 엄청난 세부담을 지게 되므로, 누진세율에 의한 과중한 세부담을 완화하기 위하여 실시하는 과세방법은?

① 종합과세   ② 일반과세
③ 분리과세   ④ 분류과세

18 다음 중 근로시간에 대한 설명으로 올바르지 않은 것은?

① 근로시간은 고용관계에 있어서 근로자가 사업주를 위해 근로를 제공하는 시간을 의미하는 것으로, 노사관계상 또는 근로계약상의 중요한 문제로 등장한 근로조건이다.
② 근로시간은 실근로시간과 작업에 필요한 필요 불가결한 시간의 합계이며, 근로시간은 정상근로시간과 초과근로시간으로 구성된다.
③ 정상근로시간은 법정근로시간 이내로 사업체의 취업규칙이나 단체협약으로 정한 정상근로일에서 휴식시간을 제외하고 실제로 근로한 시간을 말한다.
④ 초과근로시간은 정상근로시간 이외의 연장근로시간, 휴일근로시간 등 정규근로 시간이외에 초과하여 근로한 시간을 말한다.

19 다음 중 근로자가 일정한 기일마다 근무시간이 다른 근무로 바꿔지는 근무상태 제도는?

① 탄력적 근로시간제　　　　　　② 선택적 근로시간제
③ 교대 근무제　　　　　　　　　④ 재량 근로시간제

20 다음 중 노동조합이 사업장 및 공장내의 일체의 생산시설 및 원자재를 점유하고, 사용자의 지휘명령을 배제한 상태에서 기업을 경영하며 생산활동을 통제하는 쟁의행위는?

① 태업　　　　　　　　　　　　② 보이콧
③ 피케팅　　　　　　　　　　　④ 생산통제

* 본 문제는 시뮬레이션 문제로서 [실기메뉴]의 메뉴를 활용하여 문제에 답하시오.

01 다음 중 핵심 ERP 사용을 위한 기초 부서 정보를 확인하고, 그 내역으로 알맞은 것은 무엇인가?

① 현재 사용 중인 부서는 총 8개이다.
② '자재부'는 회사본사 사업장 소속이다.
③ '관리부'는 회사본사의 관리부문으로 관리하고 있다.
④ 현재 사용 중인 인천지점 사업장의 부서는 총 3개이다.

02 다음 중 핵심 ERP 사용을 위한 기초 사원등록 정보를 확인하고, '사용자'가 아닌 사원으로 올바른 것은 무엇인가?

① 한국민   ② 오진형
③ 최명수   ④ 이현우

03 당 회사의 인사 담당자가 변경되었다. 기존 인사/급여 기준설정을 확인하고, 관련 설명으로 바르지 않은 것은 무엇인가? 단, 환경설정 기준은 변경하지 않는다.

① 월일수 산정 시, 귀속 당월의 실제 일수를 기준으로 한다.
② 지방소득세 집계 시, '귀속연월'과 '지급연월'이 모두 일치하는 소득 데이터를 집계한다.
③ 모든 직종의 출결마감 기준일은 당월 1일로 동일하다.
④ 입사자의 경우 지정한 '기준일수' 초과 근무 시, 월 급여를 정상 지급한다.

04 2019년 귀속연도 각종 소득세 등 자동계산을 위한 세법적인 과세기준 및 세율 등의 기본요건을 확인하고, 〈근로소득〉 '기본세율조견표'의 과세표준 구간으로 알맞지 않은 것은 무엇인가?

① 12,000,000 ~ 46,000,000   ② 46,000,000 ~ 88,000,000
③ 88,000,000 ~ 150,000,000   ④ 150,000,000 ~ 500,000,000

05 다음 중 핵심ERP [인사기초코드등록] 메뉴의 '4.사원그룹(G)' 출력구분에 대한 설명으로 바른 것은 무엇인가?

① [G5.직무] 관리내역의 〈비고값〉이 '1'인 경우, 생산직 비과세 적용대상 직무이다.
② [G2.직종] 관리내역의 〈비고값〉이 '1'인 경우, 생산직 비과세 적용대상 직종이다.
③ [G1.고용구분] 관리내역의 〈비고값〉이 '0'인 경우, [인사정보등록] 조회 대상 고용 형태이다.
④ [G1.고용구분] 관리내역의 〈비고값〉이 '1'인 경우, [일용직사원등록] 조회 대상 고용형태이다.

06 당 회사는 [보기]와 같이 전 사업장을 대상으로 사내 내부교육을 진행하였다. 해당 교육 대상자들의 평가를 확인하고, 평가 결과가 〈상〉인 교육 대상자는 누구인가?

> [보기]   1. 교육명 : 801. 승진자내부교육(2019년 상반기)

① 오진형   ② 노희선
③ 이서진   ④ 이민영

07 회사는 2019년 1월 1일 기준으로 모든 사업장에 대해 [보기]와 같이 장기근속자에게 '근속수당'을 지급하기로 하였다. 지급된 총 '인원수' 및 '근속수당'은 얼마인가? (단, 퇴사자는 포함하며, 미만일수는 버리고, 경력포함은 제외한다.)

> [보기]   9년 이상 근속 : 인당 50,000원
>   10년 이상 근속 : 인당 100,000원

① 4명, 300,000원   ② 5명, 350,000원
③ 5명, 400,000원   ④ 6명, 450,000원

08 당 회사는 〈2019년도 하반기 인사발령〉을 사원 별로 진행하고자 한다. 〈20190630〉 발령호수의 사원별 발령내역을 확인하고, 그 설명으로 바르지 않은 것은 무엇인가?

① 박국현 사원은 실제 발령 적용일 전, 현재 〈직급〉은 '부장'이다.
② 김윤미 사원은 실제 발령 적용일 전, 현재 〈부서〉는 '관리부'이다.
③ 오진형 사원은 실제 발령 적용일 전, 현재 〈부서〉는 '자재부'이다.
④ 엄현애 사원은 실제 발령 적용일 전, 현재 〈직급〉은 '대리'이다.

09 당 회사는 2019년 7월 귀속 사원 별 〈특별수당〉을 지급하고자 한다. 아래 [보기] 기준으로 〈어학시험〉 수당을 지급 시, 지급될 총 '지급액'은 얼마인가? 단, 퇴사자는 제외하며, 유효기간 내 어학시험만 인정한다.

> [보기] 1. 〈2019년 7월〉기준 유효한 어학시점
> 2. E^Pro – 400점 이상 450점 미만 : 20,000원
> 3. E^Pro – 450점 이상 : 30,000원

① 30,000원   ② 50,000원
③ 70,000원   ④ 100,000원

10 당 회사 '김종욱' 사원에 대해 〈가족〉 정보를 확인하고, 등록 정보에 대한 설명으로 알맞지 않은 것은 무엇인가?

① 가족 중 연말정산 '장애인공제' 적용 대상자가 존재하지 않는다.
② 가족수당 대상자에 해당하지 않는 부양가족은 총 2명이다.
③ 연말정산 작업 시, 공제대상 가족은 〈연말정산〉에 체크된 가족이 적용된다.
④ 실제 근로자가 부양하고 있는 가족은 총 3명이다.

11 당 회사는 2019년 상반기 귀속 급여 작업에 대해 수당 별 지급현황을 확인하고자 한다. 〈인천 지점〉 기준 'P50. 자격수당'을 지급 받은 사원으로 알맞지 않은 것은 누구인가?

① 강민주   ② 김윤미
③ 노희선   ④ 이성준

12 당 회사는 2019년 6월 귀속 급여 작업에 대해 항목별 〈급여〉 지급현황을 확인하고자 한다. 〈부서〉 별로 집계 시, '국내영업부'와 '해외영업부'의 〈영업촉진수당〉 금액은 각각 얼마인가?

① 국내영업부 : 160,000원 / 해외영업부 : 360,000원
② 국내영업부 : 137,000원 / 해외영업부 : 668,720원
③ 국내영업부 : 218,700원 / 해외영업부 : 199,350원
④ 국내영업부 : 148,710원 / 해외영업부 : 138,310원

13 2019년 7월 귀속 일용직 대상자에 대해 [보기]와 같이 급여 일괄계산 시, 급여 지급내역에 대한 설명으로 알맞지 않은 것은 무엇인가?

> **[보기]** 1. 지급형태 : 1.매일지급
> 2. 평일 9시간 근무 가정
> 3. 비과세 신고제외 : 7,000원

① 총 지급인원은 3명이다.
② 해당 지급일의 실지급액 총액은 8,589,760원이다.
③ 해당 지급일의 회사부담금의 총액은 384,090원이다.
④ 비과세신고분 총액은 351,440원, 비과세신고제외분 총액은 434,000원이다.

14 당 회사는 'P01.영업촉진수당' 지원 금액을 상향 조정하였다. 아래 [보기]를 기준으로 지급 기준을 직접 수정하고, 2019년 7월 귀속 지급일 2019.07.25.의 급여계산 시, 총 '과세' 및 '소득세'는 각각 얼마인가? 그 외 급여계산에 필요한 조건은 프로그램에 등록된 기준을 따른다.

> **[보기]** • 국내영업부 : 100,000원 지급
> • 해외영업부 : 150,000원 지급

① 과세 26,262,340원 / 소득세 1,018,810원
② 과세 26,342,340원 / 소득세 1,018,810원
③ 과세 26,372,340원 / 소득세 1,032,720원
④ 과세 26,472,340원 / 소득세 1,032,720원

15 당 회사는 아래 [보기]를 기준으로 입사자에 대해 '수습적용'하고자 한다. [보기]와 같이 〈환경설정〉 후, '장석훈' 사원의 2019년 7월 귀속 지급일 2019.07.31. 〈급여계산〉 시, 실지급액은 얼마인가? (단, 그 외 급여계산에 필요한 조건은 프로그램 등록된 기준을 따른다.)

> **[보기]** 1. 수습직 지급기간 : 3개월
> 2. 수습직 급여계산 기준 : 월
> 3. 수습직 지급율 : 70%

① 1,029,350원   ② 1,236,550원
③ 1,628,430원   ④ 2,380,360원

16 당 회사는 사원 별 근태 내역을 기준으로 아래 [보기]와 같이 〈연장근로수당〉을 지급하고 있다. 2019년 7월 귀속(지급일 2019.07.25) '박국현' 사원의 근태내역을 확인하고, 〈연장근로수당〉을 계산하면 얼마인가? (단, 프로그램에 등록된 기준을 따르며, 원단위 금액은 정상 표기한다.)

| [보기] | 1. 일급 : 97,400 |
| | 2. 연장근로수당 = (일급/8) × 총연장근무시간 × 1.5 |

① 103,420원   ② 124,900원
③ 182,620원   ④ 191,870원

17 〈인천지점〉 사업장에 대한 2019년 6월 귀속 급/상여소득에 대한 은행별 이체 금액을 확인하고자 한다. 은행별 이체 금액으로 알맞은 것은 무엇인가? (단, 무급자는 제외한다.)

① 신한 : 2,913,510원   ② 기업 : 9,519,100원
③ 국민 : 6,580,900원   ④ 현금 : 18,441,600원

18 부서 별 월별 급상여 지급현황을 조회하고자 한다. 2019년 상반기 귀속 '1100. 총무부' 부서 기준으로 조회 시, 부서 전체 월별 급상여 지급/공제항목 내역으로 알맞지 않은 것은 무엇인가?

① 기본급 : 45,500,000원   ② 지급합계 : 55,773,140원
③ 차인지급액 : 49,046,720원   ④ 사회보험부담금 : 10,469,140원

19 아래 [보기] 기준으로 2019년 7월 귀속 일용직 대상자 급여 일괄계산 시, 총 '소득세'는 얼마인가? (단, 그 외 급여계산에 필요한 조건은 프로그램 등록된 기준을 따른다.)

[보기]	1. 지급형태 : 2. 일정기간지급
	2. 평일, 토요일 9시간 근무 가정
	3. 비과세 신고제외 : 8,000원

① 21,870원   ② 36,450원
③ 58,320원   ④ 63,990원

20 당 회사는 2019년 7월 [600.과장] 직급의 호봉을 아래 [보기]와 같이 일괄 등록하고자 한다. [600.과장] 직급의 호봉등록을 완료하고, 5호봉 '호봉합계'는 얼마인가?

> **[보기]** 1. 기본급 : 초기치 3,000,000원, 증가액 100,000원
> 2. 직급수당 : 초기치   150,000원, 증가액   30,000원

① 3,400,000원
③ 3,800,000원
② 3,670,000원
④ 3,930,000원

01 다음 중 ERP에 대한 설명으로 가장 적절하지 않은 것은 무엇인가?

① 경영혁신환경을 뒷받침하는 새로운 경영업무 시스템 중 하나이다.
② 기업의 전반적인 업무과정이 컴퓨터로 연결되어 실시간 관리를 가능하게 한다.
③ 기업 내 각 영역의 업무프로세스를 지원하고 단위별 업무처리의 강화를 추구하는 시스템이다.
④ 전통적 정보시스템과 비교하여 보다 완벽한 형태의 통합적인 정보인프라구축을 가능하게 해주는 신 경영혁신의 도구이다.

02 다음 중 ERP시스템의 도입효과로 가장 적절하지 않은 것은 무엇인가?

① ERP시스템 도입을 통해 부문최적화를 달성할 수 있다.
② ERP시스템 도입을 통해 정보공유와 자원의 최적화가 가능해진다.
③ ERP시스템 도입을 통해 비용 절감과 생산성 향상이 가능해진다.
④ ERP시스템 도입을 통해 데이터의 정합성이 확보된 통합관리를 실현할 수 있다.

03 다음 중 BPR의 필요성이라고 볼 수 없는 것은 무엇인가?

① 경영 환경 변화에의 대응방안 모색
② 정보기술을 통한 새로운 기회의 모색
③ 기존 업무 방식 고수를 위한 방안 모색
④ 조직의 복잡성 증대와 효율성 저하에 대한 대처방안 모색

04 ERP를 성공적으로 도입하기 위한 전략으로 적절하지 않은 것은?

① 최고경영층도 프로젝트에 적극적으로 참여해야 한다.
② 현재의 업무방식만을 그대로 고수해서는 안 된다.
③ 단기간 효과 위주로 구현해야 한다.
④ 프로젝트 멤버는 현업 중심으로 구성해야 한다.

05 다음 직무평가의 방법 중 비계량적(종합적) 평가방법이 아닌 것은?

① 단순서열법
② 쌍대비교법
③ 분류법
④ 요소비교법

06 다음 직무 설계 방법 중 직무의 수평적 형태로 과학적 관리법에 의한 직무설계의 문제점을 해결하고, 기업 내의 모든 직무에 대한 순환을 통하여 적정배치의 실현과 다양한 능력개발의 촉진, 조직 전체에 대한 시야를 넓힘으로써 조직의 활성화에 기여할 수 있는 이점이 있는 것은?

① 직무전문화
② 직무순환
③ 직무확대
④ 직무충실화

07 다음 인적자원의 공급예측방법 중 그 성격이 다른 하나는?

① 델파이기법
② 기능목록
③ 인력대체표
④ 마르코프분석

08 다음 중 선발도구의 타당성을 측정하기 위한 방법으로 선발시험의 문항내용이 측정대상인 직무성과와의 관련성을 잘 나타내고 있는가를 측정하는 방법은?

① 신뢰성
② 내용 타당도
③ 구성 타당도
④ 기준관련 타당도

09 다음 중 인적자원의 적정배치의 원칙으로 적절하지 않는 것은?

① 적절한 인재를 적절한 장소에 배치하는 적재적소의 원칙
② 종업원의 직무수행능력을 기준으로 배치하는 능력주의 원칙
③ 특정 직무에 편중되지 않는 균형주의 원칙
④ 기업 내 모든 사원을 조직의 리더로 육성하기위한 인재육성주의 원칙

10 다음 중 인사고과의 구성요건(목표)에 해당하지 않는 것은?

① 타당성
② 수용성
③ 신뢰성
④ 획일성

11 경영자의 능력개발을 위한 방법으로 많이 활용되며, 다른 사람이 생각하고 느끼는 것을 정확하게 감지하고 이에 대응하여 유연한 태도와 행동을 취할 수 있는 능력을 개발하기 위한 훈련 방법은?

① 역할연기법
② 인바스켓법
③ 브레인스토밍
④ 감수성훈련

12 다음 현대적 리더십이론 중 리더가 먼저 리더의 행동을 보임으로서 부하의 대리학습의 모델이 되고 부하 스스로가 리더가 될 수 있도록 목표의 설정을 지원하고 코치의 역할을 하며 조직이 스스로 변화할 수 있도록 변화 담당자로서의 역할을 하는 리더십은 유형은?

① 셀프리더십
② 코칭리더십
③ 슈퍼리더십
④ 카리스마 리더십

13 다음 [보기]의 임금수준 결정 요인 중 임금수준의 상한선과 하한선의 기준이 되는 것은?

| [보기] | 가. 기업의 지급능력 | 나. 노사 간의 임금교섭 |
| | 다. 타사의 임금수준 | 라. 근로자의 생계비 |

① 가, 나
② 가, 나, 다
③ 가, 라
④ 가, 나, 라

14 다음 중 근로자가 일정 근속연수가 되어 임금이 정점에 다다른 후 다시 일정비율로 감소하도록 임금체계를 설계하는 제도는?

① 이윤배분제도
② 임금피크제
③ 최적임금보장제
④ 럭커플랜

15 다음 중 법정 복리후생제도의 유형으로 적절하지 않은 것은?

① 사회보장보험
② 퇴직금제도
③ 유급휴식제도
④ 생활지원시설

16 다음 중 근로소득의 범위로 적절하지 않은 것은?

① 연 또는 월 단위로 받는 여비
② 종업원이 출·퇴근을 위하여 차량을 제공받는 경우의 운임
③ 업무를 위해 사용된 것이 분명하지 않은 기밀비와 판공비
④ 종업원에게 지급하는 위로금과 학자금

17 다음 중 연말정산시 근로자 제출서류로 적절하지 않은 것은?

① 근로소득공제신고서
③ 근로소득지급명세서
② 의료비지급명세서
④ 기부금명세서

18 다음 중 [보기]가 설명하는 것은?

> **[보기]**
> 근로시간제 중 노사합의로 일정한 기간 동안 근로해야 할 총 근로시간만 정하고 각 근로일에 있어서의 근로시간과 그 시작 및 종료시각을 근로자의 자유에 맡김으로써, 효율적인 시간활용을 통해 업무효율을 증대시키고자 하는 제도이다.

① 탄력적 근로시간제
③ 간주 근로시간제
② 선택적 근로시간제
④ 재량 근로시간제

19 다음 중 전국적 또는 지역별·산업별 노동조합의 대표와 개별기업의 사용자대표 사이에 이루어지는 단체교섭방식은?

① 통일교섭
③ 기업별교섭
② 대각선교섭
④ 집단교섭

20 다음 중 부당노동행위로 적절하지 않은 것은?

① 태업(sabotage)
③ 단체교섭의 거부
② 황견계약(yellow dog contract)
④ 지배·개입 및 경비원조

* 본 문제는 시뮬레이션 문제로서 [실기메뉴]의 메뉴를 활용하여 문제에 답하시오.

01 당 회사는 사용자 별 사용권한을 설정하고 있다. 〈S.시스템관리〉 모듈 내 '기초정보관리' 메뉴 구분에 대한 사용자의 조회권한으로 알맞은 것은 무엇인가?

① 부서   ② 사원
③ 회사   ④ 사업장

02 당 회사 기초 사원등록 정보를 확인하고, '사용자'로 등록 된 사원의 등록내역으로 알맞지 않은 것은 무엇인가?

① 〈조회권한〉은 '회사'이다.   ② 〈검수조서권한〉은 '승인'이다.
③ 〈인사입력방식〉은 '미결'이다.   ④ 〈회계입력방식〉은 '승인'이다.

03 당 회사의 기초 회사등록 정보를 확인하고, 〈2002.인사2급 회사A〉 등록 정보로 알맞지 않은 것은 무엇인가?

① 회사 〈업태〉는 '서비스'이다.
② 회사 〈종목〉은 '레저용품'이다.
③ 설립 및 개업일은 '2002.01.02.'이다.
④ 2019년 회계연도 회계기수는 '18기'이다.

04 당 회사의 2019년도 귀속 사회보험 각각의 요율을 확인하고, 실제 급여 계산 시 적용될 근로자 개인 부담 '사회보험요율'로 알맞지 않은 것은 무엇인가?

① 근로자 개인 부담 '고용보험요율'은 '1.30'이다.
② 근로자 개인 부담 '국민연금요율'은 '4.50'이다.
③ 근로자 개인 부담 '건강보험요율'은 '3.230'이다.
④ 근로자 개인 부담 '장기요양보험료율'은 '8.510'이다.

05 당 회사의 2019년 8월 귀속 급/상여 지급일자 등록을 확인하고, 그 내역으로 알맞지 않은 것은 무엇인가?

① 급여와 상여를 분리하여 각각 지급한다.
② 직종이 '수습직'인 근로자에게도 상여를 지급한다.
③ 상여 지급 시, '지급직종및급여형태' 기준으로 대상자가 자동 반영된다.
④ 상여 지급 시, 입사자와 퇴사자는 '상여지급대상기간' 내 근무 일 수 기준으로 지급된다.

06 당 회사는 2019년 10월 [800.주임] 직급의 호봉을 아래 [보기]와 같이 일괄 등록하고자 한다. [800.주임] 직급의 호봉등록을 완료하고, 〈8호봉〉 기준의 '호봉합계'는 얼마인가?

[보기]
1. 적용시작연월 : 2019/10
2. 기본급 : 초기치 (1,800,000), 증가액 (150,000)
3. 호봉수당 : 초기치 (10,000), 증가액 (10,000)

① 2,280,000원　　　　　　　② 2,850,000원
③ 2,930,000원　　　　　　　④ 3,090,000원

07 당 회사 '김희수' 사원에 대해 등록 된 인사정보를 확인하고, 그 내역으로 알맞은 것은 무엇인가?

① '학자금상환' 대상자이다.
② '장애인'이면서 '세대주'이다.
③ '입사일자'와 '그룹입사일'은 동일하다.
④ 퇴직금 관련 중간(중도)정산을 받은 이력이 있다.

08 당 회사는 2019년 귀속 모든 사업장의 교육 별 사원현황을 확인하고자 한다. '2019. 08. 12.~2019. 08. 14.' 교육기간의 '400.임직원정기교육' 이수자로 알맞지 않은 사원은 누구인가?

① 김화영　　　　　　　② 이종현
③ 정수연　　　　　　　④ 최신주

09 당 회사는 모든 사업장을 대상으로 〈어학시험〉에 대해 아래 [보기] 기준으로 사원 별 '특별수당'을 지급하고자 한다. 지급될 총 '특별수당' 금액은 얼마인가? (단, 퇴사자는 제외한다.)

[보기]
1. 2019년 9월 현재 기준 유효기간 내 어학시험만 인정
2. E^Pro – 420점 이상 : 20,000원
3. E^Pro – 450점 이상 : 30,000원

① 80,000원
② 100,000원
③ 110,000원
④ 150,000원

10 당 회사는 2019년 상반기 모든 사업장의 사원 별 상벌현황을 확인하고자 한다. 아래 [보기]의 기준에 해당하는 징계 대상자는 누구인가? (단, 퇴사자는 제외한다.)

[보기]
1. 상벌코드 : 200.업무평가미달
2. 징계일자 : 2019.06.30.
3. 징계내역 : 업무 평가 미달

① 김용수
② 박지성
③ 최명수
④ 홍명준

11 당 회사는 〈20191001〉 발령호수 '2019년 하반기 인사발령' 기준으로 사원 별 인사발령을 적용하고자 한다. '엄현애' 사원의 인사발령 내역에 대한 설명으로 알맞은 것은 무엇인가?

① 발령 적용 시, 〈근무조〉는 '1조'로 변동사항이 없다.
② 발령 적용 시, 〈부서〉 발령내역에 대해서만 변동된다.
③ 발령 적용 시, 〈급여형태〉는 '월급'으로 변동사항이 없다.
④ 과거 인사발령을 통해 〈고용구분〉을 '인턴직'에서 '상용직'으로 발령 적용하였다.

12 당 회사는 초과근무에 대해 추가수당을 지급하고 있다. 2019년 9월 귀속 〈급여〉 지급구분의 근태내역을 확인하고, 아래 [보기]의 계산식을 이용하여 '김윤미' 사원의 '초과근무수당'을 직접 계산하면 얼마인가?

> **[보기]** 초과근무 수당＝연장근무시간의 수당＋심야근무시간의 수당
> 1. 초과근무 시급 : 11,100원
> 2. 연장근무시간의 수당 : 총연장근무시간×1.5×초과근무 시급
> 3. 심야근무시간의 수당 : 총심야근무시간×2×초과근무 시급

① 199,800원   ② 432,900원
③ 532,800원   ④ 666,000원

13 당 회사는 2019년 10월 귀속 '급여' 소득을 지급하고자 한다. 2019년 10월 귀속 지급 기준은 2019년 8월 귀속 〈급여〉 지급구분 기준으로 반영하고, 아래 [보기]와 같이 직접 지급일을 변경하여 급여 계산 시, 대상자들의 총 '과세' 금액은 얼마인가? 단, 그 외 급여계산에 필요한 조건은 프로그램에 등록된 기준을 이용한다.

> **[보기]** 1. 지급일자 : 2019.10.25

① 42,171,360원   ② 67,815,680원
③ 81,342,820원   ④ 99,782,590원

14 당 회사는 일용직 사원에 대해 지급형태를 구분하여 급여를 지급한다. 아래 [보기] 기준으로 2019년 9월 귀속 일용직 급여 계산 시, 지급형태 대상자들의 '실지급액'의 총액은 얼마인가? 단, 그 외 급여계산에 필요한 조건은 프로그램에 등록된 기준을 따른다.

> **[보기]**
> 1. 지급형태 : 일정기간지급
> 2. 평일/토요일 9시간 근무 가정
> 3. 비과세 신고제외 : 8,000원

① 13,943,000원   ② 14,347,510원
③ 16,714,500원   ④ 17,824,000원

15 당 회사는 2019년 9월 귀속 〈상여〉를 지급하고자 한다. 아래 [보기]를 기준으로 직접 '지급항목'을 추가하고 상여 계산 시, 지급 대상자들의 총 '과세' 금액은 얼마인가? (단, 그 외 상여계산에 필요한 조건은 프로그램에 등록된 기준을 이용한다.)

> **[보기]**
> 1. 지급항목 : V00.상여   2. 분류여부 : 무분류
> 3. 계산구분 : 계산   4. 계산식 : (책정임금 일급/8)×209

① 49,549,740원   ② 58,925,210원
③ 67,815,680원   ④ 74,895,920원

16 당 회사는 2019년 2분기(2019.04.~2019.06.) 급여 작업에 대해 항목 별 〈급여〉 지급구분의 지급현황을 확인하고자 한다. 〈직종〉 별로 집계 시, '사무직'과 '생산직'의 〈건강보험〉 공제액은 각각 얼마인가?

① 사무직 : 1,039,880원 / 생산직 : 525,960원
② 사무직 : 2,595,140원 / 생산직 : 1,173,860원
③ 사무직 : 3,487,760원 / 생산직 : 1,577,880원
④ 사무직 : 3,836,410원 / 생산직 : 1,192,950원

17 당 회사는 모든 사업장을 대상으로 급/상여 지급액 등 변동사항을 확인하고자 한다. 2019년 7월 귀속 기준 변동 상태에 대한 설명으로 알맞지 않은 것은 무엇인가? (단, 모든 기준은 조회된 데이터를 기준으로 확인한다.)

> **[보기]**
> 1. 기준연월 : 2019년 7월
> 2. 비교연월 : 2018년 7월
> 3. 사용자부담금 '포함'

① '과세' 금액은 증가하였다.
② 급여 지급 '인원'은 감소하였다.
③ '사업자부담금' 금액은 감소하였다.
④ 실제 원천징수한 '소득세'는 증가하였다.

18 당 회사 '김연호' 일용직 사원의 인적정보를 확인하고, 그 내역으로 알맞지 않은 것은 무엇인가? (단, 실제 인적정보는 변경하지 않는다.)

① '급여형태'는 〈시급〉이다.
② '고용형태'는 〈인턴직〉이다.
③ '고용보험'은 공제 대상자이다.
④ '생산직비과세' 미적용 대상자이다.

19 당 회사는 사원 별 월별 급상여 지급현황을 확인하고자 한다. 2019년 1분기(2019.01.~ 2019.03.) 〈3100.관리부〉 부서 '이현우' 사원의 '지급합계' 및 '실지급액'은 각각 얼마인가?

① 지급합계 : 3,125,000원 / 실지급액 : 2,894,480원
② 지급합계 : 3,223,190원 / 실지급액 : 2,992,940원
③ 지급합계 : 6,250,000원 / 실지급액 : 5,540,460원
④ 지급합계 : 6,478,880원 / 실지급액 : 5,769,340원

20 당 회사는 2019년 상반기(2019.01.~2019.06) 〈회사본사〉 사업장의 '1100.총무부'와 '1200.경리부' 부서 기준으로 급여현황을 확인하고자 한다. 해당 부서 기준의 2019년 상반기 '과세총액' 합계는 얼마인가? (단, 〈사용자부담금〉은 '제외'한다.)

① 65,150,000원   ② 109,701,860원
③ 111,951,860원   ④ 174,851,860원

01 다음 중 클라우드 ERP와 관련된 설명으로 가장 적절하지 않은 것은 무엇인가?

① 클라우드를 통해 ERP 도입에 관한 진입장벽을 높일 수 있다.
② IaaS 및 PaaS 활용한 ERP를 하이브리드 클라우드 ERP라고 한다.
③ 서비스형 소프트웨어 형태의 클라우드로 ERP을 제공하는 것을 SaaS ERP라고 한다.
④ 클라우드 ERP는 고객의 요구에 따라 필요한 기능을 선택·적용한 맞춤형 구성이 가능하다.

02 다음 중 ERP구축 절차를 바르게 나타낸 것은 무엇인가?

① 분석 → 설계 → 구현 → 구축
② 설계 → 분석 → 구축 → 구현
③ 설계 → 구현 → 분석 → 구축
④ 분석 → 설계 → 구축 → 구현

03 다음은 무엇에 대한 설명인가?

비용, 품질, 서비스, 속도와 같은 핵심적 부분에서 극적인 성과를 이루기 위해 기업의 업무프로세스를 기본적으로 다시 생각하고 근본적으로 재설계하는 것

① BPR
② JIT
③ TQM
④ 커스터마이징

04 다음 중 ERP의 특징으로 가장 바르지 않은 설명은 무엇인가?

① 통합업무시스템으로 중복업무에 들어가는 불필요한 요소를 줄일 수 있다.
② 원장형 통합 데이터베이스를 통하여 자동적으로 가공된 데이터가 저장된다.
③ 각종 업무에서 발생하는 데이터를 하나의 데이터베이스로 저장하여 정보공유에 용이하다.
④ 다양한 운영체제하에서도 운영이 가능하고 시스템을 확장하거나 다른 시스템과의 연계도 가능하다.

05 다음 중 최근 인적자원관리의 변화에 대한 설명으로 적절하지 않은 것은?

① 연공중심에서 성과중심으로의 변화
② 획일적 보상에서 직책 위주의 보상으로 변화
③ 수직적 상하관계에서 수평적 상호관계로의 변화
④ 일방적 통보에서 쌍방향 의사소통으로의 변화

06 다음 중 인사관리에 대한 설명으로 가장 적절하지 않은 것은?

① 종업원들의 유지목표와 기업의 생산목표의 조화가 필요한 관리활동이다.
② 자동화시스템의 발달로 인적자원의 중요성은 점차 감소할 전망이다.
③ 기업의 목표를 달성하기 위해서 필요로 하는 인력을 조달, 유지, 개발 및 활용하는 관리활동이다.
④ 최근에는 종업원들의 역량개발 등을 통해 개인과 조직의 목표를 일치시켜 나가는 것을 중요하게 여긴다.

07 다음 중 일정한 근무시간대를 정하고, 이 시간에는 급박한 경우가 아닌 이상 전화를 받거나 걸지 않고, 회의소집 및 업무지시도 하지 않는 등 업무의 흐름을 극대화 할 수 있는 제도는?

① 집중근무제
② 직무공유제
③ 탄력적근무제
④ 선택적 근로시간제

08 다음 중 시간이 경과함에 따라 한 직급에서 다른 직급으로 이동해 나가는 확률을 기술하는 인적자원 공급예측방법은?

① 기능목록
② 마코브분석
③ 대체도분석
④ 외부공급예측

09 다음 인적자원의 채용과정 중 사내모집에 대한 특징으로 적절하지 않은 것은?

① 인력개발을 위한 교육훈련 비용의 절감
② 채용비용의 절약과 채용시간의 단축
③ 채용인원에 대한 정확한 평가 가능
④ 모집범위의 제한

10 다음 중 인사고과에서 중심화, 관대화, 가혹화의 오류를 방지하는 가장 좋은 방법은?

① 강제할당법을 사용한다.
② 자기신고법을 도입한다.
③ 피평가자들을 서로 평가하게 한다.
④ 논리적 평가요소를 충분히 설명한다.

11 다음 중 [보기]의 (가), (나), (다)에 들어갈 용어는?

> **[보기]**
> • (가)교육은 비교적 광범위한 경영문제와 경영원리의 관리기술의 지도를 목적으로 하는 훈련이다.
> • (나)교육은 직접 부하를 지휘 감독하는 제일선의 감독자를 위한 교육훈련이다.
> • (다)교육은 주로 기업 전반의 관점에서 전문적 지식, 계획능력, 종합적 판단을 개발하고 기업의 사회적 책임을 인식하도록 하는 훈련이다.

① 가 – 경영자, 나 – 감독자, 다 – 관리자
② 가 – 경영자, 나 – 관리자, 다 – 감독자
③ 가 – 관리자, 나 – 감독자, 다 – 경영자
④ 가 – 감독자, 나 – 관리자, 다 – 경영자

12 다음 중 승진기회가 공정한 규칙과 실질적이고 동등한 기회를 부여했는지 여부와 관련된 승진의 기본원칙은?

① 적정성의 원칙   ② 공정성의 원칙
③ 합리성의 원칙   ④ 체계성의 원칙

13 다음 중 임금지급의 기본원칙으로 적절하지 않은 것은?

① 현물지급원칙   ② 직접지급원칙
③ 전액지급원칙   ④ 정기지급원칙

14 다음 중에서 근로자에게 지급할 사유 발생일로부터 일정기간의 임금 총액을 그 기간의 총 일수로 나눈 금액으로 퇴직금과 휴업수당 등을 지급할 때 기준이 되는 임금은?

① 평균임금   ② 통상임금
③ 특수임금   ④ 성과임금

15 다음 임금의 체계 중 기준외 임금이 아닌 것은?

① 생활수당   ② 연장근로수당
③ 시간외 근무수당   ④ 휴일근무수당

16 다음 중 법정복리후생 제도로 적절하지 않는 것은?

① 사회보험지원제도   ② 퇴직금제도
③ 연차휴가제도, 산전 · 산후 유급휴가   ④ 보건위생시설 지원제도

17 다음 중 카페테리아식 복리후생에 대한 설명으로 적절하지 않은 것은?

① 종업원의 욕구를 반영하여 동기부여에 효과적이다.
② 복리후생 항목에 대한 예산의 합리적 배분이 가능하다.
③ 종업원을 전인적 인간으로서 육체적, 정신적, 심리적 측면에서 균형 잡힌 삶을 추구할 수 있도록 지원하는 복리후생제도이다.
④ 여러 가지 복리후생제도를 마련해 놓고 종업원들이 각자의 필요에 따라 선택적으로 이용하도록 하는 제도를 말한다.

18 다음 중 동일 직업이나 동일 직종에 관계없이 동일 지역에 있는 기업을 중심으로 하여 조직되는 노동조합의 형태는?

① 산업별 노동조합   ② 지역별 노동조합
③ 기업별 노동조합   ④ 일반 노동조합

19 다음 중 경영참가제도의 유형으로 적절하지 않는 것은?

① 자본참가
② 이익(이윤)참가
③ 의사결정 참가
④ 스캔론플랜에 참가

20 다음 노동조합 가입형태 중 노동자가 노동조합에 가입된 이후 일정기간 동안은 노동조합으로서 자격을 유지해야 한다는 변형적인 숍 제도는?

① 유니온 숍(union shop)
② 에이전시 숍(agency shop)
③ 메인터넌스 숍(maintenance shop)
④ 프리퍼렌셜 숍(preferential shop)

* 본 문제는 시뮬레이션 문제로서 [실기메뉴]의 메뉴를 활용하여 문제에 답하시오.

01 당 회사의 기초 사업장 정보를 확인하고, 그 내역으로 알맞은 것은 무엇인가?

① 〈인천지점〉 사업장의 관할세무서는 '107.영등포'이다.
② 〈회사본사〉 사업장의 신고관련 주업종코드는 '제조업'이다.
③ 〈인천지점〉 사업장의 신고관련 지방세신고지(행정동)은 '인천'이다.
④ 〈회사본사〉 사업장은 원천징수이행상황신고서를 '반기' 기준으로 작성한다.

02 당 회사의 부서 등록정보를 확인하고, 다음 중 그 내역으로 알맞은 것은 무엇인가?

① 모든 부서는 '2000.05.01.' 기준으로 사용되고 있다.
② 현재 사용 중인 '1000' 사업장 소속 부서는 총 5개이다.
③ 현재 사용 중인 '2000' 사업장 소속 부서는 총 3개이다.
④ '3100.관리부'는 회사본사 사업장 소속 관리부문으로 관리된다.

03 다음 중 핵심 ERP 사용을 위한 기초 시스템 환경설정을 확인하고, 그 내역으로 알맞지 않은 것은 무엇인가?

① '끝전 단수처리'로는 '1.절사'로 절사 처리 한다.
② '비율%표시여부'는 '1.여'로 비율 항목에 %를 표기한다.
③ '금액소숫점자리'는 '0'으로 금액 소숫점를 표기하지 않는다.
④ '본지점회계여부'는 '0.미사용'으로 본지점회계를 사용하지 않는다.

04 당 회사의 〈P06.근속수당〉 급여 지급항목에 대한 지급설정으로 알맞은 것은 무엇인가?

① 감면 적용 대상 지급항목이다.
② 수습자에 대해서는 환경설정의 조건에 따라 지급된다.
③ 생산직 비과세 적용을 위한 월정급여 기준에 포함된다.
④ 입사자에 대해서는 지급하고, 퇴사자에 대해서는 지급하지 않는다.

05 당 회사의 인사/급여 기준설정을 확인하고, 그 내역으로 알맞지 않은 것은 무엇인가? (단, 환경설정 값은 변경하지 않는다.)

① 생산직 과 환경직 직종의 출결마감기준은 전월 26일로 동일하다.
② 당해 연도 첫 상여세액 계산 시, 입사일 기준으로 계산을 진행한다.
③ 회사에서 설정한 한 달 정상일을 기준으로 한 달 월일수를 적용한다.
④ 입사자 급여의 경우, 근무한 일 수 기준으로 근무일만큼 일할 계산 또는 월정액을 지급한다.

06 당 회사의 〈직종〉 기초코드 등록을 확인하고, 2019년 귀속 기준 '생산직 비과세 적용' 대상 직종으로 알맞은 것은 무엇인가?

① 계약직   ② 기술직
③ 사무직   ④ 환경직

07 당 회사 '이현우' 사원에 대해 [인사기록카드] '가족' 기준으로 인사정보 부양가족을 반영하고, 그 부양가족 정보로 알맞지 않은 것은 무엇인가? 단, 모든 정보는 프로그램에 반영된 기준으로 확인한다.

① 장애인 : 0명   ② 20세 이하 : 1명
③ 부양 60세 이상 : 0명   ④ 배우자공제 : 비해당

08 당 회사는 전 사업장을 대상으로 매년 사내 승진자 내부교육을 진행하고 있다. 2019년 하반기 교육 대상자로 알맞은 사람은 누구인가?

① 김을동   ② 박용덕
③ 장석훈   ④ 한국민

09 당 회사는 모든 사업장에 대해 아래 [보기]와 같이 〈자격수당〉을 지급하기로 하였다. [보기]와 같이 〈자격수당〉을 지급 시, 그 지급액은 얼마인가? (단, 퇴사자는 제외한다.)

> **[보기]** 1. TOPCIT : 50,000원
>   2. 정보기술자격(ITQ) : 30,000원
>   3. 수당여부 : 해당

① 150,000원 　　　　　　　　② 300,000원

③ 420,000원 　　　　　　　　④ 570,000원

10 다음 중 당 회사의 '2019년 하반기 인사발령(2019.11.25.)' 발령 대상자로 알맞은 사람은 누구인가?

① 엄현애 　　　　　　　　　② 오진형

③ 이현우 　　　　　　　　　④ 정영수

11 당 회사는 2019년 11월 23일 기준으로 모든 사업장에 대해 [보기]와 같이 장기 근속자를 대상으로 '특별근속수당'을 지급하기로 하였다. 지급된 총 '특별근속수당'은 얼마인가? (단, 퇴사자는 제외하며, 미만일수는 버리고, 경력포함은 제외한다.)

[보기]	10년 이상 근속 : 50,000원	15년 이상 근속 : 100,000원

① 50,000원 　　　　　　　　② 100,000원

③ 150,000원 　　　　　　　　④ 200,000원

12 당 회사는 2019년 10월 귀속 '급여' 소득을 지급하고자 한다. 아래 [보기]와 같이 직접 지급일을 추가 등록하고 급여 계산을 진행 시, 대상자들의 총 '과세' 금액은 얼마인가? (단, 그 외 급여계산에 필요한 조건은 프로그램에 등록된 기준을 이용한다.)

[보기]	1. 전월 '2019년 9월 귀속 〈급여〉' 지급일 기준
	2. 지급일자 : 2019.10.31

① 58,262,930원 　　　　　　② 59,998,180원

③ 60,951,660원 　　　　　　④ 62,378,490원

13 당 회사는 사원 별 개인 근태 '지각/조퇴/외출'에 따른 해당 시간만큼을 급여에서 차감하고 있다. 2019년 11월 귀속 〈급여〉 급여구분 근태 정보를 기준으로 '한국민' 사원의 '차감금액'을 계산하면 얼마인가? (단, 프로그램에 등록된 기준을 그대로 적용하며, 원단위 금액은 절사한다.)

① 36,290원   ② 43,930원
③ 47,750원   ④ 57,300원

14 당 회사는 일용직 사원에 대해 부서 별 지급형태를 구분하여 급여를 지급하고자 한다. 아래 [보기]를 기준으로 2019년 11월 귀속 일용직 대상자를 직접 추가하고 급여계산 시, 해당 지급일 기준 실제 지급한 총액은 얼마인가? (단, 그 외 급여계산에 필요한 조건은 프로그램에 등록된 기준을 따른다.)

[보기]　1. 지급형태 : 매일지급 (생산부 추가)
　　　　2. 평일/토요일 9시간 근무 가정
　　　　3. 비과세 신고제외분 : 8,000원

① 3,255,250원   ② 3,378,240원
③ 7,978,240원   ④ 8,151,900원

15 당 회사는 2019년 11월 귀속 '상여' 소득을 지급하고자 한다. 아래 [보기]와 같이 직접 계산식을 재설정하여 〈상여〉 계산 시, 원천징수한 총 '소득세' 금액은 얼마인가? (단, 그 외 급여계산에 필요한 조건은 프로그램에 등록된 기준을 이용한다.)

[보기]　1. 지급항목 : V00.상여　　　　2. 분류여부 : 무분류
　　　　3. 계산구분 : 계산　　　　　4. 계산식 : (책정임금 '월급'/209)×100

① 1,034,000원   ② 1,771,730원
③ 2,124,480원   ④ 2,894,820원

16 당 회사는 본사 사업장에 대해 수당 별 지급현황을 확인하고자 한다. 2019년 상반기 (2019.01.01.~2019.06.30.) 동안 'P00.기본급'을 가장 많이 지급받은 사원의 금액은 얼마인가?

① 19,800,000원   ② 23,000,000원
③ 26,717,280원   ④ 29,499,960원

17 당 회사 〈인천지점〉 사업장 기준 2019년 11월 귀속 '급상여' 소득구분에 대한 〈급여〉 지급일의 이체현황을 확인하고자 한다. 은행 별 실제 지급한 이체 금액으로 알맞지 않은 것은 무엇인가? (단, 무급자는 제외한다.)

① 국민 : 5,157,230원　　　　　　② 기업 : 9,519,100원
③ 신한 : 2,922,890원　　　　　　④ 현금 : 8,464,600원

18 당 회사는 전체 사업장 기준 2019년 11월 귀속 〈급여〉 지급일의 급여대장을 확인하고자 한다. 〈인천지점〉 사업장의 출력항목을 복사 적용하여 출력물 인쇄 시, 공제내역의 출력항목으로 알맞지 않은 것은 무엇인가?

① 소득세　　　　　　　　　　　② 고용보험
③ 국민연금　　　　　　　　　　④ 장기요양보험료

19 당 회사는 전체 사업장의 2019년 3분기(2019.07.~2019.09.) 급상여 현황을 〈항목별〉로 집계하여 확인하고자 한다. 조회구분을 '남/여' 성별기준으로 집계 시, 〈남〉 및 〈여〉 각각 '급여합계' 금액은 얼마인가?

① 남 : 10,678,920원 / 여 : 6,149,620원
② 남 : 91,141,490원 / 여 : 56,232,520원
③ 남 : 101,820,410원 / 여 : 62,382,140원
④ 남 : 104,960,030원 / 여 : 64,654,940원

20 당 회사는 일용직 사원에 대해 지급형태를 구분하여 급여를 지급한다. 아래 [보기] 기준으로 2019년 11월 귀속 일용직 급여 계산 시, 대상자들의 '비과세신고분' 총금액은 얼마인가? (단, 그 외 급여계산에 필요한 조건은 프로그램에 등록된 기준을 따른다.)

[보기]	1. 지급형태 : 일정기간지급
	2. 평일/토요일 9시간 근무 가정
	3. 비과세 신고제외 : 7,000원

① 182,000원　　　　　　　　　② 397,280원
③ 546,000원　　　　　　　　　④ 563,350원

01 BPR(Business Process Re-Engineering)이 필요한 이유로 가장 적절하지 않은 것은?

① 복잡한 조직 및 경영 기능의 효율화
② 지속적인 경영환경 변화에 대한 대응
③ 정보 IT 기술을 통한 새로운 기회 창출
④ 정보보호를 위한 닫혀있는 업무환경 확보

02 다음 중 ERP에 대한 설명으로 가장 적절하지 않은 것은?

① ERP는 기능 및 일 중심의 업무처리 방식을 취하고 있다.
② ERP는 개방적이고, 확장적이며, 유연한 시스템 구조를 가지고 있다.
③ ERP 패키지는 어느 한 시스템에 입력하면 전체적으로 자동 반영되어 통합 운영이 가능한 시스템이다.
④ 최신의 IT 기술을 활용하여 생산, 판매, 인사, 회계 등 기업 내 모든 업무를 통합적으로 관리하도록 도와주는 전사적자원관리 시스템이다.

03 다음 중 ERP와 기존의 정보시스템(MIS) 특성 간의 차이점에 대한 설명으로 가장 적절하지 않은 것은 무엇인가?

① 기존 정보시스템의 업무범위는 단위업무이고, ERP는 통합업무를 담당한다.
② 기존 정보시스템의 전산화 형태는 중앙집중식이고, ERP는 분산처리구조이다.
③ 기존 정보시스템은 수평적으로 업무를 처리하고, ERP는 수직적으로 업무를 처리한다.
④ 기존 정보시스템의 데이터베이스 형태는 파일시스템이고, ERP는 관계형 데이터베이스 시스템(RDBMS)이다.

04 다음 중 ERP 도입전략으로 ERP자체개발 방법에 비해 ERP패키지를 선택하는 방법의 장점으로 가장 적절하지 않은 것은 무엇인가?

① 검증된 방법론 적용으로 구현 기간의 최소화가 가능하다.
② 검증된 기술과 기능으로 위험 부담을 최소화할 수 있다.
③ 시스템의 수정과 유지보수가 지속적으로 이루어질 수 있다.
④ 향상된 기능과 최신의 정보기술이 적용된 버전(version)으로 업그레이드(upgrade)가 가능하다.

05 다음 중 인적자원관리방침으로 적합하지 않은 것은?

① 회사의 비전은 미션을 실현할 수 있어야 함
② 다양한 변수에 대처할 수 있게 유연하게 적용되어야 함
③ 공정성만 확보된다면 인적자원관리방침의 일관성은 무관하다.
④ 인적자원관리의 주요 방침은 그룹내부 및 외부에 널리 알려야 한다.

06 다음 중 인적자원관리에 대한 설명 중 적합하지 않은 것은?

① 연공중심에서 성과중심으로의 변화
② 일방적 통보에서 양방향 의사소통으로의 변화
③ 수직적 상하관계에서 수평적 상하관계로의 변화
④ 성과 위주 보상에서 공평하고 획일적 보상으로의 변화

07 다음 중 직무와 관련된 설명으로 적합하지 않은 것은?

① 과업 : 독립된 특정한 목표를 위하여 수행되는 하나의 명확한 작업 활동을 말한다.
② 직위 : 작업의 종류와 수준이 동일하거나 유사한 직위들의 집단을 말한다.
③ 직군 : 동일하거나 유사한 직무들의 집단을 말한다.
④ 직종 : 일반적으로 직업이라고도 불리는데 이는 동일하거나 유사한 직군들의 집단을 말한다.

08 다음 중 직무평가의 구체적인 목적으로 적합하지 않은 것은?

① 직무평가의 질적 측면에서 직무의 상대적 가치와 그 유용성의 결정 자료를 제공하기 위함이다.
② 노사 간에 타당성을 인정할 수 있는 임금격차로 종업원의 근로의욕을 증진시켜 노사협력체계를 확립하기 위함이다.
③ 조직의 직계제도 확립과 직무급 직급제도 확립을 위한 자료제공하기 위함이다.
④ 직무의 내용과 성격에 관련된 모든 중요한 정보를 수집하고 이들 정보를 관리목적에 적합하게 정리하는 체계적 과정이다.

문제 **9.** 문제 오류로 인한 문항 삭제

10 다음 중 개인적인 경력개발계획을 달성하기 위해 개인 또는 조직이 실제적으로 참여하는 활동은?

① 경력목표
② 경력경로
③ 경력계획
④ 경력개발

11 교육훈련은 그 교육을 받는 대상자에 따라 신입자훈련과 현직자 훈련으로 구분된다. 다음 중 그 분류가 다른 것은?

① 도제훈련
② 입직훈련
③ 감독자훈련
④ 관리자훈련

12 다음 중 [보기]가 설명하는 것은?

[보기]
관리자가 실제적으로 효과적이거나 비효과적인 사건들에 대한 기술을 하고 인사전문가는 이것을 5~10범위로 나누어 범위의 중요한 사건들을 고과척도에 의해 평가하는 것이다.

① 목표관리법
② 중요사건법
③ 평가센터법
④ 행동기준고과법

13 다음 중 임금수준 결정요인으로 적합하지 않은 것은?

① 기업의 지급(지불)능력
② 근로자의 생계비
③ 노동시장의 임금수준
④ 임금체계

14 다음 중 통상임금을 적용하여야 하는 항목이 아닌것은?

① 퇴직금
② 해고예고수당
③ 연차휴가수당
④ 연장 · 야간 · 휴일 근로수당

15 다음 중 임금 관련 설명으로 적합한 것은?

① 기본급과 직무수당, 직책수당 등은 임금체계 중 기준 내 임금에 해당한다.
② 기업의 임금수준은 기업의 규모, 근로자의 생계비, 사회적 임금수준 등에 의하여 결정된다.
③ 일정 근속년수가 되면 임금이 일정비율로 감소하게 되는 임금체계를 '임금피크제'라고 한다.
④ 근로자의 근속연수, 연령, 직무와 무관하게 임금곡선 자체가 상승하는 것을 "승급"이라고 한다.

16 다음 중 근로소득에서 비과세소득에 해당되지 않는 것은?

① 실업급여
② 육아휴직수당
③ 근로장학금
④ 퇴직소득

17 다음 중 연말정산에서 인적공제 중 추가공제에 해당하지 않는 것은?

① 한부모 공제
② 장애인 공제
③ 부양가족 공제
④ 경로우대자 공제

18 다음 중 [보기]가 설명하는 것은?

[보기]
일정기간의 총 근로시간을 정해 놓고, 근로자가 그 범위 내에서 각 일의 시업·종업시각을 스스로 결정하여 근로하는 제도이다.

① 연장 근로시간제
② 인정 근로시간제
③ 선택적 근로시간제
④ 탄력적 근로시간제

19 다음 중 사용자 측면의 노동쟁의 행위는?

① 태업
② 불매운동
③ 준법투쟁
④ 대체고용

20 다음 중 사용자와 노동조합간의 정당한 권리를 침해하는 일련의 행위인 '부당 노동행위'에 해당하지 않는 것은?

① 근로자의 배치전환, 전근, 휴직 등의 불이익 대우
② 노동조합에 가입하지 않거나, 탈퇴를 조건으로 고용하는 황견계약
③ 단체교섭을 정당한 이유없이 거부하거나 방해하는 단체교섭 거부
④ 종업원의 경영의사결정 참가를 권장하여 노사협의체 구성

* 본 문제는 시뮬레이션 문제로서 [실기메뉴]의 메뉴를 활용하여 문제에 답하시오.

01 다음 중 핵심 ERP 사용을 위한 기초 사업장 정보를 확인하고, 그 내역으로 알맞지 않은 것은 무엇인가?

① 당 회사의 사업장 중 본점은 〈인사2급 회사본사〉 사업장이다.
② 〈인사2급 회사본사〉의 종목은 '레저용품외'이다.
③ 〈인사2급 인천지점〉의 개업년월일은 2000/05/01이다.
④ 〈인사2급 인천지점〉의 주업종코드는 '513960.도매 및 소매업'이다.

02 다음 중 핵심 ERP 사용을 위한 기초 부서 정보를 확인하고, 내역으로 알맞지 않은 것은 무엇인가?

① 2020년 기준으로 현재 사용 중인 부서는 8개이다.
② 〈인사2급 회사본사〉에서 현재 사용 중인 부서는 5개이다.
③ '6100.경리부'의 사용종료일은 2020/12/31이다.
④ '4000.생산부문'에 속해 있는 부서는 '4100.생산부'만 존재한다.

03 당 회사의 〈사용자권한설정〉의 '인사/급여관리' 모듈에 대한 이현우 사원의 설정 내역을 확인하고 관련된 설명으로 올바르지 않은 것은 무엇인가?

① [인사정보등록]메뉴의 조회권한은 '회사'이다.
② [인사기록카드]메뉴에 입력된 내역을 삭제할 수 없다.
③ [연말정산관리]의 모든 메뉴에 대한 권한이 없다.
④ [급여명세]메뉴에서 조회되는 내역에 대해 출력 할 수 있다.

04 당 회사는 2020년 1월 [900.사원] 직급의 호봉을 아래 [보기]와 같이 일괄 등록하고자 한다. 호봉등록을 완료 후 7호봉 '호봉합계'의 금액은 얼마인가?

> [보기]
> 1. 기본급 : 초기치 2,100,000원, 증가액 80,000원
> 2. 직급수당 : 초기치 50,000원, 증가액 15,000원
> 3. 일괄인상 : 기본급 5%, 직급수당 3% 정률인상

① 2,709,000원
② 2,720,000원
③ 2,853,200원
④ 2,856,000원

05 2020년도 귀속 〈급여〉 구분의 'P00.기본급' 지급항목에 대한 설정으로 올바른 것은 무엇인가?

① 책정임금에서 책정된 월급을 기본급으로 지급한다.
② '휴직자'의 경우 설정 된 휴직계산식에 따른 기본급을 지급한다.
③ '퇴사자'의 경우 기본급을 지급하지 않는다.
④ 생산직 연장근로 비과세 요건 중 하나인, '월정급여' 요건에 포함되지 않는 항목이다.

06 당 회사의 인사/급여기준에 대한 설정을 확인하고, 관련 설명으로 올바른 것은 무엇인가? (단, 환경설정 기준은 변경하지 않는다.)

① 모든 직종의 출결마감기준 귀속월은 당월이다.
② 첫 상여세액은 당해년 1일을 기준으로 계산한다.
③ 입사자의 경우 지정한 '기준일수' 미만 근무 시, 월 급여를 '일할' 지급한다.
④ 한 달의 일수는 귀속 월의 실제 일수를 적용한다.

07 당 회사 '박지성' 사원의 정보로 올바르지 않은 것을 고르시오.

① 국외소득이 존재하지 않는 대상자이다.
② 2020/01 기준 책정임금(일급)은 77,777원이다.
③ 생산직총급여 비과세 대상자에 해당하지 않는다.
④ T13.중소기업취업감면(90%) 감면적용 대상자이나, 현재는 대상자가 아니다.

08 당 회사는 〈임직원정기교육〉을 진행하였다. 아래 [보기] 기준으로 교육평가 내역을 직접 확인 시, 교육평가 결과가 '수'가 아닌 사원은 누구인가?

> [보기]
> 1. 교육명 : 750.임직원정기교육
> 2. 시작/종료일 : 2020.05.06 ~ 2020.05.08.

① 이성준　　　　　　　　　　② 노희선
③ 김종욱　　　　　　　　　　④ 엄현애

09 당 회사는 2020년 5월 귀속 사원 별 〈특별수당〉을 지급하고자 한다. 아래 [보기] 기준으로 〈어학시험〉 수당을 지급 시, 지급될 총 '지급액'은 얼마인가? 단, 퇴사자는 제외하며, 유효기간 내 어학시험만 인정한다.

> [보기]
> 1. 〈2020년 5월〉기준 유효한 어학시점
> 2. E^Pro – 400점 이상 : 30,000원
> 3. E^Pro – 450점 이상 : 60,000원

① 120,000원　　　　　　　　② 150,000원
③ 180,000원　　　　　　　　④ 240,000원

10 회사는 창립기념일을 맞아 2020년 5월 31일 기준으로 모든 사업장에 대해 만 10년 이상 장기근속자에 대해 특별근속수당을 지급하기로 하였다. 아래 [보기]를 기준으로 총 지급한 특별근속수당은 얼마인가? (단, 퇴사자는 제외하며, 미만일수는 올리고, 이전 경력은 제외한다.)

> [보기]　　10년 이상 : 100,000원　　　　　　15년 이상 : 150,000원

① 1,400,000원　　　　　　　② 1,450,000원
③ 1,500,000원　　　　　　　④ 1,550,000원

11 당 회사의 '보직변경(발령일 : 2020/05/04)' 발령 대상자가 아닌 사원은 누구인가?

① 박국현   ② 김화영
③ 노희선   ④ 강민주

12 당 회사는 초과근무에 대해 수당 지급을 검토하고 있다. 아래 [보기]의 기준을 토대로 2020년 3월 귀속 〈급여〉구분, '정수연' 사원의 '초과근무수당'을 계산하면 얼마인가? (단, 원단위 금액은 절사한다.)

> **[보기]**
> 1. 초과근무 시급 : 책정임금의 시급
> 2. 총연장근무시간 × 1.5 × 초과근무 시급
> 3. 총심야근무시간 × 2 × 초과근무 시급
> 4. 초과근무수당 = 총연장근무시간의 수당 + 총심야근무시간의 수당

① 183,880원   ② 191,660원
③ 235,550원   ④ 244,440원

13 당 회사는 2020년 4월 귀속 〈급여〉 지급 시, '자격수당' 지급 요건을 추가하고자 한다. [보기]를 기준으로 직접 '자격수당' 분류코드를 추가하고 〈급여계산〉 시, 급여 지급 대상자들의 총 '과세' 금액은 얼마인가? (단, 그 외 급여계산에 필요한 조건은 프로그램에 등록된 기준을 이용한다.)

> **[보기]**
> 1. 지급항목 : P50.자격수당
> 2. 분류코드(자격별) : '200.ERP정보관리사 2급' 추가
> 3. 계산구분 : 금액 50,000원

① 73,029,020원   ② 73,129,020원
③ 73,279,020원   ④ 73,379,020원

14 당 회사는 2020년 4월 귀속 '상여' 소득을 지급하고자 한다. 〈2019년 4월 귀속 상여〉 지급일 기준으로 아래 [보기]와 같이 직접 지급일을 추가 등록하여 상여 계산 시, 대상자들의 총 '과세' 금액은 얼마인가? 단, 그 외 급여계산에 필요한 조건은 프로그램에 등록된 기준을 이용한다.

> [보기]
> 1. 지급일자 : 2020.05.10.
> 2. 상여지급대상기간 : 2020.01.01. ~ 2020.04.30.

① 26,978,670원   ② 28,448,320원
③ 33,247,650원   ④ 35,374,490원

15 당 회사는 일용직 사원에 대해 평일 9시간을 근무한다고 가정하고 있다. 2020년 4월 귀속 '매일지급' 지급형태의 해당 일용직 사원들의 급여 지급내역에 대해 바르지 않은 것은 무엇인가? (단, 그 외 급여계산에 필요한 조건은 프로그램에 등록된 기준을 이용한다.)

① 해당 지급일의 실제 근무일수는 총 22일이다.
② 비과세신고분은 총 1,568,160원이다.
③ 원천징수한 소득세는 총 270,600원이다.
④ 실지급총액은 26,310,680원이다.

16 당 회사는 일용직 사원에 대해 급여를 지급하고자 한다. 아래 [보기]를 기준으로 2020년 4월 귀속 일용직 대상자의 정보를 변경 후 급여 계산 시, 해당 지급일의 지급대상자의 실지급액은 총 얼마인가? (단, 그 외 급여계산에 필요한 조건은 프로그램에 등록된 기준을 따른다.)

> [보기]
> 1. 생산직 비과세적용 대상자 추가 : 김향기 사원
> 2. 지급형태 : 일정기간지급
> 3. 평일/토요일 9시간 근무 가정
> 4. 비과세 신고제외 : 8,000원

① 26,046,080원   ② 27,016,080원
③ 29,129,830원   ④ 29,166,180원

17 당 회사의 '인사2급 인천지점' 사업장 기준 2020년 1분기의 '사용자부담금' 포함한 〈지급/공제〉총액은 각각 얼마인가?

① 지급총액 : 66,785,320원 / 공제총액 : 6,223,270원
② 지급총액 : 68,890,380원 / 공제총액 : 6,223,270원
③ 지급총액 : 105,037,700원 / 공제총액 : 12,291,110원
④ 지급총액 : 108,433,050원 / 공제총액 : 12,291,110원

18 당 회사는 〈인사2급 회사본사〉 사업장을 대상으로 급/상여 지급액 등 변동사항을 확인하고자 한다. 2020년 3월 변동 상태에 대한 설명으로 알맞지 않은 것은 무엇인가? (단, 모든 기준은 조회된 데이터를 기준으로 확인한다.)

[보기]
1. 기준연월 : 2020년 3월
2. 비교연월 : 2019년 3월
3. 사용자부담금 '포함'

① '지급합계' 금액은 증가하였다.
② 급/상여 지급 '인원'은 감소하였다.
③ 전체 건강보험 금액은 증가하였다.
④ 실제 지급한 '차인지급액'은 증가하였다.

19 당 회사는 〈인사2급 인천지점〉 사업장에 대해 2020년 3월 귀속(지급일 1번)에 이체한 급/상여를 확인하고자 한다. 내역을 확인하고 은행별 이체현황에 대해 올바른 것은 무엇인가? (단, 무급자는 제외한다.)

① 국민 : 7,393,250원
② 산업 : 14,377,240원
③ 신한 : 23,153,600원
④ 현금 : 26,047,140원

20 당 회사는 〈인사2급 인천지점〉 사업장의 2020년 1분기 지급구분 '100.급여'에 대해 내역을 확인하고자 한다. 직종별로 집계했을 때, '사무직'과 '생산직'의 〈건강보험〉 금액은 각각 얼마인가?

① 사무직 : 1,027,420원 / 생산직 : 479,990원
② 사무직 : 1,507,410원 / 생산직 : 1,027,420원
③ 사무직 : 1,760,170원 / 생산직 : 647,900원
④ 사무직 : 2,787,590원 / 생산직 : 1,127,890원

부록

계정과목표

ERP 정보관리사

회계, 인사 2급

회계 계정과목표

분류			계정과목	내용
유 동 자 산	당 좌 자 산		현 금	지폐와 주화 및 통화대용증권(타인발행수표, 우편환, 배당금지급통지표 등)
			당 좌 예 금	당좌수표를 발행할 목적으로 은행에 돈을 예입한 것
			보 통 예 금	예입과 인출이 자유로운 예금
			현 금 성 자 산	취득일로부터 만기가 3개월 이내인 정기예금과 정기적금 및 구입한 채권
			현 금 및 현 금 성 자 산	통합계정과목으로 현금+당좌예금+보통예금+현금성자산
			외 상 매 출 금	상품(제품)을 매출하고 대금은 외상으로 한 경우(일반적인 상거래)
			받 을 어 음	상품(제품)을 매출하고 타인이 발행한 약속어음을 받을 경우(일반적인 상거래)
			매 출 채 권	외상매출금+받을어음
			단 기 예 금	만기가 1년 이내인 정기예금과 정기적금
			단 기 매 매 증 권	단기간의 시세차익을 얻기 위해 구입한 유가증권(주식, 채권)
			단 기 대 여 금	1년 이내에 회수 조건으로 차용증서를 받고 금전을 빌려준 경우
			단 기 투 자 자 산	단기예금(단기금융상품)+단기매매증권+단기대여금
			미 수 금	일반적인 상거래 이외에서 발생하는 외상거래
			미 수 수 익	수익은 발생하였으나 회수 시기가 다가오지 않은 채권
			선 급 금	계약에 의하여 계약금명목으로 미리 지급한 금액
			선 급 비 용	지급한 비용 중 귀속시기가 차기에 속하는 비용금액
	재 고 자 산		상 품	판매를 목적으로 외부로부터 구입한 재화
			저 장 품 (소 모 품)	소모성자산(소모품, 소모공구기구비품)으로 미사용 재화
			원 재 료	제품제조의 목적으로 구입한 원료, 재료 등
			재 공 품 / 반 제 품	제품제조를 위하여 생산공정(과정)에 있는 재화 / 다음 공정에 투입될 제품
			제 품	판매를 목적으로 기업 내에서 제조한 재화
비 유 동 자 산	투 자 자 산		장 기 성 예 금	만기일이 1년 이후에 도래하는 금융상품(정기예금, 정기적금)
			장 기 투 자 증 권	장기보유목적 또는 시장성 없는(비상장기업)증권, 매도가능증권, 만기보유증권
			장 기 대 여 금	1년 이후에 회수 조건으로 차용증서(어음)를 받고 대여한 금전
			투 자 부 동 산	투자, 투기목적으로 구입하거나 소유한 건물 또는 토지 등
			퇴 직 연 금 운 용 자 산	확정급여형 퇴직연금에 의하여 퇴직금 납입 시
	유 형 자 산		토 지	영업(생산)활동에 사용하는 부지(운동장, 주차장등)
			건 물	영업(생산)활동에 사용하는 건물(사무실, 공장, 기숙사등)
			기 계 장 치	생산활동에 사용하는 기계 또는 부속설비
			차 량 운 반 구	영업(생산)활동에 사용되는 차량, 운반구(승용차, 화물차, 트럭, 오토바이 등)
			건 설 중 인 자 산	건물을 신축하기 위한 제비용, 계약금, 중도금, 도급금, 완공전의 대출이자 등
			비 품	영업용으로 사용하는 책상, 의자, 금고, 컴퓨터, 응접세트 등 비치품
			구 축 물	공장의 굴뚝, 분수대, 교량, 갱도, 전주 등

분류			계정과목	내용
비유동자산	무형자산		영 업 권	합병 또는 인수하는 기업의 자본금액보다 웃돈을 지급한 초과금액
		산업재산권	특 허 권	신제품을 개발하여 특허신청을 하고 지급한 특허출원비용
			실 용 신 안 권	기존의 제품을 더 실용적으로 고안해 성공하여 얻은 법률적 권리
			의 장 권	물품의 형상, 양, 채, 이들이 결합한 것으로 시각을 통하여 미감을 일으키게 만든 법률적 권리(디자인권)
			상 표 권	상표법에 따라 상표를 등록하여 독점적으로 상표를 사용할 수 있는 권리
		소 프 트 웨 어		유상으로 구입한 컴퓨터 소프트웨어
		광 업 권		일정한 광구(광산)에서 광물을 채굴하여 취득할 수 있는 권리
		라 이 선 스		제품제조에 대한 신기술, 신제조법, 노하우 등을 소유자의 허가를 받아서 생산하기 위하여 지불된 로열티
		어 업 권		일정수면에서 어업을 경영할 수 있는 권리
		프 랜 차 이 즈		가맹점이 체인본부로부터 가맹점이 일정한 지역에서 상품을 독점 판매할 수 있는 권리를 받는데 지급된 로열티
		개 발 비		신제품, 신기술등의 개발비용을 통하여 미래경제적 효익을 기대할 수 있는 자산
		광 업 권		일정한 광구에서 등록을 한 광물과 부존하는 다른 광물을 채굴하여 얻는 권리
	기타비유동자산	보 증 금		전세권, 임차보증금, 영업보증금, 전신전화가입권 등
		장 기 매 출 채 권		일반적 상거래에서 발생한 장기의 외상매출금 및 받을어음
		장 기 미 수 금		일반적 상거래 이외에서 발생한 외상거래가 1년 이상인 채권
		부 도 어 음 과 수 표		지급이 거절된 어음으로서 추후 대손여부를 판단하여 대손처리
		장 기 선 급 금		상품(원재료)을 매입하기로 계약하고 미리 지급한 계약금(1년 이상)
부채	유동부채	단 기 차 입 금		1년 이내에 상환하기로 하고 차용증서(어음)를 주고 빌린 자금
		외 상 매 입 금		일반적인 상거래에 해당하는 물품(상품, 원재료)을 구입하고 외상으로 한 경우
		지 급 어 음		일반적인 상거래에 해당하는 물품(상품, 원재료)을 구입하고 어음 발행한 경우
		매 입 채 무		외상매입금 + 지급어음
		미 지 급 금		일반적인 상거래 이외에서 발생한 채무(외상구입과 어음발행)
		선 수 금		계약에 의하여 계약금 명목으로 미리 받은 금액
		예 수 금		일시적으로 맡아 보관하고 있는 금액(원천징수)
		유 동 성 장 기 부 채		장기부채 중 '결산일'로부터 만기가 '1년 이내'인 채무를 유동성으로 전환
		미 지 급 비 용		비용은 발생되었으나 지급시기가 다가오지 않은 채무
		미 지 급 법 인 세		법인세의 미지급액
		선 수 수 익		받은 수익 중 귀속시기가 차기에 속하는 수익금액
		미 지 급 배 당 금		주총에서 확정된 현금배당 중 지급되지 않은 배당금으로 일시적 확정부채
	비유동부채	사 채		장기적인 자금조달을 위해 발행된 사채의 액면금액
		장 기 차 입 금		1년 이후에 상환 조건으로 차용증서(어음)를 주고 차입한 금전
		퇴 직 급 여 충 당 부 채		회계연도말(기말) 현재 전임직원이 일시에 퇴직할 경우를 가정하여 지급하여야 할 퇴직금을 설정한 금액

분류		계정과목	내용
자 본	자 본 금		보통주자본금, 우선주자본금(발행주식수×액면가액)
	자본잉여금	주 식 발 행 초 과 금	주식발행가액(주식발행비용차감)이 액면가액을 초과하는 경우 그 초과액
		감 자 차 익	자본감소의 경우에 감소액이 주식의 소각, 결손보전에 충당할 금액을 초과한 경우 초과하는 금액(감자차손잔액이 있는 경우 이를 먼저 차감하고 그 잔액을 자본잉여금에 계상)
		자 기 주 식 처 분 이 익	자기주식을 취득가액보다 높게 처분한 경우 발생되는 금액(자기주식처분손실잔액이 있는 경우 이를 먼저 차감하고 그 잔액을 자본잉여금에 계상)
	자본조정	주 식 할 인 발 행 차 금	• 주식발행가액이 액면가액에 미달하는 경우 그 미달하는 금액 • 주식발행연도부터 3년 이내의 기간에 매기 균등액으로 이익잉여금으로 상각
		감 자 차 손	주식소각시 취득금액, 액면보다 적게 소각한 경우 발생되는 금액(감자차익잔액이 있는 경우 이를 먼저 차감하고 나머지는 결손금처리순서에 준하여 처리함) • 결손금처리순서 : 임의적립금 → 기타법정적립금 → 이익준비금 → 자본잉여금 순
		자 기 주 식 처 분 손 실	자기주식을 취득가액보다 적게 처분한 경우 발생되는 금액(자기주식처분이익잔액이 있는 경우 이를 먼저차감하고 나머지는 결손금처리순서에 준하여 처리함.)
		자 기 주 식	회사가 이미 발행한 주식을 주주로부터 취득한 경우 취득가액으로 계상
		미 교 부 주 식 배 당 금	주총에서 확정된 주식배당 중 발행되지 않은 주식배당금으로 일시적 자본조정
	기타포괄손익누계액	매도가능증권평가손익	결산시 매도가능증권 평가시 장부금액에 초과 또는 부족한 금액(매도가능증권평가이익은 평가손실잔액이 있을 때 이를 먼저 차감하고 잔액을 평가이익으로계상하며, 평가손실은 평가이익잔액이 있을 때 이를 먼저 차감하고 평가손실로 계상한다.
		해 외 사 업 환 산 손 익	• 해외지점 등에 대하여 현행환율법으로 환산한 외화환산손익 • 해외지점 정산, 매각시 당기손익으로 처리
		현 금 흐 름 위 험 회 피 파 생 상 품 평 가 손 익	현금흐름위험회피수단으로 채택된 파생상품의 평가 손익
	이익잉여금	이 익 준 비 금	법정강제적립금으로 현금배당의 10%를 최소한으로 적립
		기 타 법 정 적 립 금	상법이외의 법령규정에 의하여 적립된 유보이익(재무구조개선적립금 등)
		임 의 적 립 금	정관 또는 주주총회의 결의로 임의로 적립된 금액
		미 처 분 이 익 잉 여 금	주주총회에서 처분하기 전의 이익잉여금
수 익	영업수익	매 출	• 기업의 주된 영업활동에서 발생한 상품, 제품, 용역 등의 총매출액에서 매출 할인, 매출환입, 매출에누리 등을 차감한 금액(상품매출, 제품매출, 용역매출) • 순매출액＝총매출액－매출환입－매출에누리－매출할인
		매 출 환 입	상품 등이 품질차이, 파손, 계약취소 등으로 반품 받은 것
		매출에누리	고객에게 제품을 판매한 후에 판매한 제품의 수량부족이나 품질불량 등이 발견된 경우 할인 해주는 것
		매 출 할 인	외상매출금을 약속한 기일보다 조기회수하여 할인해주는 것
	영업외수익	이 자 수 익	대여금 또는 예금, 소유하고 있는 채권에 대한 수입이자
		배 당 금 수 익	소유하고 있는 유가증권 중에 현금에 대한 배당금이 확정 또는 받을 때
		임 대 료	토지, 건물 등을 임대하고 받은 수입 임대료
		보 험 금 수 익	보험회사로부터 보험금을 받았을 때
		단기매매증권처분이익	단기매매증권을 장부가액 이상으로 처분하여 생기는 이익
		단기매매증권평가이익	기말 결산시 단기매매증권의 공정가액이 장부가액보다 상승하여 생긴 이익

분류			계정과목	내용
그 외 계 정 과 목	차감 적 평 가 계 정		대 손 충 당 금	기말 결산 시 매출채권에 대하여 대손율을 곱하여 설정된 금액
			감 가 상 각 누 계 액	결산시 감가상각비 설정된 금액의 누계액
			재 고 자 산 평 가 충 당 금	재고자산의 시세가 하락하여 설정된 금액
	임 시 계 정		현 금 과 부 족	현금의 장부금액과 실제액의 불일치로 일시적으로 처리하는 임시계정
			인 출 금	개인기업의 자본금에 대한 평가계정으로 사업주 개인적인 용도로 사용될 때
			미 결 산	사건이 발생하여 계정과목이 확정되기 전 까지 사용되는 임시계정
			가 수 금	현금의 수입은 있었으나 계정과목이 확정되기 전 까지 사용되는 부채성 계정
			가 지 급 금	현금의 지출은 있었으나 계정과목이나 금액이 확정되지 않을 때 사용되는 계정
비 용	영 업 비 용		매 출 원 가	• 제품, 상품 등의 매출액에 대응되는 원가로서 판매된 제품이나 상품 등에 대한 제조원가 또는 매입원가 • 상품매출원가 : 기초상품＋순매입액－기말상품 • 제품매출원가 : 기초제품＋당기제품제조원가－기말제품 → 순매입 : 총매입액(매입비용포함)－매입에누리－매입환출－매입할인
			매 입 환 출	구입한 상품 등이 품질차이, 파손, 계약취소 등으로 반품한 것
			매 입 에 누 리	구입물품의 수량부족, 품질불량 등으로 가격을 할인받는 것
			매 입 할 인	외상매입금을 약속한 기일보다 조기지급하게 되어 할인받는 것
		판 매 비 와 관 리 비	급 여	종업원에 대한 월급으로 임원급여, 급료, 임금 및 제수당을 포함한다.
			퇴 직 급 여	• 결산시 전임직원이 일시에 퇴직할 경우 지급하여야 할 퇴직금에 대한 비용 • 임원 및 종업원 등이 퇴직하게 되어 퇴직급여충당부채 잔액이 없을 경우 비용처리하는 계정과목 • 확정기여형에 의하여 퇴직금 지급시
			복 리 후 생 비	종업원의 복지와 후생과 관련하여 지급되는 비용
			접 대 비	내빈접대비, 거래처와 관련된 축의금, 조의금 등으로 지출되는 금액
			감 가 상 각 비	유형자산의 가치 감소분에 대한 비용 (사용기간에 대한 원가의 배분)
			무 형 자 산 상 각 비	무형자산에 대한 감가상각비용
			광 고 선 전 비	판매를 위해 지급한 광고비, 선전비, 광고물 제작비용
			연 구 비	신제품 또는 신기술의 연구와 관련된 비용
			경 상 개 발 비	신제품 또는 신기술 개발비용 중 개별적인 식별이 불가능하거나 그 지출의 효익이 미래의 기간까지 미칠수 없는 비용(미래경제적효익이 없는 비용)
			대 손 상 각 비	대손추산액에서 대손충당금 잔액을 차감한 금액으로 일반적인 상거래에서 발생한 매출채권에 대한 비용
			통 신 비	전화요금, 인터넷요금, 전보, 우표, 엽서, 우편료, 팩스사용료 등
			운 반 비	상품, 제품매출시 발송비용, 택배비용 등
			수 선 비	건물, 구축물, 기계장치 등의 수리와 관련된 비용(수익적지출)
			소 모 품 비	사무용품비, 사무용용지(A4, A5, B4, B5, A3용지 등), 청소용품, 장부구입 등
			수 도 광 열 비	사무실에서 사용되는 전기료, 수도료, 가스료, 난방비 등
			차 량 유 지 비	차량유류대, 주차료, 통행료, 세차비, 검사비용 등(수익적지출)
			여 비 교 통 비	출장후에 정산한 비용, 시내교통비 등

분류		계정과목	내용
비 용	영 업 비 용	판 매 비 와 관 리 비	도 서 인 쇄 비	도서구입, 도서대여, 정기간행물(신문대금, 잡지대금), 인쇄비용(명함)
		잡 비	발생빈도나 금액이 적어서 중용성이 없는 비용
		임 차 료	토지, 건물, 자동차 등을 빌려서 사용하는 대가로 매월 지출되는 금액
		보 험 료	손해보험(자동차보험, 화재보험), 보증보험료, 수출보험료 등
		보 관 료	창고 사용료 등.
		세 금 과 공 과	재산세, 자동차세, 상공회의소회비, 협회비, 적십자회비, 사업소세 등
		지 급 수 수 료	용역을 사용하고 수수료를 지급하면(수수료비용 : 영업외비용)
	영 업 외 비 용	이 자 비 용	차입금이나 사채의 이자지급액
		기 타 의 대 손 상 각 비	매출채권이외의 기타채권에 대한 대손상각비
		단기매매증권처분손실	단기매매증권을 장부가액 이하로 처분하여 생기는 손실
		단기매매증권평가손실	기말 결산시 단기매매증권의 공정가액이 장부가액보다 하락하여 생긴 손실
		재 고 자 산 감 모 손 실	재고자산의 분실, 파손, 도난 등으로 인한 수량부족으로 발생한 손실 (장부재고수량－실제재고수량)×원가
		재 고 자 산 평 가 손 실	기말결산시 재고자산의 시가하락으로 인한 손실 (매입원가－시가)×실제재고수량
		외 환 차 손	기중에 외화부채의 상환 또는 환전시에 발생하는 손실
		외 화 환 산 손 실	결산시 환율의 변동으로 인한 외화의 환산 손실
		유 형 자 산 처 분 손 실	유형자산을 장부금액 이하로 처분하였을 때 발생하는 손실
		법 인 세 추 납 액	법인세를 추징받거나 가산세 납부하는 때
		기 부 금	대가없이 자선사업이나 공공사업을 도울 목적으로 내는 금액(수재민돕기 등)
		잡 손 실	영업활동과 관계없이 발생한 소액의 손실
		재 해 손 실	화재, 재난, 천재지변에 의한 손실
		사 채 상 환 손 실	사채 상환시에 사채할인발행차금 미상각액으로 인한 손실
	법 인 세 비 용		법인세 차감 전 순이익에 대하여 법인세율을 곱하여 산출된 금액에서 지방소득세 가산하고 선납세금을 차감한 후의 금액

ERP 정보관리사
회계, 인사 2급

발　　행 | 2020년 7월 17일

저　　자 | 노길관 박수경
발 행 인 | 최영민
발 행 처 | 🔷 피앤피북
주　　소 | 경기도 파주시 신촌2로 24
전　　화 | 031-8071-0088
팩　　스 | 031-942-8688
전자우편 | pnpbook@naver.com
출판등록 | 2015년 3월 27일
등록번호 | 제406-2015-31호

정가 : 19,000원

ISBN 979-11-87244-90-5　　13320